往事如风

不该被遗忘的那些人和事

〔美〕马丁 · W. 桑德勒 著
林虹 译

商务印书馆
创于1897 The Commercial Press
2013年 · 北京

图书在版编目(CIP)数据

往事如风：不该被遗忘的那些人和事 / （美）桑德勒著；林虹译. —北京：商务印书馆，2013
ISBN 978－7－100－09744－4

Ⅰ.①往… Ⅱ.①桑… ②林… Ⅲ.①世界史－通俗－读物
Ⅳ.①K109

中国版本图书馆CIP数据核字(2013)第001423号

往事如风：不该被遗忘的那些人和事

〔美〕马丁·W.桑德勒 著
林虹 译

商 务 印 书 馆 出 版
（北京王府井大街36号 邮政编码 100710）
商 务 印 书 馆 发 行
三河市尚艺印装有限公司印刷
ISBN 978－7－100－09744－4

2013年2月第1版 开本 710×1000 1/16
2013年2月北京第1次印刷 印张 18

定价：39.00元

目录Contents

前言

“世上唯一常新的东西就是你所不知的历史。”[1] 哈里· S. 杜鲁门如是说。北极史学家罗素·波特则说：“只有找回历史的奇妙、独特和震撼，才会感受到历史的生命之魂。”[2] 这两种评说扼要概括了本书的内容。本书意在通过觅寻和呈现被历史遗忘的人、事及其发展，力求达到提醒、吸引、震撼之功用。

让人震撼的是，你将读到的所有这些历史故事并不仅仅是让人信服的史实，更是惊天动地的大事。这些故事纵贯历史（甚至是史前），横跨全世界；这些故事鲜为人知，但却重要之至；这些故事改变了世界且至今绕梁不绝；这些故事讲述了特殊的个性、非凡的成就、灵动的睿智和豪迈的英雄，也讲述了愚蠢的大错和惊天的灾难。

---

[1] 莫尔·米勒，《直言不讳：哈里·S. 杜鲁门口述自传》（Merle Miller, *Plain Speaking*: *An Oral Biography of Harry S. Truman*. New York: Berkley Publishing, 1974）。

[2] 罗素·波特，《寻找西北通道和约翰·富兰克林以及发现女王鬼船》前言（Russell Potter, foreword to *Resolute*: *The Epic Search for the Northwest Passage and John Franklin, and the Discovery of the Queen's Ghost Ship*, by Martin W. Sandler. New York: Sterling Publishing Co., Inc. 2006）。

在本书中你会发现关于人的故事：一个可能是最知名的人物而你却从未耳闻；一个人的生命如此短暂，他却成为美国最伟大的英雄；一个人的逝去使得举国悲痛，实属罕见；一个人，他伟大的北极探险预示了北极探索的开始，并直接导致重大历史发现。你会读到关于早期探索者被遗忘的故事，他成功完成了首次伟大的探索之旅。在此，你更会遇到一位9世纪的黑奴，他不仅变革了世界音乐，更改变了饮食、时装和礼仪习惯，这些变化伴随着我们直到今天。

惊异是本书的要素。你要准备好，一些你长年固有的历史观会受到挑战，有可能还会被颠覆。是莱特兄弟首次实现载人有动力飞行的吗？在美国独立战争中是保罗·瑞威尔做了那次最重要的骑行吗？泰坦尼克号悲剧是和平时期最惨重的海上灾难吗？1871年的芝加哥大火是那个时代甚或是火灾发生当天最大的火灾吗？在本书字里行间你会发现：答案是否定的。

你也会读到其他一些令人震惊的史实故事，包括关于世界史上绝无仅有的大营救的故事；关于绝对保密地修建第一条美国地铁的故事；关于一个拥有3万人口的发达城市繁荣发展的故事，它存在于哥伦布到达美洲350年前，在当今美国的腹地；还有关于第二次世界大战中最惨烈的军事灾难的故事，这一故事被政府刻意隐瞒达30多年之久。

本书中的故事都非常精彩，但是与众不同的也许更是很久以来，这些故事已经被遗忘或者被忽略了。现在是时候了，该让它们回归历史应有的地位了。

齐里亚布

改变世界的奴隶（9 世纪）

1 >>>

❖ 壁画中，宫廷乐师在演奏乌得琴。这幅画用于装饰伊朗伊斯法罕皇家亭苑切尔索坦的一面墙。该亭苑由沙哈·阿巴斯二世建于 17 世纪中叶，用于款待宾客。

宗教对抗，派系纷争，世界被侵扰不断，深受其苦。在这样一个世界里，很难理解中世纪的西班牙会有那么一段时期，穆斯林、基督徒、犹太人彼此为邻，自由、包容，共同创造了一个文化、贸易、音乐和建筑艺术的黄金时代。这一黄金时代预先勾勒了文艺复兴的图景，把西班牙与欧洲其他国家区别开来，并从此永远改变了西方世界。

对于这一令人惊叹的多文化交融的文明，许多人的贡献功不可没，重获自由的摩尔人黑奴齐里亚布就是其中最重要的一位。关于齐里亚布，17 世纪阿拉伯历史学家艾哈迈德·伊宾·穆罕默德·马卡利曾写道："古往今来，在他的行业圈里，从没有任何人可以像他那样那么被爱戴，那么被仰慕。"[1] 他的诸多成就和经久的影响力如此伟大，令人难以置信，20 世纪法国学者亨利·特雷沙因此只能写下这样的语句："毫无疑问，仅凭一人之力难以对社会造成如此深远的影响。"[2] 但是这个叫齐里亚布的人做到了。也许更让人惊讶的是，他的名字和成就却已被时间遗忘。

齐里亚布 789 年生于美索不达米亚，在巴格达被抚养长大，接受教育。他出生时取名阿布·哈桑，但马卡利说，由于他肤色黑，口才好，个性随和，人们便叫他齐里亚布，意思是"青鸟"。

正如圭亚那作家、剧作家和教育家詹·卡瑞指出，齐里亚布从奴隶出身而至获得非凡的声名、财富和影响力，这本身就是一个极具说服力的范例，说明伊

[1] 艾哈迈德·伊宾·穆罕默德·马卡利，转引自约瑟夫·阿里"摩尔人的黄金时代"的"西班牙摩尔人音乐"，载伊万·范·塞蒂玛主编《非洲文明杂志》〔Ahmad ibn Muhammad al-Makkari, as quoted in Yusef Ali, "The Music of the Moors in Spain," in" Golden Age of the Moor," ed. Ivan van Sertima, *Journal of African Civilizations* 11 (1991)〕。

[2] 亨利·特雷沙，《西班牙的伊斯兰：一次东西方的交融》〔Henri Terrasse, *Islam d'Espagne: Une rencontre de L'Orient et de L'Occident* (Islamic Spain: A Meeting of East and West) Paris: Plon, 1958〕。

斯兰世界的奴隶制和哥伦布时代的奴隶制之间有显著差异。[1] 在齐里亚布时代，你会发现所有种族、肤色和有信仰的人都有可能成为奴隶。卡瑞写道："一个黑奴，若天生具有天赋、智慧和运气，就有可能在一生中达到令人难以置信的地位和高度。"[2]

齐里亚布的成功发展开始于青年时代，他的青年时代是在哈伦·拉希德这位哈里发统治时期的巴格达宫廷度过的。他师从著名的宫廷乐师伊沙克·莫斯利，并且展示了出众的歌喉和精湛的音乐才能。

约瑟夫·阿里说，马卡利曾描述道，齐里亚布在课程学习中进步很大，他的才华很快就超过了他有名的老师，那些听他音乐和歌唱的人都转而开始喜欢上了他。

然而，莫斯利却似乎根本没有意识到自己已经被学生超越，直到有一天，哈里发询问他是否有哪个学生特别有发展前途。这时莫斯利就提到了齐里亚布，他说："他是你的臣民，一个自由人：我曾听他唱过歌，旋律那么柔美，感情那么投入。我毫不犹豫地就收他为徒，他由此进步很大，他学到的所有知识都来自我，是我发现了他的天赋，并让大家知晓了他的才华。在我的教育下他的进步一日千里，我已预言他终会成为知名的乐师。"[3]

---

[1] 詹·卡瑞，《摩尔文化——布林格：启蒙运动的载体》，原出"摩尔人的黄金时代"，载伊万·范·塞蒂玛主编《非洲文明杂志》〔Jan Carew, "Moorish Culture—Bringers: Bearers of Enlightenment," in "Golden Age of the Moor," ed. Ivan van Sertima, *Journal of African Civilizations* 11（1991）〕。

[2] 同上。

[3] 艾哈迈德·伊宾·穆罕默德·马卡利，引自约瑟夫·阿里"摩尔的黄金时代"的"西班牙摩尔人音乐"，载伊万·范·塞蒂玛主编《非洲文明杂志》。

哈里发于是让莫斯利把他那卓有才华的学生叫来。齐里亚布来到之后，拉希德问齐里亚布是否愿意为他弹唱一首歌。齐里亚布回答说，他感到非常荣幸，他会弹唱一首特意为哈里发准备的歌，这首歌其他任何人都未曾听过。拉希德便马上派人拿来了莫斯利的鲁特琴。可是琴要交到齐里亚布的手上时，他却婉言拒绝了。他说："我有一把用自己的方法制作的琴，除此之外，我从未弹过其他乐器。如果您允许，我这就派人去拿。"

齐里亚布的鲁特琴很快就拿来了，拉希德倒不明白了，他问："你的琴和你老师的有什么不同？在我看来，没任何区别：我看两把琴完全一样。"齐里亚布回答说："确实表面上毫无差别，不过两把琴在音色上却相去甚远；虽然尺寸一样，木料一样，但我的琴重了将近三分之一，而且这根弦是用丝做的，都是没经热水浸泡抽出的丝。而第二、三根弦则都是由幼狮的肠子做的，大家都知道，幼狮的肠子无论是在力度、声音的深度还是在音色的纯度上都远远优于其他动物，而且还很耐弹拨，不怕断，不易受温差的影响。"[1]

齐里亚布对自己琴的特性的描述打动了哈里发，于是哈里发请他弹唱一曲。齐里亚布只弹唱了歌的第一段，拉希德就打断了他，开始重复这段优美的旋律。据马卡利描述，哈里发转而就跟莫斯利说："真主啊！要不是我认为你是个诚实的人，要不是我相信你对这个年轻人的才华一无所知，要不是你认真地表明你从未听他弹唱过这首歌，我会因为你没告知我他的才能而立刻处罚你。"[2]

哈里发的话让莫斯利大惊失色，同时也给他敲响了警钟。莫斯利把齐里亚布叫了来，说了一席让他的学生惊愕万分的话：

---

[1] 艾哈迈德·伊宾·穆罕默德·马卡利，引自约瑟夫·阿里"摩尔的黄金时代"的"西班牙摩尔人音乐"，载伊万·范·塞蒂玛主编《非洲文明杂志》。

[2] 同上。

嫉妒是最卑劣的恶行之一，然而却是大家都在所难免的。与之抗争徒劳无功，人是无法征服它的。我无奈只能承认我本人就是嫉妒攻势下的受害者。我嫉妒你的才华，嫉妒哈里发给予你的高度评价；除了贬低你，否认你的才华之外，我没有其他任何办法消除我对你的嫉妒；而很快，你会声名鹊起，我的声名则会渐渐消失，最终每个人都会认为你的才华在我之上。真主啊！这种事即使是我自己的儿子，我也绝不能容忍，更何况是你。换个角度说，无论你有什么才能，都是因为我一直在悉心施教，培养你的才华，假如我不传授给你我的独门绝技，你永远都不会像现在一样出众。因此我给你两个选择：或者马上离开这个国家，走得远一点，永远别让你的声名传过来；或者违抗我的意愿，尽你所能仍然住在这个城市，把我当作死敌，与我对抗，永远处于恐惧和痛苦中。如果你选择第一个办法并且信守你的诺言，只要我还活着，你就绝不回来，那么我保证给你提供行程中一切必需的东西，除此之外无论你要多少钱，需要什么东西我都会保证提供。如果你决意要留下来，那么当心！我会动用我的一切权力不断地攻击你、折磨你，我会不遗余力、不惜重金毁掉你。而且我会冒着丢掉性命和财产的危险确保我能达到目的。好，你好好考虑，作出选择吧。[1]

老师下了最后通牒，齐里亚布觉得毫无选择，只有离开巴格达。他首先去了沙姆（叙利亚），然后是伊夫瑞奇亚（今天的突尼斯），穿过北非到达了直布罗陀海峡。当哈里发问起这位才华横溢的年轻乐师时，莫斯利说齐里亚布精神失常了，他幻想着自己是在跟诸神对话，于是逐渐对音乐产生了厌倦，他突然离开了

[1] 艾哈迈德·伊宾·穆罕默德·马卡利，引自约瑟夫·阿里“摩尔的黄金时代”的“西班牙摩尔人音乐”，载伊万·范·塞蒂玛主编《非洲文明杂志》。

莫斯利，只字未提他的去向。

当然这一切都是胡言，但在齐里亚布脑子里确实有一个明确的目的地。齐里亚布什么时候踏上了西班牙的土地不得而知，但可以肯定的是，他给西班牙安达卢斯酋长国统治者哈卡姆一世写了封信，希望用自己的音乐才华为宫廷效力。哈卡姆正急着找一个巴格达乐师，于是就请齐里亚布来科尔多瓦，并承诺给他很好的报酬。然而，822 年齐里亚布到达西班牙时，却听说哈卡姆已经去世，这让他很是震惊。他正准备回北非，这时他得到消息，王位继任者、哈卡姆的儿子阿布德·拉赫曼二世，在科尔多瓦皇家乐师、犹太人阿布·纳什·曼瑟的极力劝说下，实现父亲的遗愿，对齐里亚布再一次发出了邀请。

8 世纪早期，齐里亚布在西班牙穆斯林王朝快乐地定居并度过了后半生。那时，穆斯林军队跨过直布罗陀海峡，征服了已经在那儿建立王国的西哥特人，穆斯林把这片新的伊斯兰领土叫做安达卢斯。822 年，安达卢斯王冠上的明珠正是它的首都科尔多瓦。当时大多数欧洲城市只不过是聚集在教堂周围的简陋木屋而已，而科尔多瓦却已是教育、贸易、科学和文化的天堂。街道平整明亮，上下水系统一应俱全。显而易见，科尔多瓦市民以此为荣。他们住在石头和灰泥砌成的房子里，周围绿树成荫，花园葱郁。300 多座图书馆和清真寺，以及 700 多家公共浴室也是这座城市的骄傲。在那儿，齐里亚布即将取得他的伟大成就，这些成就不仅会推动安达卢斯文化的发展和生活方式的改变，而且还会影响当时的法国以及欧洲其他国家，并最终影响美洲。

拉赫曼邀请齐里亚布到科尔多瓦的目的非常清楚。像他的父亲一样，这位新的统治者也一直迫切希望让安达卢斯更加辉煌，希望这座城市能超过巴格达，成为文化发展的重要中心。他最终见到了 33 岁的齐里亚布，听到了他的歌声，他简直被迷住了，那简直超乎想象。他邀请这位乐师去宫廷永远陪伴他，并因此赠予他（他何时结婚不得而知）和他的家人丰厚的礼金。齐里亚布得到了配备齐全的宅子，每月 200 第纳尔的薪水，他的 4 个儿子每月各 20 第纳尔，每年外加 3000 第纳尔，两个穆斯林节日各发 1000，另外两个特殊节日各发 500。另外，齐里亚布每年还能得到 200 蒲式耳的大麦和 100 蒲式耳的小麦，连同科尔多瓦郊外的农舍和肥沃的农田。

这种酬劳超乎想象，但却是理所应得：之后的 30 年中，齐里亚布带来了任何酬劳都无法换来的变革。他的工作从音乐开始，但在此之前，他首先是在穆斯林世界、西班牙，然后是整个世界深刻地改变了人们的饮食、衣着、养生和行为举止。

正如马卡利所记载的，这位天才青年从巴格达到科尔多瓦之时，“他已熟谙与音乐相关的各个艺术门类；更令人称奇的是，他被赋予了超人的记忆力，他可以倒背如流上千首歌外加每首歌的确切意境”[1]。

除了音乐知识之外，他还带来了那把震撼了巴格达哈里发的鲁特琴。从那天起，他一直在不断地改造那把琴，从而变革了弦乐器的制作方法，并最终创造了世界上最受欢迎的乐器：吉他。

鲁特琴（阿拉伯世界称之为乌得琴）的使用远在齐里亚布之前，可以追溯到公元前 1500 年。这种乐器有四对弦。史学家提图斯·布克哈特写道，这些琴弦“符合人体的四大基本原则（四大体液）并且表达了四大自然之声”[2]。齐里亚布的伟大创新是在鲁特琴中间增加了第五对琴弦，使音乐表达更加耐人寻味、琴音更加美妙洪亮，与以前相比，这一乐器的音域被大大拓宽。齐里亚布是个技术天才。除此之外，他还是个不折不扣的有信仰的人，他相信一切自然事物和人类都有着内在的联系。他认为，音乐在人与人心灵的沟通中发挥着至关重要的作用。

---

[1] 艾哈迈德·伊宾·穆罕默德·马卡利，引自约瑟夫·阿里“摩尔的黄金时代”的“西班牙摩尔人音乐”，载伊万·范·塞蒂玛主编《非洲文明杂志》。

[2] 提图斯·布克哈特，《西班牙摩尔文化》（Titus Burchhardt, *Moorish Culture in Spain.* New York: McGraw-Hill, 1972）。

❖ 科尔多瓦清真寺（科尔多瓦最大的清真寺，是伊斯兰法统治伊比利亚半岛时期世界第二大清真寺。它始建于8世纪到987年，现在为罗马天主教堂。图中显示的是宏伟的祈祷大厅，有856根柱子）

阿拉伯医师提出的理论给了他很大的影响：音乐最伟大的目标之一就是“像药物帮助身体恢复平衡一样，帮助心灵恢复平静”[1]。中世纪的伊斯兰医学是基于希腊罗马医学思想的体系，他们认为人体由被称为体液的四大基本物质要素组成，这些物质的失衡会导致新陈代谢功能紊乱，从而致病。

齐里亚布之前的鲁特琴代表了这四种体液。[2] 第一对弦是黄色，象征着黄胆汁；第二对是红色，代表血液；第三对是白色，代表黏液；第四对是黑色低音对，代表黑胆汁。齐里亚布把他新加的一对红色琴弦放在了第二和第三对之间。这一添加使乐器的声音发生了质的变化，而且也代表了人体的另一要素——齐里亚布赋予了鲁特琴以灵魂。

齐里亚布一直在改善鲁特琴的特质，同时也在提高这一乐器的灵敏度。他换掉了演奏乐器使用的传统的木制琴拨，取而代之以柔韧度很高的鹰爪钩。正如史学家克里斯·劳尼所写，由于“裹在鹰爪上的柔软绒毛引领”[3] 手的动作，齐里亚布和他教的几代学音乐的学生都发现，和以前相比，这种琴拨更易柔拨轻触。

在齐里亚布的巨大影响下，摩尔人西班牙时期的乐器制作达到了空前的发展高度。新乐器中包括：卡里索（簧片）、卡龙（竖琴）、奎那瑞（一种似筝的乐器）、佐拉美（双簧管），还有铃鼓、铜鼓、响板、鲁特琴一样的拉波尔（三弦琴）、索卡拉（上低音长笛）和穆拉（高音长笛）。[4] 其他管乐器包括牧笛和摩

---

[1] 约瑟夫·阿里,“摩尔人的黄金时代”的“西班牙摩尔人音乐”,载伊万·范·塞蒂玛主编《非洲文明杂志》。

[2] 朱利安·里博拉，《古代阿拉伯和西班牙音乐》（Julian Ribera, *Music in Ancient Arabia and Spain.* Stanford, Calif.: Stanford University Press, 1929; reprint: Whitefish, Mont: Kessinger publishing, 2007）。

[3] 克里斯·劳尼，《消失的世界：中世纪西班牙启蒙运动的黄金时代》（Chris Lowney, *A Vanished World: Medieval Spain's Golden Age of Enlightenment.* New York: Free Press, 2005）。

[4] 伊万·范·塞蒂玛，“摩尔人在欧洲：影响与贡献”，原出“摩尔人的黄金时代”，载伊万·范·塞蒂玛主编《非洲文明杂志》〔Ivan van Sertima, “The Moor in Europe: Influences and Contributions,” in “Golden Age of the Moor.,” ed. Ivan van Sertima, *Journal of African Civilizations* 11（1991）〕。

尔管。

除了乐器制造方面的成就，齐里亚布首先向摩尔西班牙、之后是北非、然后是欧洲大部输入了全新的音乐创作形式，并在此过程中全面整理了音乐理论。齐里亚布坚信音乐创作应该基于三大基本要素：节奏（乐与词的交织）、旋律（美与情的交融）和理解（旋律与节奏的嫁接），在此基础上，齐里亚布和受他影响的乐师们一道创立了一套规则，指导安达卢斯最重要的音乐形式“努巴”（或“努巴哈”或“扭巴哈”）。

西班牙文化历史学家费尔南多·瓦尔德拉马·马丁内斯把“努巴”（或组曲）定义为：

> 完整的音乐作品，由多种意境和旋律组成，亦如关于同一主题的多个独立歌曲的集合。这些歌曲由时间穿针引线一丝丝成就的，因此作者不详，就像那些宏伟的大教堂一样，需要几代人的努力，那是许多无名的天才人物留给我们的遗产。[1]

努巴最初由齐里亚布以及他的追随者发展而成，每一首努巴分为5个乐章。这些乐章有时是纯粹的音乐，有时是音乐和歌唱的组合。歌词各不相同，主要集中在爱、自然和其他一些常见的主题。所有这些作品中最受欢迎的是齐里亚布的24部创作曲，名为“诺贝”。

知晓齐里亚布的古代史学家认为，他对音乐作出的贡献主要体现在教学领域。他在科尔多瓦的初步工作之一就是建立了西班牙第一所音乐学院。一直以来音乐都是一对一教学，而齐里亚布却不仅向上层社会的子女，更向低收入家庭的

---

[1] 乔治·迪米特里·塞利姆，《音乐的天赋》〔George Dimitri Selim, “A gift of Music,” *Library of Congress Information Bulletin*, Vol.55, No.15（1996）〕。

❖ 伊朗伊斯法罕哈什特·贝黑希特宫 17 世纪壁画（图中妇女正在弹奏传统的波斯乐器，其中包括鲁特琴）

孩子敞开了学校的大门。

更具突破性的是，齐里亚布的音乐学院所提供的教学风格系统有序。所教的课程中有韵律、节拍与伴奏乐器和歌、曲调编排，同时尽最大可能关注音节，力求歌词发音清晰准确。这一方法最终被全欧洲的音乐教育学院所模仿。

这位音乐大师对学生的教育方法与课程设置一样独具创新。伊万·范·塞蒂玛描述说：教授歌唱时，齐里亚布总是从测试新学生的声音开始。他要求学生坐得尽可能直，深吸气高声喊。这样，齐里亚布可以确定学生的音量，发现学生的气息是否存在问题。如果齐里亚布觉得声音可以接受，才允许学生开始学习。如果觉得声音有欠缺，齐里亚布就命令学生在腰间缠上头巾，这样可以收紧腰腹，帮助他学到正确的发声。对于那些大张嘴巴有困难的学生，齐里亚布也有特殊的方法。他建议学生在上下颌间咬住一块三英寸宽的木片，直到上下颌松弛了再放开。[1]

齐里亚布的音乐学院绵延了500年，除了向世人介绍音乐学的学科新知识之外，还介绍乐器制作和作曲的很多创新方法。他创建了交响乐团，改革了交响乐团的组织，其中包括管弦乐团与合唱团的融合。齐里亚布因此毫无质疑地建立了自己的声名：穆斯林西班牙音乐传统的奠基者。[2]

这一音乐传统已产生了广泛的效应。G. 塔里布扎德评论道："齐里亚布的音乐影响了所有邻国。在摩洛哥这种音乐被称为高那提，在突尼斯被叫做乌洛夫，但无论怎么称呼，所有这些音乐传统都是建立在齐里亚布的方法之上的。"[3] 塔里

---

[1] 伊万·范·塞蒂玛，《摩尔人在欧洲：影响与贡献》。

[2] 克利福德·E. 博斯沃斯，《莱顿伊斯兰百科全书》(Clifford E. Bosworth, *Encyclopedia of Islam Leiden*, the Netherlands: Brill, 2004)。

[3] G. 塔里布扎德，《齐里亚布：伊朗天才音乐家》(G. Talebzaden, "Zaryâb: A Genius Iranian Musician," *Fravahr. org*, 2003)。

布扎德曾援引14世纪著名史学家、学者和神学家伊本·卡尔顿的说法：“齐里亚布发展了安达卢斯音乐并使之代代相传。他的影响广如大海，遍布整个非洲，留给我们一笔永恒的遗产。”[1] 范·塞蒂玛特别提到：“即使是摩尔人战败，基督徒占领了这片摩尔人曾经占据的领土，许多信基督的欧洲人还是在模仿这种音乐，基督教世界的国王们仍然像他们之前的摩尔人国王那样雇用着摩尔人乐师。”[2]

也许对于齐里亚布的音乐遗产和那些他教过、影响过的人，更有力的证明便是西班牙音乐学家朱利安·里博拉的评述：

> 颇具艺术气质的古老的西班牙成为了联系古代艺术与现代艺术的纽带，安达卢斯伟大的音乐家们不仅懂得如何保护他们所继承的艺术瑰宝，更懂得如何改革和创新，创造出脍炙人口的形式，使之广而传播，遍布欧洲。人们热爱艺术，接纳艺术，让艺术在这片土地上开花结果。因此欧洲感激安达卢斯的摩尔人，是他们保护和传承了丰富多彩的音乐财富和永不枯竭的源泉，不断激发欧洲所有音乐创作者的创作灵感，但他们从未试图追根溯源。[3]

如果齐里亚布的成就仅仅局限于音乐，他的一生也已经足够辉煌。但是他的贡献远不止于音乐领域。通过成为科尔多瓦宫廷饮食、时装、美容等方面的评议

[1] G. 塔里布扎德，《齐里亚布：伊朗天才音乐家》。
[2] 伊万·范·塞蒂玛，《摩尔人在欧洲：影响与贡献》。
[3] 朱利安·里博拉，《古代阿拉伯和西班牙音乐》（Julian Ribera, *Music in Ancient Arabia and Spain.* Stanford, Calif.: Stanford University Press, 1929; reprint: Whitefish, Mont: Kessinger publishing, 2007）。

官，他成功地改变了人们生活方式中的诸多风俗习惯，并一直沿用至今。

比如，在齐里亚布之前，人们一年到头穿着同一种衣服，只是随季节增减衣服的件数。齐里亚布本人是个衣着讲究的人，他着装依从于季节变化。马卡利在史书中记载："根据季节变换改变着装的传统是齐里亚布的另一项改革。他提出在夏冬之间的秋季穿某类衣服，夏末秋初换季时穿其他类型的衣物。"[1]

也是齐里亚布劝说他那个时代的人放弃传统单调的深色摩尔服饰，改穿鲜艳多彩的衣服。詹·瑞德记录道："颜色亮丽衣装的风行从巴格达歌者和乐师齐里亚布的到来开始，在阿布德·拉赫曼二世统治时期，他有时被描述为阿拉伯美男子。随季节变换而更换时装从他开始：春天穿浅色丝质长袍搭亮色……而冬天穿夹棉长服配毛皮。"[2]

齐里亚布深刻地改变了摩尔西班牙人民的衣着样式，他还教给大家如何保持衣装清洁。在齐里亚布之前，那些付得起钱的就找人用玫瑰花水和其他花一起漂洗衣服，这样做的结果就是衣服看上去从来没洗干净。齐里亚布发明了新式洗衣方法，把盐加到传统的水和花的混合液中，提高了清洁度。

齐里亚布在时尚方面的创新扩展到女人美发方法的变化。马卡利描述说，齐里亚布之前，"男人和女人都是把头发盖在前额上，然后从太阳穴和眼睛之间垂下来"[3]。但是，据马卡利说："追求时尚的人士看到齐里亚布和他妻儿的前额没有遮拦，头发修剪到眉毛以上，斜向耳朵，他们便效仿齐里亚布。"史学家克里

[1] 艾哈迈德·伊宾·穆罕默德·马卡利，引自约瑟夫·阿里"摩尔的黄金时代"的"西班牙摩尔人音乐"，载伊万·范·塞蒂玛主编《非洲文明杂志》。

[2] 詹·瑞德，《西班牙和葡萄牙摩尔人》（Jan Read, *The Moors in Spain and Portugal.* Totowa, NJ: Rowman and Littlefield, 1975）。

[3] 艾哈迈德·伊宾·穆罕默德·马卡利，引自约瑟夫·阿里"摩尔的黄金时代"的"西班牙摩尔人音乐"，载伊万·范·塞蒂玛主编《非洲文明杂志》。

斯·劳尼准确地表达说：“刘海过时了，头发后梳流行了起来。”[1]感动于新发型被接受，具有创业精神的齐里亚布便开了一家美容院和美容学校，除了介绍更大胆的发型外，他还教女人们如何修眉，如何用脱毛剂去除体毛。也是在这些机构中，齐里亚布向女人们介绍了新的香水和新的化妆品。

自然，优雅的齐里亚布还把注意力转向改革卫生保健。在他那个时代之前，最流行的去味剂是玫瑰、罗勒和香桃木粉的配方。这种去味剂去除体味效果很差，还会在使用者的衣物上留下斑疵。齐里亚布改进了这种方法。他引入新式去味剂，主要成分是铅的提取物，这种物质可以去除“腋臭的味道”[2]。

齐里亚布也没有忽略牙齿的护理。人类历史上最早记录的牙膏是在14世纪埃及的手稿中发现的，是由粉状的盐、胡椒、薄荷叶和鸢尾花混合而成的。据说罗马人使用一种由人的尿液（由于其中有氨水成分）制成的牙膏。尽管齐里亚布发明的牙膏其确切成分无法知晓，但是据范·塞蒂玛记载，这种牙膏较其他任何一种都有很大的发展，在整个伊斯兰西班牙流行开来。[3]

马卡利和其他人都告诉我们，齐里亚布很喜欢食物精工细作，就像他喜欢音乐一样。也是齐里亚布永久改变了饮食中的食物种类以及食用方式。齐里亚布第一个收集名为阿斯法瑞的野生植物并把它提升到餐桌蔬菜的地位，这种蔬菜我们现在称之为芦笋。他发明了一道菜名为塔法耶，是由肉丸和用油煎过的面片做成的。这道精美的菜肴现在叫“齐里亚布的油煎菜”，如今在安达卢西亚和西班牙其他地方仍然很受欢迎。齐里亚布显然是个甜食爱好者，在他所首创的菜肴中有各色甜点，其中包括扎拉比亚，一种用橙皮糖浆浸过的油炸面团，还有各色核桃

---

[1] 克里斯·劳尼，《消失的世界：中世纪西班牙启蒙运动的黄金时代》(Chris Lowney, *A Vanished World: Medieval Spain's Golden Age of Enlightenment*. New York: Free Press, 2005)。

[2] 艾哈迈德·伊宾·穆罕默德·马卡利，引自约瑟夫·阿里“摩尔的黄金时代”的“西班牙摩尔人音乐”，载伊万·范·塞蒂玛主编《非洲文明杂志》。

[3] 伊万·范·塞蒂玛，《摩尔人在欧洲：影响与贡献》。

和蜂蜜的组合，这道甜点在北非和地中海地区至今仍然在食用。

更重要的是齐里亚布变革了菜肴摆放方式和餐桌礼仪。在他来科尔多瓦之前，摩尔人就餐同罗马人、汪达尔人和西哥特人一样，过程粗陋简单。每一种食物，无论是香薄荷还是糖，无论是水果还是肉，都是一起堆在没有桌布的木头桌子上，也没有餐桌礼仪这回事。齐里亚布改变了这一切。

在征得国王的同意之后，齐里亚布下令宫廷宴会将各道菜按顺序上。从汤开始，紧接着是鱼、禽或肉，以甜点、水果和坚果结束。这些饮食礼仪即使在巴格达也无人知晓。这一改革迅速受到了欢迎，先是中上层阶级，之后是农民阶级。最终三道菜成为全欧洲的餐饮行为标准，也就有了“从汤到坚果，一应俱全”的表达，这一习语可直接追溯到齐里亚布的重要创新。

齐里亚布一贯追求典雅，也很注重餐具的革新改进。他教给当地工匠如何制作方便实用、大小合适的皮制桌布，使简朴的木制餐桌提高了层次。

笨重的金银高脚酒杯自罗马时代就为上层社会所使用，齐里亚布用精美的水晶取而代之。他甚至对笨重的木制汤匙进行了重新设计，创造出更加轻巧的式样，给汤匙瘦身减重。

齐里亚布的创新好像永无止境。正是他教会了那些有钱的摩尔西班牙人睡在柔软的皮沙发床上而不是棉毯上。正是他向安达卢斯引入了基于伊朗新年假日的新年庆典，为全欧洲确立了这一传统。正是他从印度带来了星相家，从北非和伊拉克带来了犹太医生，使得这些方面的知识在西班牙传播开来。他甚至教他的同胞们如何下象棋。

齐里亚布857年去世，而阿布德·拉赫曼二世先于齐里亚布五年去世，这

❖ 据说，齐里亚布请印度人到皇家宫廷里教侍臣们下象棋，由此把象棋引入了欧洲。这幅插图是英国印刷商威廉·卡克斯顿的作品“象棋和对弈”（1474）。

个君王一直对齐里亚布的精彩创新给予鼓励赞扬，时间长达30年。虽然阿拉伯史学家对于齐里亚布有几个孩子没有一致意见（有些人认为他有12个儿子，3个女儿），但是确实载入史册的是，他的后代都是音乐家和歌手。我们还知道他的二女儿哈姆杜妮在她姐夫的帮助下收集出版了父亲创作的乐曲和歌曲，书名叫《乐府诗人齐里亚布》。不幸的是，这本书在1100年摩洛哥人围攻科尔多瓦时遗失。

但永远不会遗失的是齐里亚布那些最重要的贡献，他的贡献使得伊斯兰在西班牙长达700年之久的统治成为史上思想包容与多文化发展最重要的时期之一。还需要记住的是，这一独特的统治结束很久之后，公元1000年，仍有来自法国、英国以及全欧洲的学生不断汇聚到科尔多瓦，在那宏大的图书馆中学习。这些学生返回祖国时，他们带回的并不仅仅是书本知识，更是他们刚刚学得的对于音乐、饮食、时装和礼仪的认识，而这些大多是一个名字叫做齐里亚布的奴隶出身的人在几个世纪前所创始倡导的。

对于齐里亚布最高的颂扬来自17世纪史学家马卡利，是他发现了几乎所有我们所知道的齐里亚布的故事。马卡利这样写道：

> 〔齐里亚布〕充满了洞察力和睿智；他熟谙各门类的礼节文化；他拥有如此非凡的谈话魅力和娱乐观众的必备才能，他能复述许多脍炙人口的故事，他聪敏过人，足智多谋，对皇家君主的需求他总是一语中的。在他的职业领域内，无论是他之前还是他之后从来没有谁能得到如此广泛的爱戴和景仰。君王和要人以他为礼仪和教育的范例，在安达卢斯居

民心中他永远名声不减。[1]

太不可思议了！齐里亚布的名字几乎无人知晓，他非比寻常的成就如此惊人，却已被时间遗忘。

---

[1] 艾哈迈德·伊宾·穆罕默德·马卡利，引自约瑟夫·阿里“摩尔的黄金时代”的“西班牙摩尔人音乐”，载伊万·范·塞蒂玛主编《非洲文明杂志》。

卡霍基亚

被忘却的美洲之罗马（12世纪）

2

❖ 鸟人石碑（这是卡霍基亚人在砂岩石碑上雕刻的，表现一个人戴着面具，身着鹰一样的服装）

每个国家的历史都充满了虚构的神话传说，只不过有些更让人信以为真。比如，一代代美国学生学到的都是在克里斯托弗·哥伦布踏上美洲的土地时，那些被他称为“印第安人”的人们几乎都是以小型游牧部落为生存方式，而美洲几乎是一片荒原。这是一个严重的错误，却由某些最受尊崇的历史学家、人类学家和学者们支持着代代相传。

比如，美国人类学的先锋人物之一阿尔弗雷德·克罗伯发表观点说，北美的印第安人在战争上耗费了大量时间，“这些战争野蛮疯狂，永无休止，消耗巨大”[1]，根本没有时间进行实质性的社会发展，也无法全面巩固农业体系。因此，克罗伯下结论说，大于百分之九十九的土地仍处于未开发状态。

直到1995年，《美国历史概览》这本在美国高中广泛使用的课本对于印第安历史表达的仍是这样的观点：“数千世纪以来，在非洲、亚洲和欧洲，人类一直在进化，在形成社会，并且开始建立国家文明。而我们称之为美洲的这片大陆却空无人烟，毫无建树。”[2]

今天，我们慢慢明白，所有这些论断以及长期固有的假设都与事实相去甚远。在过去30年间，考古学家、人类学家、历史学家和其他领域的学者有了先进技术和科学工艺的帮助，比如：相对年代测定（地层情况、顺序排列、对照计年）和绝对年代测定（包括放射性碳、地磁定年、裂变径迹和热激发光）。在这些先进技术的帮助下，他们给我们展现了一幅哥伦布之前的全新的美洲生活图景，让人震惊。比如，他们的研究揭示，在哥伦布到来之前的那些年月里，极有可能美洲比欧洲生活着更多人口。专家们已经发现有数10万人口居住在诸如阿兹特克首都特诺奇蒂特兰这样的城市里，比欧洲任何城市人口都多。这些古代的

---

[1] 阿尔弗雷德·L. 克罗伯，《原住美洲人口》，载《美洲人类学家》〔Alfred L. Kroeber, “Native American Population,” *American Anthropologist*, 36（1934）〕。

[2] 艾伦·布林克利，《美国历史概览》（第一卷）（Alan Brikley, *American History: A Survey* Vol.1. New York: McGraw-Hill, 2007）。

行政辖属地区有上下水，有清洁的街道，有宏大的植物园。查尔斯·C. 曼恩说："美洲原住民已完全改变了他们居住地的景象，欧洲人到达时，已是这边风景独好，人迹遍是。"[1] 曼恩认为，由于有了印第安人，前哥伦布时代的西半球是：

> 社会繁盛，景色多样，语言各异，贸易繁忙，文化交融。就像其他地方一样，这儿也是数百万人爱恨交织、又无限崇拜的地方。在哥伦布到达之后，大部分繁荣景象都被疾病和镇压一扫而空。这一扫荡太彻底，以至于几代人中，无论是占领者还是被占领者都无法知晓还有这样一个世界存在过。[2]

据曼恩描述说，大多数在史前美洲生活的原住民都居住在格兰德河南岸。但是在格兰德河北岸有一个值得注意的城市，到公元 1150 年它已成为墨西哥北部最大的城市中心，并一直居于榜首，直到 18 世纪末费城赶超，这一纪录才被打破。一座位于密西西比河河谷的城市，只有 6 平方英里多，却在哥伦布到达新世界前 350 年繁荣兴盛，这是很难想象的。专家估计，在 1150 年鼎盛时期，这座城市有 3 万人口，比当时包括伦敦在内的任何一个欧洲城市人口都多。城市的公民建造了巨大的金字塔似的土丘（最大的是蒙克斯土丘，基座比埃及吉萨大金字塔都要大），设计并建造了太阳观象台，开展了网络广布的贸易活动。这座城市就是卡霍基亚。

---

[1] 查尔斯·C. 曼恩，《1491：哥伦布前的美洲真相新披露》（Charles C. Mann, *1491*: *New Revelations of the Americas Before Columbus*. New York: Knopf, 2005）。

[2] 同上。

卡霍基亚位于美洲冲积平原，这是一片极其肥沃广阔的洪水冲积平原，形成于1万年前的最近一次冰河时代末期。冰川融化时，8英里宽的洪水向西南奔流，形成了密西西比河、伊利诺伊河和密苏里河。所有这些水流退去后，广阔的美洲冲积平原就露了出来。

从公元700到800年之间的某个时间开始，被称为密西西比人的美洲原住民的各个部落开始在这片富庶的土地上定居。它的富庶肥沃简直让人难以相信。冲积平原西南的奥沙克山脉有石英、石灰岩、砂岩，以及其他岩石和矿物质，其中尤其是燧石（颗粒小、富含硅的微晶岩石），可以用来打造工具。白尾鹿遍布奥沙克，成为密西西比人最重要的肉食来源。往北往西是美洲大草原，它源源不断地提供着高草，可以用来建造房屋和其他建筑物。

美洲冲积平原的东部森林自然资源也非常丰富。除白尾鹿之外，其他食物资源还有：火鸡、松鼠、负鼠和浣熊。橡树、山胡桃树和其他落叶树种是森林的主要树种，有坚果和浆果，还有硬材，可用于制作独木舟、工具把手、弓和箭。密西西比河谷本身不仅给密西西比人提供了肥沃的土壤，鱼类、鸭、鹅以及其他水禽也很丰富。

美洲原住民的居住点特色各异，遍布平原，他们都充分利用着这些自然优势。卡霍基亚却与他们相距甚远，位于现在伊利诺伊州的柯林斯维尔，靠近圣路易斯。据卡霍基亚土丘群历史遗址网站上说，土丘的名字“使用了伊利诺维克（或称伊利诺伊部落，是相关部族的松散联盟）中的卡霍基亚分支部落的名字。卡霍基亚17世纪迁到这一地区”。密西西比河、伊利诺伊河和密苏里河合流处的位置对于他们的辉煌发展至关重要。据考古学家研究，这些河流及其庞大的支流网络为卡霍基亚人去遥远地区贸易、打猎提供了便利，并从与其他文化的交往中受益。正如克劳迪亚·G. 敏克所写：

〔卡霍基亚人〕从他们的腹地出发，或者步行，或者跑步，或者驾独木舟沿着林地印第安人以及一些古老民族建成的商路去到广阔遥远的地方。他们从大湖区买铜，从南阿巴拉契亚山脉买云母，从墨西哥湾买贝壳。在购买这些异域商品的过程中，他们也学习到异域的传统和生活方式，并将其与自己的传统和生活方式相融合。[1]

贸易是卡霍基亚在密西西比文化中崛起的重要因素，同样重要的还有4000多年前源自墨西哥的一种作物的种植。公元800年，卡霍基亚掌握了种植玉米的知识，事实证明这对于养活一个将有大量人口的城市来说至关重要。西德尼·G. 丹尼和厄内斯特·莱斯特·舒斯基评述说：“随着时间的推移，人们逐渐懂得集约作业，玉米逐渐成为日常饮食的基本组成部分。密苏里河、伊利诺伊河和俄亥俄河河口的集约式农业为卡霍基亚的发展奠定了基础。”[2]

作为密西西比人，卡霍基亚人是美洲原住民长达4000年土丘建设传统中的一部分，并且是其中最伟大的土丘建设者。几百年来，在曾经是卡霍基亚的地方见过那120座土丘的人，不仅会为之惊叹，更会感到迷惑。其中许多土制结构都是巨大的平顶方底金字塔，最大的高达100多英尺，直插云霄。美国律师、法官、作家和宾夕法尼亚州国会议员亨利·马利·布瑞肯里奇是一位早期观察者，他1811年第一次看到土丘之后，立刻就把自己的印象转告了托马斯·杰斐逊。布瑞肯里奇描述说：

[1] 克劳迪亚·G. 敏克，《卡霍基亚：太阳城》（Claudia G. Mink, *Cahokia: City of the Sun.* Collinsville, I11.: Cahokia Mounds Museum Society, 1992）。

[2] 西德尼·G. 丹尼和厄内斯特·莱斯特·舒斯基，《史前卡霍基亚古老的辉煌》（Sidney G. Denny and Ernest Lester Schusky, *The Ancient Splendor of Prehistoric Cahokia.* Prairie Grove, Ark: Ozark Publishing, 1997）。

> 我到达最大土丘的脚下时，我所受到的触动与我凝视埃及金字塔时的感受绝对是一样的。多么了不起的一堆土！垒起这样一个庞然大物一定需要好多年，一定需要数千劳动力……要不是它所显示出的规则和设计，要不是它是在冲积平原的地势环境上，要不是周围散布着其他的土丘，我绝不会相信这是人类之手的杰作。[1]

“数千劳动力”——这“数千人”又会是谁呢？进入20世纪，对于这一问题猜测不断。其中一个理论是土丘是由失落的以色列部落建造的，另一个理论把这些建筑归功于维京人。19世纪60年代，明尼苏达州国会议员伊格内修斯·唐纳利坚持认为土丘的建设者是亚特兰蒂斯失落部族的幸存者。曼恩记录说，还有其他说法认为是中国人、威尔士人或者是腓尼基人的功劳。流传最广的一种猜测认为建造者是斯堪的纳维亚移民，他们迁至墨西哥后成为托尔特克人。

在一个极端偏见的时代里，几乎没有人会想到应该归功于美洲原住民。1871年，J.D. 鲍德温写道：“在这些印第安人原始的荒蛮和土丘建造者的文明之间构想任何一种关系或者联系都是荒谬可笑的。”[2] 即使芝加哥科学院院长J.W. 福斯特这样有影响力的人物发表评论时，也暗指印第安人作为一个民族是“以欺诈和残忍著称”[3]。他们能建造土丘“简直是荒唐可笑，就像是说他们建造了埃及金字塔一样可笑”。他断言：

> 印第安人拒绝一切让自己摆脱屈辱地位的努力。他们没有接纳文明美德的道德天性，他们冷酷野蛮的本能使他们心向邪恶。谁都知道他们

[1] 西德尼·G. 丹尼和厄内斯特·莱斯特·舒斯基，《史前卡霍基亚古老的辉煌》。

[2] J.D. 鲍德温，《古代美洲》（J. D. Baldwin, *Ancient America.* New York: Harper and Brothers, 1871）。

[3] J.W. 福斯特，《美国史前民族》（J. W. Foster, *Pre-historic Races of the United States of America.* London: S. C. Griggs and Co., 1887）。

从不愿进行有条不紊的劳作。

美国诗人威廉·卡伦·布莱恩特在他1834年的诗《大草原》中表达了最残酷的观点，诗意地宣告绝不会考虑是“红人”建造了土丘：

……土丘俯瞰河流，
屹立在晦暗的橡树林，
让万能的土丘回答我。
一个民族，早已消失，
一个自律、人口众多的民族
——建造了土丘。
长久艰苦劳作，堆土，如希腊人
砍出了潘泰列克斯山，匀称俊美，
山上屹立着辉煌的帕台农神庙。
这片广袤的土地，
粮食丰收，牛羊肥壮，
牛儿在圈舍低唱，
向牛轭俯首垂鬃，
沙漠劳作声整日在耳边回荡。
直到黄昏羞涩，爱人散步求爱，
忘却的语言，古老的调子，
发自忘却的乐器，
与柔风应和。红人来了——
游牧狩猎部落，好斗、凶残，

❖ 卡霍基亚土丘专家威廉·R. 艾萨明杰的《鸟瞰图》，展示了与宇宙统一、和谐排列的城市：土丘格局颇有策略，四大广场标志着四大基本方向以及预测昼夜均分的结构。

土丘建造者灰飞烟灭……

今天，由于考古学家和人类学家的挖掘和考察，我们才能毫无质疑地知道，土丘是由密西西比人建造的。

卡霍基亚城完全围绕蒙克斯土丘修建，蒙克斯土丘是以法国特拉普派修道士命名，他们 19 世纪早期住在附近的修道院，在土丘上建造花园，种植花草。大约从公元900年开始，卡霍基亚分成10多个阶段进行建造，这个时期就是被考古学家描述为“宇宙大爆炸”的时期。这个时期，数千名美洲原住民从周围地区不明原因地涌入卡霍基亚，使得城市人口增长了10倍之多。

蒙克斯土丘面积14公顷，比吉萨大金字塔还大，用作蒙克斯土丘地基的陶土板约954英尺长，774英尺宽。这座巨大的建筑从地基到顶端高达100英尺。以堪萨斯大学威廉·I.伍兹为代表的考古学家和地质学家倾注了20年时间进行土丘的挖掘工作，他们发现土丘结构分为四阶：大阶在前面，二阶在东面，另外两阶在顶部。通过挖掘，一座宏伟的礼制建筑，可能是庙宇或宫殿（认为是卡霍基亚首领居住的地方）清楚地呈现在眼前。它建在土丘顶部，大约108英尺长，48英尺宽，50英尺高。一些低矮建筑建在低阶上。

在遗址工作过的多数考古学家都一致认为，蒙克斯土丘顶部的庙宇或宫殿是一个中心点，卡霍基亚统治者在那里完成着各种各样的政治和宗教仪式，包括祈求风调雨顺，滋养城市四周一望无边的玉米地。挖掘工作还揭示了在土丘建设的各个阶段进行到某一程度时，一个低矮平台从其中一面上探出，形成一个平台，祭司可以从此处统览公众，进行各项仪式。

最有趣的问题就是蒙克斯土丘是如何建成的。考古学家通过计算得出这一建筑包含2200万立方英尺土，都是用石器挖掘、肩背筐运到日益增高的土丘上的。

萨莉·A.凯特·夏贝尔用生动的计算方式向我们描述了建造蒙克斯土丘的全部工作：

> 这项庞大的工程需要肩扛14666666筐土，每筐1.5立方英尺，重约55磅，总共达2200万立方英尺。为了便于比较，假设每辆载货卡车装土96立方英尺，那么需要229166车次把土运到工地。如果30个人每人每

天运 8 筐土，这项工作需要用 167 年。[1]

正如曼恩记载，除了采挖和运输如此大量的沙土之外，蒙克斯土丘的建设还存在其他重要的挑战。用作土丘地基的巨大厚板是用陶土建成的。为了最大限度减少不稳固因素，卡霍基亚人把泥板密封与空气隔绝，把黏土和沙交替裹在周围，以此时刻保持泥板湿润。他们还用各种质地的土壤建造土丘的不同部分，并在各侧建造排水管，以确保排水通畅和结构完整。挖掘工作还发现土丘到处都嵌有扶壁，以加固内部结构。

这些建筑方法表明，蒙克斯土丘的建设远远不是一个建造大土堆并在上面逐年加高的简单问题。从种种迹象可以推断，卡霍基亚拥有通晓各种土壤和泥质建筑专业知识的人士。尽管他们手头所有的材料稳固性不强，而且他们是在冲积平原上建造庞大建筑，但这些古代工程师在美洲建起了最大的史前建筑，这一建筑已在此屹立了 1000 多年。

虽然蒙克斯土丘是卡霍基亚的主要建筑，但是揭开多数史前城市谜团的是另一座土制建筑 72 号土丘，可是同时也提出了令人不解的疑问。72 号土丘不足 7 英尺高，然而科学家们，尤其是颇有威望的考古学家梅尔文·L. 福勒发现，在这座土丘之下露出了卡霍基亚既恐怖又神圣的生活本质。

从几个不同渠道的记录可知，在 72 号土丘下发现了 1050 年入葬的一个男人的遗体。[2] 据估计此人 40 出头，他被安放在床上，床由 2 万颗珍珠和 800 多支看似尚未使用、箭头工艺精致的箭做成，周围有三男三女的尸体围绕着，都穿戴奢

---

[1] 萨莉·A. 凯特·夏贝尔等，《卡霍基亚：宇宙写照》（Sally A. Kitt Chappell, *Cahokia: Mirror of the Cosmos*. Chicago: University of Chicago Press, 2002）。

[2] 比劳艾尼·怀廷·杨和梅尔文·L. 福勒等，《卡霍基亚：伟大的美洲原住民大都市》（Including Biloine Whiting Young and Melvin Fowler, *Cahokia: The Great Native American Metropolis*. Champaign, Ill.: University of Illinois Press, 2000）。

华，据猜测他们很可能是近亲。人类学家托马斯·E. 埃莫森和 R. 柏瑞·路易斯评述说："只有极其重要的人物才会如此倾注人力、物力、财力下葬。"[1] 这位领袖人物和他的亲属在墓中并不孤单。陪他入葬的还有四个被砍去头和手的男人，据一些考古学家说，他们很可能是战犯。还不仅这些，在墓穴里还有 53 具年轻女子的尸体，年龄都在 15 到 25 岁之间，她们或者被活埋或者被绞死，作为祭品去另一个世界侍奉死去的首领。福勒和协助他进行挖掘的人说，他们还发现了其他墓坑，一个坑里有 14 具尸体，显然是上层人物，被抬至铺着草垫的墓穴里。另一个坑有 40 具尸体，是被随意地扔进了墓穴，堆在一起。坑里还有另外 100 多具年轻女子的尸体，显然是祭品。

72 号土丘下的这些发现向我们展示了考古人类学家乔治·R. 米尔纳所描述的两类人群的显著差异：卡霍基亚社会的重要成员及其近亲和其他所有人。尽管关于 72 号土丘内所发现的遗体和他们的布局仍然存有谜团，但是大多数人类学家和考古学家都一致同意所得出的这一结论。在《想象卡霍基亚》一书中，芮妮塔·A. 达兰和她的合著者们与其他许多专家都认为，这四个男性是被刻意放入墓中代表四个基本方向的。[2] 丹尼和舒斯基一致认为，那 53 具女性的尸体极有可能是作为祭品在来世陪伴她们头领的。另一方面，尽管一些专家猜测墓中无头无手的男性是战犯，但这一理论遭到了埃莫森和路易斯的反驳。

---

[1] 托马斯·E. 埃莫森、R. 柏瑞·路易斯，《卡霍基亚及其腹地：中西部的中密西西比文化》（Thomas E. Emerson and R. Barry Lewis, *Cahokia and the Hinterlands: Middle Mississippian Culture of the Midwest.* Champaign, Ill.: University of Illinois Press, 1999）。

[2] 芮妮塔·A. 达兰，《想象卡霍基亚：风景全貌》（Rinita A. Dalan et al., *Envisioning Cahokia: A Landscape Perspective.* DeKalb, Ill.: Northern Illinois University Press, 2003）。

尽管大家对已有和未来发现的意义持不同的解释，但是有一件事专家们意见一致：证据清楚表明卡霍基亚是一座精心策划和设计的城市。从蒙克斯土丘顶部可以看到其他几十座土丘分布在广场周围。广场周围的房子一行行排列得非常整齐。条条道路联结着露天市场、居民区建筑和上层社会的独立院落。城市外面是农田。卡霍基亚人把大部分城市设计集中在广场周围，这一点并不令人吃惊。在空地上举行比赛、跳舞、种植和收获仪式以及其他重要的民众活动在史前美洲原住民社会是家常便饭。然而真正让专家们吃惊的是，蒙克斯土丘南面的广场面积大得超乎寻常，大约 50 公顷，或者说是 38 个足球场首尾相连的面积。而且更让人吃惊的是，这样大的广场是怎样建成的？

考古学家和人类学家从开始考察卡霍基亚遗址时起，就认为这么大的一片土地几乎无可挑剔地在蒙克斯土丘南面平展开来，并作为卡霍基亚大广场使用，这完全是城市位于平坦的冲积平原的自然条件所赋予的。开始于 20 世纪 60 年代的深入考察，大大改变了这一猜测。土壤取样显示，地形在很多地方原本并不平坦，凹凸层次很多，还有些地方到处是山岭，有些地方是深深的凹沟。因此只能有一个结论：卡霍基亚人已经掌握了勘察测量地平面的知识，划分等级、填平凹陷，即使面积再大、地形再复杂，也没有问题。他们不仅在墨西哥北部建造了最大的建筑物，还创造了北美最大的一个人工地形。

在此过程中，卡霍基亚人不仅建造了规划全面的城市，而且为了遵循他们的信仰，城市布局与宇宙吻合。[1] 四个大广场从蒙克斯土丘向东西南北四个方向延展开来，尊崇了四大基本方向。120 个卡霍基亚土丘的形状也都是具有宇宙意义

---

[1] 萨莉·A. 凯特·夏贝尔等，《卡霍基亚：宇宙写照》。

的，有的方形，有的扁平形，有的圆柱形，有的圆锥形。和其他密西西比部落文化一样，卡霍基亚人认为世界分为上部世界和下部世界。对于卡霍基亚人来说，上部世界代表秩序井然，下部世界代表秩序混乱，而他们生活着的中部世界是上下两个世界的混合。考古学家和人类学家通过深入探查推断，方形或扁平形土丘是刻意如此造型的，以此象征性地和首领、武士以及上部世界联系在一起。而圆柱形或圆锥形土丘把地球与下部世界联系了起来。因此，通过组合，上部世界、地球和下部世界结合在一起，象征着生命、死亡和再生的循环。广场的位置安排、土丘的形状以及一个大圆环形区域中间巨大的红杉柱子，所有这些都使得卡霍基亚拥有了凯特·夏贝尔所说的“神圣的地势”。[1]

在所有从卡霍基亚遗址发掘出来的文物中，20 世纪 60 年代发现的位于蒙克斯土丘西面的四个大圆坑代表了考古学家最大的一个发现。这些圆坑曾经装有红杉柱。发现者们由于心中对英格兰巨石阵太阳历的敬重而把这些红杉柱称为“巨木阵”。巨木阵每个圈包含 12 到 48 根间隔相等的柱子，每根约 20 英尺长，直径约 15 到 20 英寸。在进行了细致深入的考察之后，考古学家发现每个圈里有一根柱子准确地指向春分和秋分时太阳在地平线上升起的那个点，而另外两根柱子与夏至和冬至点一致。

一些专家认为，巨木阵随着时间的推移至少重建过五次，目的是为了帮助卡霍基亚庞大的农业人口准确预测季节变化。另外，由于在春秋分点上太阳从正东方升起，正好在蒙克斯土丘正上方，形成非常壮观的景象。卡霍基亚首领和祭司

[1] 萨莉·A. 凯特·夏贝尔等，《卡霍基亚：宇宙写照》。

❖ 劳埃德·汤森德所画的一幅壁画重现了卡霍基亚大广场 12 世纪的大概面貌。

站在土丘顶部，可能会利用这一时刻向他们的臣民显示是他们创造了太阳。史密森尼博物馆馆长布鲁斯·史密斯曾猜测："通过巨木阵和对太阳的诠释，首领们可以巩固自己的地位……同时向普通民众显示太阳是如何运行，并预测将来如何运行。"其他考察者认为，巨木阵也可能被用作土地勘察的手段，是极具价值的工具，可以帮助卡霍基亚首领和工程师根据规划进行城市设计和建设，校准大型建筑、居住区、公共建筑和居住区的其他部分。

具有讽刺意味的是，在卡霍基亚人所有规划中最雄伟和最困难的部分原本并不在设计者的计划中。挖掘工作揭示在 12 世纪早期，卡霍基亚人围绕着市中心建造了一条将近 2 英里长的木栅墙，在之后的 200 年间，他们更换了 4 次。有观点认为，卡霍基亚人的木栅墙可能为之后 400 年密西西比河谷原住民的防御墙创造了先例。扬和福勒援引了 16 世纪西班牙征服者和诗人加尔西拉索·德·拉·维

加关于一面相似的墙的描述。这一木栅墙让人难忘，它位于阿拉巴马州，建在密西西比印第安人的要塞，被称为莫维拉（或者玛毕拉）。德·拉·维加就木栅墙一事采访了探险家埃尔南多·德·索托团队的成员：

> 莫维拉小镇位于美丽的平原，由一面墙围着，墙有三人高，用如牛一样粗壮的木柱建成。这些木柱插入地里，互相靠得很紧，每一根都被钉在一起；里外两面都有另外木板与之交叉，木板不厚但很长，这些木头用劈开的藤条和粗绳捆在一起。一层厚厚的泥和着长稻草糊在小木片上，填满了木料上和连接处所有的孔洞和缝隙。确切地说，墙看上去抹得很硬实，如同用砖瓦匠的泥刀抹的一样。每隔50英尺有一个可以容纳七八人的塔楼，有可能是用来打仗的。在墙一人高处，满是炮口，可以

用来向外放箭。[1]

无论卡霍基亚建造的木栅墙是否是未来美洲原住民居住安家的实际范例，都很难想象木栅墙的规模以及建造木栅墙的耗费方面有谁能比得了。考古学家威廉·R. 艾萨明杰是 1968 年挖掘卡霍基亚木栅墙团队的主力成员，他估算建造木栅墙每 2 英里长需要 2 万根原木，每根都是完全长成的树那么粗。根据艾萨明杰的测算，其中 9800 根是用作主墙，5880 根用于建木栅墙上的 112 个要塞位置，750 根用于 30 个门，至少 1120 根用于水平捆扎固定在木柱顶部，使之紧凑结合在一起。计算一下卡霍基亚人可能会花多长时间用石斧砍伐、切割树木，要多长时间凿挖深沟固定原木，需要多长时间把这些砍下的原木运到施工现场，可能要多长时间竖起这些柱子、填埋、捆扎，然后在整个建筑上抹灰泥（可能是用泥浆）。艾萨明杰得出的结论是，每个卡霍基亚木栅墙的建设至少需要 19 万小时或者 23750 天（每天 8 小时，大约 67 年）。福勒记载了艾萨明杰关于卡霍基亚的计算结果，然而他说，每个木栅墙的建设很有可能需要艾萨明杰估算时间的两倍，因为他的这位同仁没有考虑计划和组织每个木栅墙工程所需用的时间，或者寻找足够大的原木要走更长的路，花更多的时间。[2]

无论时间需用多久，还有另一个问题需要提出，这个问题在专家们中间产生了分歧。为什么把木栅墙的建设放在第一位？据卡霍基亚土丘群历史遗址的专家说：

> 考古学家认为木栅墙主要是防御建筑，原因有三点：墙很高；堡垒

[1] 比劳艾尼·怀廷·扬、梅尔文·福勒：《卡霍基亚：伟大的美洲原住民大都市》（Biloine Whiting Young and Melvin Fowler, *Cahokia: The Great Native American Metropolis*. Champaign, Ill.: University of Illinois Press, 2000）。

[2] 同上。

间隔均匀，弓箭手可以从此处开工放箭；证据显示墙的某些部分建造匆忙，直接从居民区穿过，就如同危险马上来临似的。

但是，这一解释引来了另一个问题：为什么需要这样一个做工精致、耗资巨大的防御工程，尤其是没有证据显示卡霍基亚曾遭到武装侵犯？大多数质疑木栅墙是为防御目的而建的人确信，建造木栅墙完全是为了社会原因。

就像曼恩记录说："卡霍基亚是周围最大的城市，需要木栅墙阻挡敌人的进攻似乎不可能……很有可能是为了把上层阶级与民众隔开，目的是强调祭司与神的联系是独立的，至高无上的，并且对社会至关重要。"[1] 扬和福勒强调木栅墙证明了卡霍基亚与其他土丘群领导者关系紧张从而作出回应，但他们同时又得出结论，木栅墙的建造既是由于社会原因又是因为军事目的。[2] 他们特别说明："它围绕着居住区的中心，〔而且〕……把居住区中最宏伟的和最具影响力的部分隔离开来。"[3]

对于建造木栅墙的主要原因尽管有分歧，但是对于为什么这一工程得以建成这一点专家们并没有任何疑问。像蒙克斯土丘这样一个庞大的工程，没有卡霍基亚统治者，永远都不可能成为现实。统治者有设想雄伟建筑的可能，并有能力和权力把这类建筑物的需求传达给数量庞大的建造者。

研究表明，这些卡霍基亚统治者是在神权首领统治下行使权力的。至高无

[1] 查尔斯·C. 曼恩，《1491：哥伦布前的美洲真相新披露》。

[2] 比劳艾尼·怀廷·扬和梅尔文·福勒，《卡霍基亚：伟大的美洲原住民大都市》。

[3] 同上。

上的权力握在首领手里，首领被认为是太阳的兄弟。首领的亲戚和他宠信的幕僚组成了上层阶级，以副首领身份行事。他们控制着氏族长，氏族长领导普通民众。在一个没有货币、一切商业行为都使用实物交换的社会，米尔纳认为首领分送财物给他们的群众，以使他们能够保持忠诚，从而巩固自己的权力。财富以铜、云母、燧石、赤铁、贝壳和宗教仪式用品等形式分赠，而且财富分赠的范围扩大到了整个美洲冲积平原的其他部落首领。研究者认为，这一行事习惯让卡霍基亚统治者能够从外部得到他需要的劳动力建造土丘和木栅墙，甚至能够得到少女做祭品。

首领们分赠财物以获得支持和利益，不仅如此，他们还掌控着商业网络。这一网络规模大，分布广，卡霍基亚商人可从大湖区的矿场购买铜，从墨西哥湾购买贝壳，从远至俄克拉荷马的地方获得燧石，从卡罗来纳获得云母。卡霍基亚人没有留下任何书面记录，但是这些材料和他们通过贸易购得的其他材料以及他们用这些材料生产的产品，给我们提供了最有力的线索，告诉我们他们如何生活。考察显示，卡霍基亚人用铜制造的许多不同的产品都极其精美，其中包括手镯、戒指以及许多非石质的工具。在卡霍基亚遗址和整个美洲冲积平原的挖掘还发现了他们对装饰品的喜好，尤其是喜爱从1000多英里外采集来的珍珠。

然而，在卡霍基亚人所有的艺术形式中，最出色的是陶器制作。陶器大多由女人制作，她们从河岸挖陶土，制作成形，露天烧制。卡霍基亚陶器用于日常生活，同时用于艺术、宗教仪式等场合。当制陶人的技艺日臻纯熟时，他们就会融入象征宗教信仰的装饰图案。在碗、罐、盘和其他陶器上刻画各种动物，如：蛇、蜘蛛、两栖动物，这些代表了下部世界的混乱。鸟儿象征着上部世界的和谐，而人类的形象以及各种森林动物代表了中部世界，即地球和地球上的居民。这些具有象征意义的图案并不仅仅出现在陶器上，还出现在其他物件上，如：铜片上的凸纹、贝壳挂件和杯子的雕刻花纹、陶土雕塑。

卡霍基亚的挖掘工作直到20世纪60年代才真正开始。然而，由于现代探索和年代测定技术与工艺，有关卡霍基亚人种植什么作物、他们吃什么、他们闲暇干什么等问题已经知道很多了。除了玉米是最主要的主食品种之外，卡霍基亚人还种西葫芦、南瓜、菜豆和向日葵。他们也种植一些古老的植物，如藜、苋菜、金黄草以及其他淀粉类作物。他们在河里钓鱼，足迹遍布整个河谷，还在周围森林里打猎。

卡霍基亚人不只把在他们生活区域栖息的动物当作食物，他们所穿的许多衣物也都是用鹿皮制成，他们缝制衣服的针是用兽骨做成的。挖掘遗址的人类学家还发现，卡霍基亚人使用龟壳做餐具和梳子，用火鸡和鹰的羽毛和骨头制成头饰、项链和披肩等饰物。

挖掘还显示，卡霍基亚人会在闲暇时间进行休闲活动，尤其是进行比赛。他们掷骰子赌博，玩猜贝壳比赛。他们最主要的体育活动是一种叫“石头块”的比赛。其中一种玩法是两个人站在类似保龄球道的地方，有人会将一块石头沿着这条路径扔出，两人同时参赛，分别把矛投到他们认为石头会落到的地方。另外一种比赛中，比赛者投掷矛努力把飞出的石头击落。

“石头块”由卡霍基亚人发明，这一比赛深受大家喜爱，每次比赛都会吸引数千人旁观。据考古学家蒂莫西·伯克泰特记载，赌博经常与比赛结合在一起，一些参赛者真是以全部身家下注赌比赛结果。[1] 伯克泰特说，一些赌输了的人因此而自杀。公元1500年，在密西西比文化衰落很久之后，全北美印第安人仍然继续玩着“石头块”。

到12世纪，卡霍基亚已经成为一个不同凡响的地方，发展成为埃莫森和路易斯所描述的“美国曾有过的最大的人口聚居中心，拥有最复杂的社会组织结构

[1] 蒂莫西·伯克泰特，《古老的卡霍基亚和密西西比人》（Timothy Pauketat, *Ancient Cahokia and the Mississippians.* Cambridge, England: Cambridge University Press, 2004）。

❖ 今日的蒙克斯土丘

和最广泛的政治影响力”。

到公元 1200 年，卡霍基亚的人口优势已经非常明显，大批武士也会应召而至，贸易发展如火如荼，这些使得城市的统治者成为这一地区美洲原住民各部落至高无上的首领，成就了我们所称的卡霍基亚区域社会。根据埃莫森的观点，发展的结果是卡霍基亚成为了“最大的政治领导中心，可能是北美社会等级划分最复杂的社会，是正在形成发展中的城邦”[1]。在《卡霍基亚》一书中，扬和福勒援引埃莫森的话说：

---

[1] 托马斯·E. 埃莫森、R. 柏瑞·路易斯，《卡霍基亚及其腹地：中西部的中密西西比文化》(Thomas E. Emerson and R. Barry Lewis, *Cahokia and the Hinterlands: Middle Mississippian Culture of the Midwest*. Champaign, Ill.: University of Illinois Press, 1999)。

卡霍基亚是独一无二、绝无仅有的。……我还不能说它是一个国家，但是我敢非常肯定地说，它是与众不同的首领政权。卡霍基亚组织结构非常复杂完善，超乎我们的想象……他们有自己的官僚体制形式；他们传播自己的思想体系，他们对整个美洲冲积平原实行管辖。这不是你曾读到过的典型的首领政权。卡霍基亚是某种中间阶段。毫无疑问，成百上千的首领政权在实现国家政权之前消亡了。卡霍基亚没有跳上这一台阶，但是它真的就快要实现了。[1]

---

[1] 比劳艾尼·怀廷·扬、梅尔文·福勒，《卡霍基亚：伟大的美洲原住民大都市》。

在长达 5 个世纪的时间里，卡霍基亚人建造着独特的社会。然后就像它突然开始一样，它又突然消亡了。到大约 1350 年，墨西哥北部这个最伟大的史前城市几乎被完全遗弃了。那是一段辉煌的发展过程，然而没有人确切地知道为什么会是这样，专家们对此有诸多的猜测。其他密西西比文化虽然比卡霍基亚小很多，但是也发展出了类似的等级社会。而它们 的存在都没能超出 150 年，伯克泰特认为，卡霍基亚公民也许厌倦了在等级社会底层的生活，到别处寻找“更绿的草场”。

考古学家罗伯特·霍尔提出，有可能 13 世纪大量水牛从西部进入密西西比河谷地，导致卡霍基亚人厌倦繁杂的城市生活，随迁徙的水牛而去，成为游牧民族，就像数百万其他美洲原住民在其后的几个世纪里所做的一样。其他考古学家推论说，随着其他美洲原住民与卡霍基亚频繁的贸易往来，他们在美洲冲积平原的聚居区发展得越来越繁荣，开始吸引越来越多的卡霍基亚人。

然而关于卡霍基亚的衰落和最终的被遗弃，大多数人所持有的理论与许多专家的观点一样，认为是与其公民不顾环境有关。有大量证据证明，几个世纪以来，卡霍基亚人使用了大量的树木做燃料、建设住房和大型公共建筑，尤其是庞大的工程（比如说木栅墙），由此导致城市周围半径 15 英里范围内森林资源的枯竭。森林砍伐毫无节制使水土流失严重，当密西西比河洪水冲击这一地区时，赖以生存的玉米作物难逃劫难，最终毁灭。供水的冲击有双重毁灭性功效：不仅毁灭了卡霍基亚人饮食的主要来源，也严重销蚀了城市统治者的权力——他们一直在鼓吹他们可以掌控天气，由此堂而皇之地得到权力。

无论是由于长期一系列的发展，还是仅仅由一个大灾难所致，我们也许永远都无法确切知道是什么造成了卡霍基亚的毁灭。然而大多数专家一致同意埃莫森和路易斯所给出的评论："许多基本事实似乎都在告诉我们，卡霍基亚是一个非常短命的实体，它在 11 和 12 世纪达到巅峰，然而在 13 世纪末便从版图中黯然退去了。"他们认为："卡霍基亚并不是突然消失，而是逐渐消退的。"[1] 但最重要的是应该记住，在哥伦布之前很久，这个叫做卡霍基亚的辉煌的城市确实存在过，它促使我们重新审视我们对于美洲古代历史的整个理念。

[1] 托马斯·E. 埃莫森、R. 柏瑞·路易斯，《卡霍基亚及其腹地：中西部的中密西西比文化》。

SAGRES

吉尔·艾纳斯

征服不归点（1434 年）

3 >>>

❖ 在这幅 1922 年的釉面砖嵌画上，葡萄牙艺术家乔治·库拉库对航海家亨利王子大加赞美。画中描写了这位王子站在萨格里什神秘险恶的大海前，想象着一旦这片大海被征服，大洋彼岸的那片大陆和它所带来的机遇就会在眼前呈现。

葡萄牙诗人和作家费尔南多·佩索亚（1888—1935）的《使命》1934年出版，这是一本包括44首短诗的大作，在书中，他对开启探险黄金时代的葡萄牙航海家们极尽溢美之词。在其中一首诗《葡萄牙海》中，他写道："无论谁想穿越博哈多尔角/都必须穿越痛苦。"提及博哈多尔角，佩索亚很是小心。那是一个凶险的地方，它位于撒哈拉西部海岸，即现在的摩洛哥。15世纪，博哈多尔仍然是最大的障碍，等着那些敢于冒险去遥远未知海域的人跨越。可是，一个名字在佩索亚的赞美之词中被漏掉了，那就是吉尔·艾纳斯，一个仍然被时间遗忘的人。然而，就是艾纳斯跨过了博哈多尔角的不归点，消除了困扰船长和水手们几个世纪的恐惧，完成了人们所说的世界上第一次伟大的发现之旅。

艾纳斯的故事从葡萄牙渴望得到东方的香料和其他珍宝开始。早期旅行家马可·波罗和意大利波多诺内修道士奥多瑞克曾经生动地描述过这些令人垂涎的珍稀商品。14世纪后期，穆斯林封锁了陆路贸易路线，葡萄牙人开始通过探索非洲西海岸没有海图标注的凶险难料的海域，来寻找水路到达印度或更远的地区。葡萄牙人还有另外的动机。中世纪早期开始，从撒哈拉地区的大江小河中出产的砂金运到了西班牙和欧洲其他地区进行贸易，如今葡萄牙人希望满足他们自己对金子的强烈欲望。寻找通往东方甚至是更远地区的珍宝，葡萄牙比它的欧洲对手们有几大优势。14世纪后期以及几乎整个15世纪，葡萄牙没有内战，从地理上来讲，葡萄牙的深水港湾以及流入大西洋的几条大河为他们的远洋探险提供了天然保障。最重要的是，在国内有这样一个人，他既有远识也有能力让这个远洋探险的梦想最终成为现实。

唐·恩里克王子生于1394年，是葡萄牙国王若昂一世和英格兰国王亨利四世的女儿兰卡斯特公主菲利帕的儿子。在历史上，人们称之为航海家亨利王子。

对于他最详尽的描述来自15世纪编年史学家戈梅斯·艾纳斯·德·佐拉拉，他1453年的《几内亚的发现和征服编年史》对于葡萄牙发现之旅的描述现在仍然保持着权威地位。佐拉拉是这样描写亨利王子的：

> 高大魁梧，他的头发……是自然的金黄色，只不过由于常年的辛苦操劳、风吹日晒已经变得黯淡了。如果你不了解他，他给人的第一印象是让人害怕，虽然他很少生气，但一旦生气发怒，他的表情是非常严酷的。性格坚强、思维敏锐这些特点在他身上表现到了极致，无人能比。他雄心勃勃，要干一番大事业。[1]

亨利王子从来没参加过任何一次探险旅行，但却赢得了“现代探险之父”的称号，主要是因为他的组织领导技巧和激励推动能力。他激励他招募来的水手完成充满危险的海上航行，开创了先例。他还是一个笃信宗教的人，同时对星象学家深信不疑。佐拉拉记载王子的宫廷星象家预测亨利“注定要干一番崇高伟大的事业，而且注定要致力于发现隐藏在其他人或秘密后面的真相”[2]。这一预测是再准确不过了。在亨利王子的一生中，他的航海家们——其中包括几乎不可能成为航海家的吉尔·艾纳斯——将沿着凶险的非洲海岸去“黑暗的绿海”探险，并且带领世界进入一个勇敢无畏的新时代。

在探索世界之前，王子参加了一次十字军东征作为他第一次“伟大而神圣的征服”行动。1413年他只有19岁的时候，他说服父亲对摩洛哥贸易中心科尔特

---

[1] 戈梅斯·艾纳斯·德·佐拉拉，《几内亚的发现和征服编年史》〔Gomes Eanes de Zurara, *Crónica dos Feitos da Guiné* (*The Chironicle of the Discovery and Conquest of Guinea*)〕。

[2] 同上。

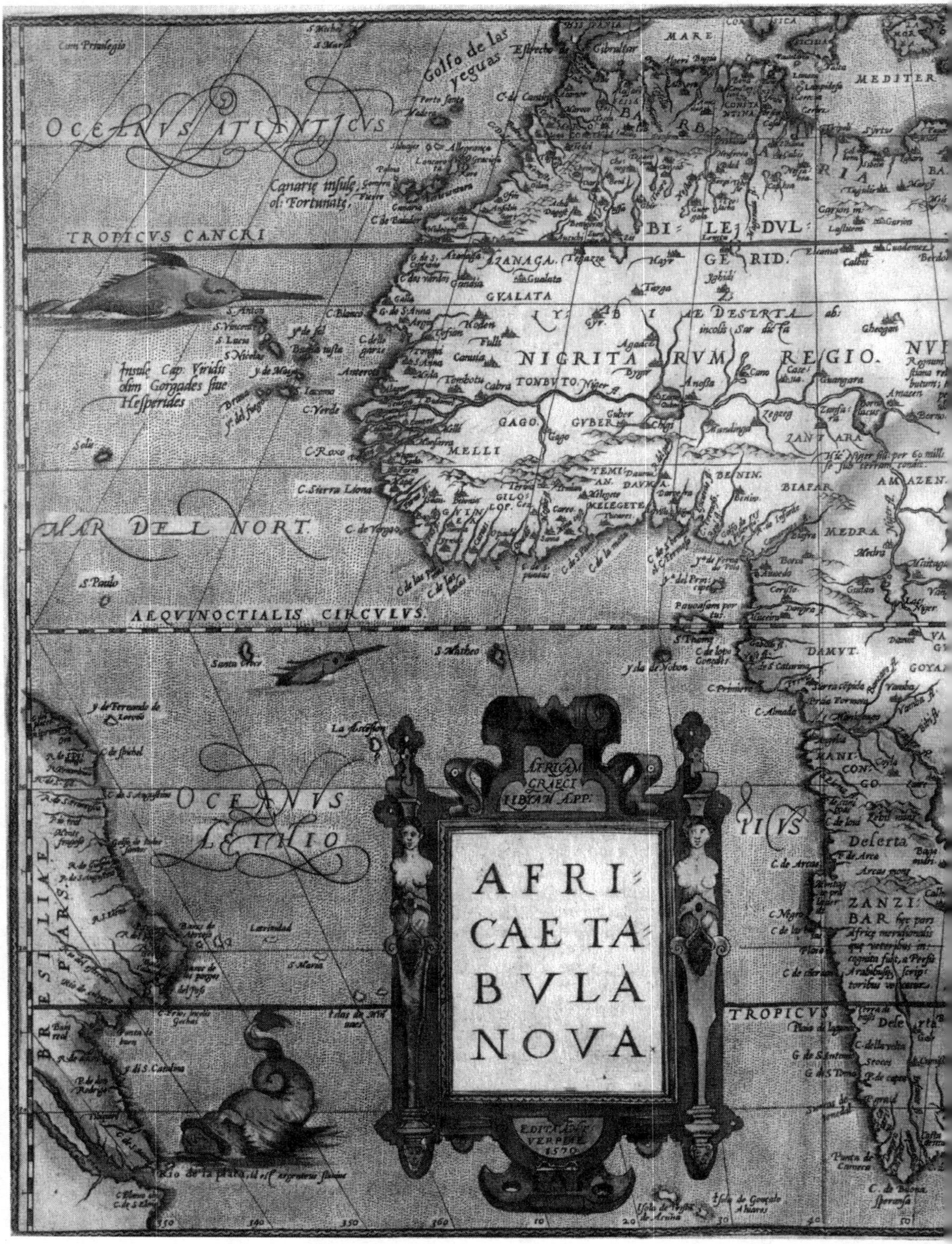
AFRI
CAE TA
BVLA
NOVA
AFRICAM GRAECI LIBYAM APP.
Cum Privilegio
OCEANVS ATLANTICVS
Golfo de las yeguas
Canarie insule, ol: Fortunate
TROPICVS CANCRI
Insule Cap. Viridis olim Gorgades sive Hesperides
MAR DEL NORT
AEQVINOCTIALIS CIRCVLVS
OCEANVS AETHIOPICVS
NIGRITARVM REGIO.
GVALATA
AZANAGA
MELLI
GAGO.
GVBER
BENIN.
BIAFAR
MEDRA
MANICONGO
ZANZIBAR
TROPICVS
Rio de la plata, id est argenteus flumen
C. de Bona Speransa

❖ 这张地图是1570年由比利时著名的制图师亚伯拉罕·奥特柳斯所绘，该图显示博哈多尔角在北回归线上方从非洲西北海岸突出伸入大西洋。在博哈多尔角西南部描绘了一只可怕的庞然大物。

进行军事进攻，这一行动可以给他们机会赢得无信仰者的心，从而把穆斯林异教徒从他们的战地要塞中赶走。国王同意了，委任他的儿子负责协助进攻的筹划和舰队的组建。1415 年 8 月 14 日，葡萄牙军队一天之内大获全胜。亨利王子载誉而归。他很是兴奋，立刻雄心勃勃地着手开始一项更大的军事行动：攻打穆斯林要塞直布罗陀。但这一次国王拒绝支持他的计划，让他很是失望痛苦，尤其是因为在科尔特的军事行动让他目睹了那些就摆在自己面前的无与伦比的珍宝。他决心打开通往东方的水路，于是他决定离开父亲的宫廷，在葡萄牙圣文森特角的一个叫萨格里什的村子住了下来。

与先前大家一直持有的观点不同，亨利王子没有在萨格里什创建航海学校，而是招募并训练了一批水手，并不断改进各种船只，后来证明这在整个新世界的发现之旅中必不可少。

这些都是至关重要的成就，但是亨利王子所面临的最大挑战是让水手们克服对他们要去的水域所潜伏危险的恐惧，对于萨格里什南面约 850 英里的博哈多尔角更是如此。因为当时人们的地理知识自博哈多尔终止，神秘的恐惧油然而生。

博哈多尔角位于加那利群岛东南 140 英里，直插大西洋。有观点说，人类文明第一次揭开博哈多尔角之谜是在公元前 600 年，据古希腊历史学家希罗多德（约公元前 484—前 425 年）说，埃及法老尼科二世派遣一队腓尼基水手环非洲大陆航行。一些海事史学家还认为进一步接触大约是在公元前 530 年迦太基探险家、航海家哈农的一次航行中。

博哈多尔角的名字在阿拉伯语中是阿布卡塔尔，意思是“危险之父”。这是一个非常恰当的称号，正如彼得·D. 吉恩斯所记录的：

在博哈多尔角巨大的红色砂岩峭壁下……大西洋不断地在发怒，海水轰鸣，冲进峭壁的裂口和渠沟，爆发出冲天的水柱；这个地方，海水看似熔化的金属，因为成群的沙丁鱼在汹涌的海水中游转闪烁。可怕的水柱击打着裹挟着沙子的大海，这儿常年东北风，尘暴在峭壁顶上吼叫。[1]

没人会否定这些对于任何水手来说都是真正的挑战，但是对于亨利王子的航海家们来说，与中世纪学者饶有兴趣记录下来的没有海图标记的遥远海域、噩梦般的生物和邪恶的力量相比，这些根本不算什么。

他们的书和文章中充斥着对巨大海怪等待着吞下远离海岸的水手的描述。至于博哈多尔角，大家一致的观点，它就是一切恐惧的所在。博哈多尔角海岸的峭壁据说包含吸力极大的天然磁石，能拔出船只的金属铆钉，把船和船上的一切扔到海底。还有一些故事也同样惊人，如这些峭壁会用火雨攻击胆敢从这儿驶过的船只。另外还有记载说，一旦博哈多尔角的海水进入船舱，船上的白种人会立刻变成黑人。

同样让人目瞪口呆的是关于船只绕过博哈多尔角航行会发生什么奇事的描述。比如，在亨利王子时代，普遍认为在赤道太阳酷热如沸。因此即使船只越过了博哈多尔角，赤道的阳光也会把船化为灰烬。持有这一理论的人还有一个特殊的看法，在横穿赤道时会发生意想不到的事件，船只和船上的船员会遭遇一种奇特的海怪。这一观点被史学家认为是“无懈可击的中世纪逻辑”。道理是这样的：因为所有人都是源自亚当和夏娃，而且因为横跨赤道是不可能的，所以对跖点的亚赤道地区的所有生物必定不是人类，一定是怪物似的东西。

最普遍流传的观点则要简单得多。地理学家和其他哲人把博哈多尔角以远的水域标记为“黑暗的绿海”，坚定地认为这些海域不仅栖居着可怕的怪物和死亡

---

[1] 彼得·D. 吉恩斯，《航海知识和传奇》（Peter D. Jeans, *Seafaring Lore and Legend*. New York: McGraw-Hill, 2004）。

水手的灵魂，还代表着一个不归点，也就是说，这个地方一旦进入，船只和船员会从世界尽头边缘摔下去，跌入无尽的地狱。

亨利王子可不会接受这些。他告诉他的水手们，这些都是迷信，是虚构的神话，不是事实。一定要把那些恐惧放到一边，一定要绕过博哈多尔角。1421 年到 1433 年之间，决心满满的王子派遣出了不下 14 次探险队，每一次的主要目的都是绕过博哈多尔角，为下一次更远、更伟大的航行铺路。佐拉拉这样描述王子的尝试和参加航行的水手的惊恐：

> 于是王子……开始按航行要求准备船只和人员，但是你也许知道，虽然他派出很多人次，但无论是普通人，还是战争中建立战功、战斗经验丰富、赫赫有名的人，没有人敢像王子希望的那样越过博哈多尔角，了解大洋彼岸的大陆。说句实话，这并不是因为胆小或者缺乏动力，而是由于这件事太稀奇，以及关于博哈多尔角的那些广为流传的古老传闻，这些都是一代代西班牙水手中脍炙人口的故事。尽管这些故事后来被证明是骗人的，但是当时这一尝试仍然让最大胆的人也望而却步，那么谁会愿意冒着生命危险第一个作这次探险呢？大家在说，我们怎么能越过我们父辈设置的界限，王子能从我们身体和灵魂的毁灭中得到什么好处……然而，由于确信一定有危险，而且看不到任何褒奖和收益，他们不再尝试。因为水手们说，很显然博哈多尔角另一边根本没有人类，也没有生存之地，只有利比亚沙漠一样的大陆，没有水，没有树，没有绿色植物，海水很浅，离岸一里格的海水仅有一英寻深，而水流却非常可怕，越过博哈多尔角的船只从来都没能回来。
>
> ……在长达 12 年的时间里，王子坚定地继续着他的辛苦工作，每年下令派出船只航行到那些地方，每次都是损失巨大，无一例外，而且从

未找到任何敢于越过海角航行的人。不过水手们并不是全然无功而返，他们虽然未能圆满实现王子的愿望，但是作为补偿，一些水手下船登上了格林纳达海岸，还有一些航行到莱温特海，他们在那儿缴获了异教徒的战利品，光荣凯旋，回到葡萄牙王国。[1]

但是这些战利品并不是亨利王子寻找的巨大奖赏。尽管对每次失败的远征都很失望，但他从未放弃他的目标。佐拉拉记录道："现在，王子总是用巨大的耐心迎接他派出去的人返航回家，从没有因为他们的失败而责备他们，而是用亲切宽厚的表情听他们讲述航行的故事，像往常一样给那些办事得力的人奖赏，然后或者把他们再次派出，或者选派身边其他的人。"[2]

尽管亨利仍然亲切耐心，但他越来越沮丧。在他所有的航海家中肯定会有某个人能够不失信心，带回大大的回报。于是他作了个惊人的决定，他选择了一个没有任何航海经验的人领导第 15 次航行，这是从小就效忠于他的侍从和执盾手——吉尔·艾纳斯。关于艾纳斯绕博哈多尔角航行之前的情况我们一无所知，我们仅仅知道他 1415 年生于葡萄牙阿尔加维南部地区的拉各斯，还知道他全心全意为王子效力。

艾纳斯 1433 年出发去博哈多尔角。如史学家休·托马斯的记录，他"很可能驾驶着一艘简单的横帆单桅小船在大海上航行，即使装了甲板的话，也只是装了一部分，整个船只有 30 吨，平底，吃水很浅，船员只有 15 人，大多数

[1] 戈梅斯·艾纳斯·德·佐拉拉，《几内亚的发现和征服编年史》。
[2] 同上。

时候就是指望这些人划船的。之前那些绕博哈多尔角的失败者航行都是使用这种船”[1]。

尽管艾纳斯是一个毫无经验的水手，但事实证明他是一个天生的领导者，在最合适的时候成功在马德拉群岛登陆。从那儿他继续驶往加那利群岛，也没出现问题。在加那利群岛，他们抓了岛上几个当地人，然后一直往前向博哈多尔角驶去。他们越靠近那个令人恐惧的地点，就会听到越多的恐怖故事。船员们越来越恐惧不安，就好像恐怖的事情在等待着他们。然后，博哈多尔角就在眼前了。

突然，从桅顶上的瞭望台传来了令人惊恐的喊声，警告沸腾水域就在前面。紧接着船员们告诉艾纳斯他们拒绝再往前走。艾纳斯是个侍从，不是舵手；看似领导，但不是水手。无法解释海水的奇怪状况，他返航驶回了萨格里什。

尽管亨利王子很失望，比以前任何一次失败尝试后都更失望，但他不得不再一次表现得宽厚仁慈。因为尽管艾纳斯缺乏航海技术，但是王子确信与那些虽有经验却仍不免失败的水手比起来，他的侍从也许会更有成功的把握。因为他忠诚，会全力完成任务。亨利王子仔细地听着艾纳斯发誓说博哈多尔角附近的海水沸腾了，他更加耐心地解释海水不是在沸腾，而是因为退潮在海角周围的浅滩上快速涌动，在葡萄牙海岸边也经常发生类似的事情。之后他问艾纳斯愿不愿意再试一次。侍从很懊悔，想为王子效忠的决心更大了，于是他同意了。

不到一年，1434 年，据佐拉拉记载：

> 王子准备好了船只，让吉尔·艾纳斯出发，郑重地委以重任，让他想

---

[1] 休·托马斯，《奴隶贸易：大西洋奴隶贸易故事：1440—1870》(Hugh Thomas, *The Slave Trade: The Story of the Atlantic Slave Trade: 1440—1870.* New York: Simon and Schuster, 1997)。

尽办法一定要绕过海角，其他什么事都可以不干，绕过海角就行。王子说："没有巨大的危险，就没有更大的希望……去吧……马上起航吧，因为有上帝的恩宠，你一定会在这次航行中获得荣耀和收获的。"[1]

于是又一次，吉尔·艾纳斯向着已知世界上最恐怖的一个地方出发了。说句实话，为了完成任务，他准备为他的王子献出生命。他几乎可以肯定他就要这样做。然而，他的水手们根本就没有这样牺牲的想法。当艾纳斯的小船在两年之内第二次靠近海角时，种种恐怖的传言又在整个船上传开了。很快，水手们就公然反抗，要求船长掉转船头，驶回萨格里什。但是艾纳斯非常确信水手们的恐惧无根无据，他用尽浑身解数，极尽劝说之功效，总算说服了他们继续前行。

然后，奇迹发生了。当他们驶入博哈多尔角水域急切地注视高耸的峭壁上面时，根本就没有火焰雨倾泻而下。随着他们继续向前航行，船上的金属部件也没脱落。他们紧张地面面相觑，也没有任何人变黑。

现在他们确实已经绕过海角了，就要成为进入最可怕水域的第一批人了。奇迹又一次发生！那儿也没有海怪，只有平静的海水。没有让人跌落下去的世界边缘。他们根本不会掉到地狱里。艾纳斯在祈祷和欢呼声中加入他们的行列，登上了寸草不生的荒凉海岸。他没发现有居民；事实上，他根本没有发现什么生物，只有一种后来被称作为圣玛丽的玫瑰，或者叫杰里科的玫瑰（与风滚草类似）。他把这种植物带回了萨格里什，以此向他的王子证明他已经登上了海角的另一面。

亨利王子用19年组织了15次远征，但是，是吉尔·艾纳斯最终征服了博哈

[1] 戈梅斯·艾纳斯·德·佐拉拉，《几内亚的发现和征服编年史》。

多尔角以及它所象征的一切。在描述艾纳斯的成就时，佐拉拉感慨地说："他言出必行，两次驶向海角，蔑视一切危险，完全出乎他自己和其他人之所预料，他发现了海角另一面的新大陆。……他勇敢无畏，他是伟大的。"[1]

确实很伟大——19 世纪中期历史学家，英国枢密院成员阿瑟·赫尔普斯爵士认为："这是非洲历史上一次伟大的事件，是一次在那个时代被认为等同于大力神赫拉克勒斯般的努力。"其实这只是含蓄低调。因为冲破恐惧心理障碍绕过博哈多尔角，吉尔·艾纳斯不仅深刻地影响了非洲历史的未来方向，也为通向博哈多尔角另一边的世界开辟了道路。

艾纳斯英雄凯旋，沉浸在礼物和喝彩声中。王子要有另一个任务交给他。绕过博哈多尔角，为发现新人种、新航路，更重要的是新贸易机会铺就道路。同以往一样，亨利王子迅速付诸实践。

1435 年，亨利又派艾纳斯出发了。这次用了一条大船，名字叫巴林奈尔（巴林杰），是有桨的平底大船，由皇家上酒师阿方索·贡萨尔维斯·巴尔达亚指挥。驶过马德拉和加那利群岛之后，他们到达非洲海岸的一个地方，大约在博哈多尔角以南 150 英里。在那里，他们和船员们发现了人和骆驼的脚印。他们没有遇到人，但这是一个重要的发现，消除了人们固守的理念。人是无法生活在古希腊哲学家亚里士多德所称的"炽热地带"的。对于艾纳斯来说，这其中还有另一层历史意义：欧洲人已知最南的生命迹象被发现时，这位首先绕过博哈多尔角的人就在现场。

[1] 戈梅斯·艾纳斯·德·佐拉拉，《几内亚的发现和征服编年史》。

❖ 这座伫立在葡萄牙拉各斯的吉尔·艾纳斯雕像赞美了所有葡萄牙水手中最不为人所知、却是最重要的一位。他带领着世界进入了一个航海探险时代。

几乎是艾纳斯和巴尔达亚刚一回到萨格里什，亨利王子又一次把巴尔达亚派了出去，命令他越过他和艾纳斯曾经到达的地点，一直往前航行直到发现贸易机会。巴尔达亚到达了西非的一片水域，他称之为金子河，但是很快发现那不是一条河而是一个海湾，那儿没有黄金贸易站。他于是继续向南进发，收集了几千张海豹皮，由这第一条商业货船从西非运回了欧洲。

至于吉尔·艾纳斯，对于他和巴尔达亚航行之后生活的记录很少。有迹象表明，他有可能指挥过一两次到达西非的探险考察，都是由驻扎在港口城市拉各斯（尼日利亚）的葡萄牙商人赞助的。但可以确切知道的是，1445 年 8 月 10 日，他随由 14 艘快帆船组成的无敌舰队航行到了提德拉岛，即现在毛里塔尼亚海岸附近。在那儿，葡萄牙人决心征服岛上的大部分穆斯林，并在海军上将兰扎罗特·派沙赫的指挥下，取得了彻底胜利。无敌舰队带着 60 个俘虏回来了。就是从这里开始，艾纳斯从历史的记载中消失了。一些无从考证的叙述说他在提德拉岛的战斗中死去了，另外一些说法仅仅说他大约在 1450 年英年早逝。

一段短暂的生命，然而却创造了可以认为是历史转折点的成就。吉尔·艾纳斯冲破了现实和心理的障碍，绕过了博哈多尔角，这是一个突破，它使欧洲与非洲最终与印度进行贸易往来。

就像史学家约翰·福斯克所说："吉尔·艾纳斯的成就造就了一个时代，是许多伟大事业的开端。当我们想起迈出这一步时的踌躇和迎接成功凯旋的船长时的热烈掌声，再想想 1435 年出生的孩子只会听说哥伦布和达·伽马、亚美利哥和麦哲伦的伟大航行，这真是挺奇怪的。"[1]

---

[1] 约翰·福斯克，《美洲的发现以及古代美洲和西班牙征服的故事》（John Fiske, *The Discovery of America with Some Account of Ancient America and the Spanish Conquest.* Boston: Houghton, Mifflin and Company, 1892）。

葡萄牙继吉尔·艾纳斯突破性航行之后的一系列的远征，还有克里斯托弗·哥伦布往相反方向的航行共同改变了历史的航向。尽管它们代表的是实实在在的进步，但其结果并不全是正面积极的。俘虏、贩卖、奴役人口等商业行为因为艾纳斯的成就而发展起来，其数量之大让人震惊。但是正像约翰·福斯克很久以前所指出的，不应该否认吉尔·艾纳斯所取得成就的重要性。历史该给予他应有的赞誉，现在正是时候。

GEN. JOSEPH WARREN

约瑟夫·沃伦

一场革命的设计师（1741—1775 年）

4 >>>

❖ 一座 1912 年建成的约瑟夫·沃伦将军雕像屹立在宾夕法尼亚州沃伦市约瑟夫·沃伦将军公园中。

他被他那个时代的很多人看作是美国革命的真正设计师。他是历史上最著名的倾茶党的核心成员。他写的一整套决议被用作第一届美国自治政府的设计蓝本。他发表的演说触发了美国独立战争的最初几次战役。是他派保罗·瑞威尔完成了历史上那次最有名的骑行。他是独立战争前唯一一位爱国主义领导人，他冒着生命危险在战场上与英军作战。他的名字就是约瑟夫·沃伦。但让人不可思议的是，他已经基本上被历史遗忘了。

沃伦于1741年6月11日生于马萨诸塞州洛克斯伯里市。他的父亲是一位远近闻名的农民和受人尊敬的社区成员，沃伦14岁那年，父亲在果园摘水果时从梯子上掉下来摔死了。幸运的是，家里还有足够的钱让沃伦接受良好的教育。从名校洛克斯伯里拉丁学校毕业之后，沃伦进入哈佛学习医学，18岁毕业。

在那个时代，北美没有正规的医科学校，学徒接受实地培训后就成为医生。詹姆斯·劳埃德曾在英格兰师从欧洲最棒的外科医生威廉·切塞尔顿学习医学，劳埃德非常喜欢年轻的沃伦，收他为徒，不仅传授给他欧洲医学院最先进的医学知识，还给他机会让他独立给病人诊断治疗，而通常普通学徒是没有这一自由空间的。

1763年,22岁的沃伦成为波士顿最年轻的医生，开始了非常忙碌的行医生涯，他注定将成为整个城市中最知名的内科医生。许多水手、绳索制造商、锡蜡生产商、马具商甚至是奴隶都来找他看病。但是还有另外一群病人，他们将代表沃伦生活的转折点。

沃伦是在美国殖民地以及波士顿历史上一个重大的时刻开始他的医生职业的。多年来英国一直给予大西洋彼岸的殖民地最大限度的自由权力，现在却要改变政策。新任国王乔治三世以及他的大臣们决心要终止这些“有益的疏忽”政策。乔治三世1760年登基后发动了对法国和印第安人的战争，耗资巨大，因此要制定、通过法案让殖民地居民为他们支付一部分费用。英格兰方面说，战争是

❖ 1762年的一幅版画表现了年轻的国王乔治三世。

为保护殖民地人民而打的，更重要的是，英国政府要让大家明白，他们对殖民地拥有至高无上的管辖权。

新国王和国会并不是通过制定新法律而是通过积极加强阻止旧法律的实施来开始新政策。其中最主要的就是通过《航海法案》限制英国和美洲殖民地之间使用国外海运进行贸易。对于殖民地居民尤其麻烦的是协助法令的恢复使用，这是旨在加强《航海法案》的措施。这一法律给予在美洲的皇家海关官员派发委任状的权力，强迫殖民地地方当局协助辨认和抓捕走私人员和其他相关人员。更令殖民地居民愤慨的是，协助法令允许英国官员无须任何法庭命令便可搜查仓库和殖民地居民的家。

作为一个技术高超的医生，沃伦声名鹊起，同样，越来越多的人知道他是一个天生的领袖，一个博览群书、极具表达能力并总是渴望表达自己观点的人。他开始吸引很多将在反抗英国新制度的斗争中成为领导者的病人，如：约翰·亚当斯、约翰·汉考克、塞缪尔·亚当斯、詹姆斯·奥蒂斯、小乔西亚·昆西，所有这些人很快将成为沃伦的政治同盟和病人。当他们在波士顿各地形成的很多俱乐部聚会时，沃伦也加入他们的行列。他还加入了圣安德鲁共济会，他极具魅力的个性和坚定的信念使得包括年轻的保罗·瑞威尔在内的同伴们坚信他会在与宗主国的严重冲突中担当领导角色。

他们是对的。1733 年国会通过《糖浆税》，对每加仑糖浆征收 6 便士的禁止性高额关税。1764 年，国会降低了对糖浆的关税，但是通过《食糖税》在食糖上提高了关税。这只是 18 世纪早期英国强加给殖民地的无数重新启用的《航海法案》和贸易法案中的两个，这些税法宣布后，沃伦不仅公开呼吁反对课税，还反对英国把赋税强加给一个在国会没有代表参与税法制定的国家。其他爱国同胞也就这一问题大胆直言，但是沃伦更富激情和口才。

随着 1765 年《印花税法》的出台，紧张对立态势大大升级。印花税是直接对所有法律文件、许可证、报纸、年历、遗嘱、商业合同、宣传册甚至连扑克牌都征收赋税的一项措施。一批官员被委派来征收印花税，并确保所有印刷材料都带有官方印花或标记。沃伦给报社写的第一封信发表在 1765 年 10 月 7 日的《波

The TIMES are Dreadful, Dismal Doleful Dolorous, and DOLLAR-LESS.

Thursday, October 31, 1765. THE NUMB. 1195.

PENNSYLVANIA JOURNAL; AND WEEKLY ADVERTISER.

EXPIRING: In Hopes of a Resurrection to LIFE again.

I AM sorry to be obliged to acquaint my Readers, that as The STAMP-ACT, is fear'd to be obligatory upon us after the First of November ensuing, (the fatal To-morrow) the Publisher of this Paper unable to bear the Burthen, has thought it expedient TO STOP awhile, in order to deliberate, whether any Methods can be found to elude the Chains forged for us, and escape the insupportable Slavery, which it is hoped, from the last Representations now made against that Act, may be effected. Mean while, I must earnestly Request every Individual of my Subscribers, many of whom have been long behind Hand, that they would immediately Discharge their respective Arrears that I may be able, not only to support myself during the Interval, but be better prepared to proceed again with this Paper, whenever an opening for that Purpose appears, which I hope will be soon. WILLIAM BRADFORD.

❖ 1765年10月31日版的《宾夕法尼亚报和广告人周刊》的报头富有讽刺意味、使用了骷髅头和十字骨代表1765年《印花税法》要求的官方印花，上写：“印花结果的象征——噢！夺命的印花。”左上角有一个小小的评注：“世道可悲、可叹、可恨、可怜，没钱可不行。”文章以出版商威廉·布拉德福德的声明开篇：“我们遗憾但无奈地告知各位读者，由于《印花税法》强加于我们，本报出版人不堪重负，决定适当暂停一段时间。”

士顿报》上。沃伦充满感情的语言激发着他的同胞们加入到之后的所有事件中：

> 醒来吧！醒来，我的同胞们，用正当合法的抗议来击败那些要奴役我们和我们子孙的人的阴谋。一切准备就绪，就缺你的决心了。权力是强大的，尊严是高尚的，人民是伟大的……遥远的岁月，无论是逝去的还是未

来的，都将感谢你慷慨的付出，并把你对国家的挽救永留记忆中。[1]

由于沃伦的激励和鼓舞，塞缪尔·亚当斯和波士顿的其他殖民地领袖（还有愤慨的纽约和费城市民）共同组建了一个秘密社团“自由之子”，反抗印花税法。抗议群众紧接着组织了一系列的暴力行动，其中包括对英国收税官的人身攻击，放火焚烧英国收税官以及其他官员的房子，大面积销毁让人痛恨的印花。其中最有效的反抗就是发起联合抵制英货运动。

抵制活动最终造成的贸易损失大大打击了英国商人的收入，许多商人一再地请愿上诉，最终国会被迫废止了这项法案，不过是在通过了《声明法案》（1766）之后。《声明法案》宣布国会有权力“就任何事宜”为殖民地制定法律。

《印花税法》的废止给整个殖民地带来了喜悦。一些人公开宣称英格兰和她的美国兄弟之间恢复了和睦。但是和谐是沃伦最不想要的东西。此时，尤其是最近完全合法管辖权的宣布，让他比以前更加确信，与宗主国之间的裂隙是不可调和的。

沃伦决心让这股愤怒的火焰熊熊燃烧，在废止《印花税法》后两周内，他开始笔伐马萨诸塞州皇家州长弗朗西斯·伯纳德。在给《波士顿报》的一系列信中，他控诉了州长为了自私的个人目的实行不合民心的法律和税收，“肆无忌惮地（牺牲）马萨诸塞的幸福”。正如史学家约翰·H. 凯里的记述，沃伦的最终目标是把伯纳德赶下台，使塞缪尔·亚当斯、汉考克以及其他爱国人士掌握政权。凯里说：“前一个目标在 10 年内就完成了，而后一个目标得需等待革命取得全面胜利才能实现。对于这两个目标在公众心目中的看法，沃伦的大力宣传起了重要

---

[1] 1765 年 10 月 7 日《波士顿报》（*Boston Gazette*, October 7, 1765）。

❖ 一张1766年的漫画描述了一次为《印花税法》而举行的模仿葬礼。漫画下方部分说明文字为：“印刷行业的英雄是温柔的印花先生，他把自己只有12个月大的心爱的孩子美利坚——印花小姐放在棺木里带回了家。”

作用。”[1]

“重要”只是含蓄的说法。此时，沃伦已经确信，尽管《印花税法》已废止，其他繁重的法令会接踵而来，除了反抗没有任何方法能恢复殖民地居民长期以来所钟爱的自由。1766年3月19日，在给朋友爱德华·戴纳的信中，他写道：“从在美洲开始定居以来，从来没有一个时期像现在这样有那么多让人惊慌恐惧的理由。整个大陆已经燃烧到最高点了……在人们失掉自己决定税收的权利后，一切

[1] 约翰·H.凯里，《约瑟夫·沃伦：医生、政治家、爱国者》（John H. Cary, *Joseph Warren: Physician, Politian, Patriot.* Urbana, Ill.: University of Illinois Press, 1961）。

自由都无从谈起。”

沃伦接着描述，像《印花税法》之类的法令继续发展下去的结果是“连最热衷于殖民事业的人都不会预料到的”，是10年前大西洋两岸都不会有人预测到的，那就是：“迄今为止，殖民地各地区仍有矛盾分歧，仍互相愚蠢地嫉妒着。现在，由于英国的新政策，他们联合起来共同抵抗对他们的压迫；他们不会很快忘记这种密切联合给了他们多大的影响。”[1]

虽然可能有些夸张，但是沃伦说得没错，英国新政策使一度分割开来的殖民地空前团结。他坚定的信念也没错，废止《印花税法》并不意味着英国“压迫”的终结。

他无须等很久。1767年，在乔治三世的敦促下，国会决心已定，通过了《汤森德税法》，对玻璃、涂料、铅、纸张和茶叶等商品征收赋税。共同抵制英国进口商品的行动再一次组织起来。1768年5月9日，英国在波士顿的官员对此作出了反应，扣留了汉考克的一艘船自由号，并控告汉考克走私商品没有缴税。表面上这一抓捕似乎并不是美国革命战争中的关键事件，但是英国皇家海军舰艇罗姆尼号舰长参与了扣留行动，强迫波士顿港的水手在海军服役，从而激怒了波士顿人。已经被激怒的闹事群众对扣留自由号作出了回应，情绪更加激动，海关官员急忙给伦敦发去了消息，宣布波士顿现在处于叛乱状态。

惊恐于形势的发展，英格兰采取了让人吃惊的举措，派4000英国军队前去恢复秩序。波士顿人把这些士兵看作占领军，拒绝按英国的命令给部队提供住宿。

---

[1] 理查德·弗罗辛厄姆，《约瑟夫·沃伦的生活和时代》(Richard Frothingham, *Life and Times of Joseph Warren*. Boston: Little, Brown and Company, 1865)。

英国军官于是征用了公共和私人住所。4000荷枪实弹的士兵的出现，把波士顿的紧张情绪推向了沸点，1770年3月5日，波士顿人爱德华·加里克跟一个在海关执勤的英国年轻哨兵打了起来，这一事件使得已经沸腾的锅子沸水四溢。哨兵用枪托打了加里克的脸，引发了闹事群众的反抗，他们开始向哨兵和其他几个英国士兵扔冰块和雪球。闹事群众越来越多，并开始扔其他小东西，这时一小股英国军官和士兵赶来帮助保护被打的同伴。一时间战斗就这样爆发了，在混战中一个名叫蒙哥马利的士兵被木棒击中，便在没有开火命令的情况下突然向群众开枪，这一枪打偏了，但另一个叫基尔罗伊的士兵也开了枪，打死了一个波士顿人。其他士兵紧接着也开了枪。当硝烟散去，三个市民死了，还有两个受了重伤，有生命危险。

五个市民遭遇不幸不能算作是大屠杀，而且失控的闹事群众和士兵一样几乎都有过错。但是这一事件将永远被称为波士顿大屠杀。这一事件被爱国人士赋予了如此的重要性，约翰·亚当斯写道："在那天夜里，美国独立的地基建好了。"

到那时为止，沃伦也许已经完全赢得了最激进的激进领导者的声名，1772年，他被选出在波士顿大屠杀两周年时发表纪念性演说。即使是像约翰·汉考克这样的爱国人士也表达了对沃伦演说的担心，认为他的演说可能会很具煽动性，不会有丝毫和宗主国缓解矛盾的可能。

汉考克的担心不是没有道理。凯里把演说描绘为"美国革命文学中最优秀的作品之一"，在演说中，沃伦呼吁大家拿起武器进行反抗。在演讲开头他就大声疾呼，只有人们愿意为他们的权利而战，他们的国家才会幸福和安全。然后，他鼓起所有的激情，利用纪念"大屠杀"的机会提醒他的听众，现今的英国政府在实行独裁和压迫，并且警告大家可怕的结果就要来临：

> 1770年3月5日，这个致命的日子永远不能忘却……那个可怕的夜

❖ 当今知名的保罗·瑞威尔版画的一个版本，描绘了 1770 年的波士顿大屠杀。

> 晚给我们带来的恐惧只能深深地印在我们心里。我们的街道洒满了我们同胞的鲜血；我们的耳朵因死亡的呻吟而备受伤害；我们的眼睛因看到死者变形的尸体而备受折磨。这时去表达我们灵魂的情感，语言实在是太苍白无力。我们的房屋困在大火中；我们的孩子遭受着士兵的狂暴和野蛮；我们美丽纯洁的少女无法逃脱放纵欲望的侮辱侵犯。一幅幅在脑海中让人害怕的图景呈现在我们的眼前。[1]

在讨论完常备军的危险之后，沃伦用感情最强烈的评论抨击了英国殖民地制度的理念：

> 用什么样的修辞才能把马萨诸塞州的居民称为自由的主体？他们被迫严格遵守着3000英里外的人给他们制定的法律，这些制定法律的人他们根本不认识，也从未赋予那些人这样的权利。这些外来者不经他们同意，强迫他们把部分或全部财产交出，又如何能说他们是拥有财产。如果照此发展，芝麻小事都要缴税而无须他们同意，他们将会被剥夺拥有任何财物的权利。

演讲到这里还没有结束。在这可能是美国殖民地最富煽动性的演讲中，他大声疾呼，作出如下总结："但愿我们的国家是自由之土，是美德之地，是被压迫者的避难所，是世界皆知的名称，是世人给予的赞美，直到时间最终不分优劣，用共同毁灭来埋葬这世界帝国。"

据《波士顿报》称，沃伦的演说受到了"一致的欢迎"。即使继任伯纳德的

---

[1]　约翰·H. 凯里，《约瑟夫·沃伦：医生、政治家、爱国者》。

皇家马萨诸塞州州长托马斯·哈钦森都承认，演讲者的“激情会对现场聚集人群的思想产生巨大的影响”。[1] 哈钦森的话证明是有预见性的，同年后期，一个事件的发生使运动升级，导致了殖民地最终与大不列颠决裂。

1770 年 4 月，国会为了回应波士顿大屠杀激起的愤怒，废止了《汤森德税法》，但进口茶叶的赋税例外。沃伦与塞缪尔·亚当斯马上看到保留茶叶税带来的另一个机会，让英国政府知道任何赋税都会遭到强烈抵抗。但是他们也知道，他们还有一个问题。为了帮助英国最大的企业东印度公司，国会已经免除了英国茶商的关税。在这之前，他们运往美洲的茶叶必须支付关税。对于殖民地居民来说，从英格兰进口的茶叶是世界上质量最好的，现在即使加上关税也比其他国家进口的茶叶便宜，因此他们喜欢英国茶商，喜爱他们的茶叶。沃伦、萨缪尔·亚当斯以及其他激进派领导人所面临的问题很简单：有多少美洲人为了以便宜价格购买质量上乘的茶叶，愿意把他们对英国税收制度的愤怒置之度外。沃伦和亚当斯担心答案会是“很多人”，他们最终得出结论，问题的解决方案就是阻止茶叶上岸，否则仍然会有大量买主。

1773 年 11 月末，波士顿政治俱乐部“北区决策委员会”首先行动，阻止茶叶上岸。沃伦领导的委员会与美洲茶叶代销商展开对抗，命令他们保证不让茶叶上岸，不付关税。代销商拒绝接受。于是与态度坚定、毫不让步的代销商之间的一系列对抗开始了。

在其中一次对抗中，沃伦和他的同伴、爱国人士威廉·莫利尼克斯领导一批追随者去了茶叶代销商办公室所在的仓库，发现门紧闭着，沃伦命令把门砸开。但是即使他们进去并以人身伤害对代销商相威胁，他们态度仍然很坚决，坚持说茶叶一定会卸货上岸。

---

[1] 理查德·弗罗辛厄姆，《约瑟夫·沃伦的生活和时代》。

❖ 图中波士顿人把茶船上的货物扔进海里（摘自《北美历史》，作者 W.D. 库柏，1789 年发表于伦敦）

1773 年 11 月 28 日，第一艘运茶船达特茅斯号抵达，很快船长就意识到他驶进了马蜂窝。他不愿被扯进纠纷，于是告知大家他要带着茶叶把船驶回英格兰。州长哈钦森下令封锁波士顿港禁止达特茅斯号起航。

12 月 16 日，8000 名波士顿人聚集在旧南教堂，在那里他们被告知哈钦森决心要把茶叶运上岸。此刻，萨缪尔·亚当斯站起来大声喊道："先生们，这次会议就是要拯救这个国家。"这是一个信号。当天夜里，一群闹事群众简单打扮成印第安人，划船靠近了那 3 艘已经抵达的茶船，撬开了 340 多箱茶叶，倾倒到港湾中。得知了发生的一切，在城外的约翰·亚当斯宣布说：

> 昨晚 3 船红茶被倾倒入大海。今天早上，一艘战舰起航了。这是最壮丽的时刻。尊贵、雄壮和高尚皆在爱国人士这最后一搏中。我深深

地景仰他们……销毁茶叶是如此大胆，如此勇敢，如此坚定，又是如此无畏和不动摇，它的影响举足轻重，恒久不息，我要说这是历史的新纪元。[1]

沃伦是否也在那群倾倒茶叶的“印第安人”当中我们不得而知，但是考虑到紧接其后发生的一个个事件，如果他不在其中就会让人感到匪夷所思。约翰·亚当斯评价为“波士顿倾茶党事件”，这一评价是正确的，尤其是对沃伦来说，其影响真的是“举足轻重”。从那一时刻开始，他成为运动中最重要的人物，带领大家向全面革命迈进。

可以预料，英国政府对“倾茶党”的反应是非常严峻的，被称为《不可容忍法案》、《处罚法案》或殖民地居民称之为《强制法案》的一系列措施出台，其中包括在马萨诸塞州废除所有对议员、法官以及其他殖民地官员选举的措施，所有这些职位都由国王及其内阁成员委任。然而法案的核心是另一项被称为《波士顿港口法案》的措施，这是到当时为止最具惩罚性的一项，在对倾倒入港湾的茶叶做出赔偿之前，波士顿港向所有船只关闭，不管何种业务。

对于很多殖民地居民，包括很多强烈希望与宗主国和解的居民，这是压垮骆驼的最后一根稻草。史学家 D.W. 迈尼西写道：“大西洋两岸的英国人已经成为两

[1] 《约翰·亚当斯日记 19》，1773 年 12 月 16 日—12 月 18 日〔*John Adams Diary19, 16 December 1772—18 December 1773* (electronic edition). Adams Family Paper: An Electronic Archive, Massachusetts Historical Society, www.masshist.org/digitaladams/〕。

个民族，把他们分隔开来的并不仅仅是海洋。”[1]1774年秋，从各殖民地选派出的代表在费城集会，“协商一个维护和保卫我们共同权利的全面一致的机会”。

大陆会议代表是来自13个殖民地中的12个领导人，其中包括马萨诸塞州的约翰和塞缪尔·亚当斯表兄弟、纽约州的约翰·杰伊、宾夕法尼亚州的约翰·迪金森、弗吉尼亚州的理查德·亨利·李、佩顿·兰多夫、帕特里克·亨利和乔治·华盛顿。沃伦不是代表。他有更重要的工作去做，因为他要完成的工作对大陆会议所要实现的目标以及对美国殖民地的未来都将有最深远的影响。

1774年9月6日，来自各城市和地区的代表齐聚马萨诸塞州萨福克县的米尔顿小镇。沃伦向大家宣读了他拟好的一套决议，之后被称作“萨福克决议”。文件由代表一致通过。决议号召为与宗主国战斗以及为在皇室体系之外建立政府做好准备。沃伦决议的导言就足以让人们看到两年之后《独立宣言》的核心框架：

> 鉴于是权力而非正义、是报复而非大不列颠的智慧……在极端无情地纠缠我们——他们无辜的孩子……这是个重要的日子，刚毅、睿智和奋斗。这个新世界和数百万未出生者的命运悬而未决。广阔的大陆，密集着数百万人，如果这片土地温顺地屈从而生、而行、而使它的人民顺从于放荡主子的专横意志，如果他们下贱地屈从，自愿地成为奴隶，那么未来的世世代代都将背负着他们的记忆，遭受无尽的诅咒。然而，如果我们捆缚那抢夺我们口袋的手，如果我们把对准我们胸膛的利剑缴获，不再近亲相残；那项法令宣称拥有就任何事宜为我们制定法律的权力，从而使我们、我们的后代以及我们后代的后代永远蒙受无尽的、无数的

---

[1] D.W.迈尼西，《美洲的形成：地理视角看五百年历史》(D. W. Meinig, *The Shaping of America: A geographical Perspective on 500 Years of History*, Vol.1: Atlantic America. New Haven, Conn.: Yale University Press, 1986)。

奴隶身份的诅咒，如果我们光荣地战胜了它；违反宪法，肆意篡夺滥用权力，由此我们赖以生存的财产被抢夺一空；由此波士顿的街道上到处密布着行刑者；由此我们的海岸线、我们的港口挤满了战舰；由此殖民地宣言这面神圣的反抗专制侵犯的屏障被破坏并最终被毁灭……由此那些无可让与、无法估量的遗产，纵使与生俱来、来自不列颠宪法的和州宪章赋予我们的特权，却被完全破坏、废止和取消……如果我们成功地回击了这一切……

沃伦起草的决议紧接着又号召马萨诸塞的市民们对《不可容忍法案》不予理睬，联合抵制英国进口商品，削减出口，拒绝使用英国货，支持殖民地马萨诸塞政府从英国管辖权中独立出来，并且组织自己的民兵。这完全是在号召大家要做好战斗的准备，建立皇室体系之外的政府。更重要的是，决议成为了第一次大陆会议的蓝本。

萨福克决议一被正式通过，瑞威尔便把决议送到了费城。瑞威尔在因为那次策马骑行被载入史册之前很久就进行过很多次骑行，这是其中一次。决议由组织主席佩顿·兰多夫向议会宣读。宣读结束时，整个议会爆发出喝彩声，掌声和祝贺声围绕着马萨诸塞州的代表。萨福克决议的每一个词都被所有殖民地完全通过。由于约瑟夫·沃伦，向独立和新国家建立的重要一步终于迈了出去。

在英格兰，对萨福克决议及其批准生效所作出的反应是深刻的。在国会中，对政府关于美洲殖民地政策的批评持续了很长时间，比如辉格党政治家威廉·皮特和埃德蒙·伯克直言赞扬沃伦取得的成就。1775 年 1 月皮特在国会发言时说：“逻辑可靠，洞察准确，结论睿智，在如此的困难环境和复杂状态下，没有国家和团体可以阻挠对费城议会的偏爱，”他继续说道，“（美国殖民地人民）偏爱的是贫穷和自由而不是金链子，可耻的丰裕富足在他们保卫自己做人的权利时便会

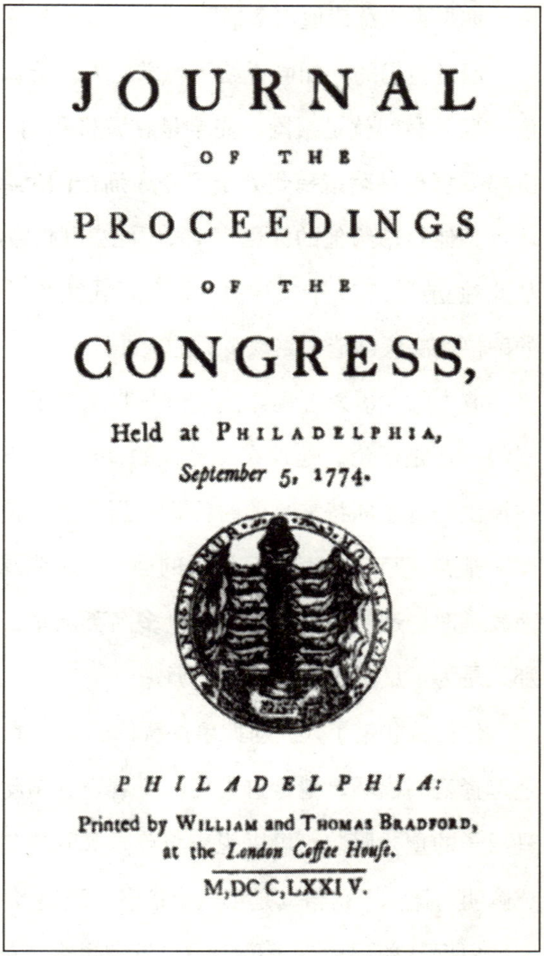

JOURNAL
OF THE
PROCEEDINGS
OF THE
CONGRESS,
Held at PHILADELPHIA,
September 5, 1774.

PHILADELPHIA:
Printed by WILLIAM and THOMAS BRADFORD,
at the *London Coffee House*.
M,DC C,LXXI V.

❖ 第一次大陆会议日志封面是大会徽标：自由柱由代表各州的手和臂膀支撑，大宪章为基座。围绕徽标用拉丁文写着：“我们捍卫自由，我们因此得到护佑。”

消亡。”皮特恳请国王和他的内阁成员们“用尊严行事，赢得赞扬，向和谐、和平和快乐迈出第一步……”皮特最后总结说：“再也不能浪费时间了……而且就在我现在说话之时，都有可能发生决定性的一击。”两个月之后，伯克发表了与皮特类似的观点，他提醒英国政府，“英国人是天底下最不适合劝说另一个英国人变为奴隶的。……我觉得问题不在于你是否有权力把痛苦施加给你的人民，而在于你是否愿意让他们幸福”。[1]

但是他们的话如同说给了愚聩之人。哈钦森现在回到了英格兰，他说沃伦决议“毫无疑问就是叛国，完全是在警告我们”。达特茅斯勋爵，前殖民地事务大臣郑重宣布马萨诸塞州处于“令人痛苦的反叛起义的状态”。国王乔治三世表态认可。他写信给他的大臣诺斯勋爵：“用武力决定他们是隶属于这个国家，还是从此独立。”1775年2月初，国会正式宣布马萨诸塞州处于叛乱状态。沃伦用他的萨福克决议创造了点燃革命的火花。

波士顿大屠杀五周年演说进一步点燃了革命的火花。这一次谁发言已经毫无疑问，还是沃伦。他现在深受他的爱国同胞们的敬重，也备受英国政府的痛恨。在演说的日子即将来临的时候，英国在波士顿全城增派驻扎了很多军队，局势极度紧张。1775年3月6日演说的当天，紧张局势进一步升级，一群群市民挤进旧南教堂时，迎接他们的却是300多名英国军官和士兵，据某些观察者称，他们在那儿是为了震慑沃伦好让他闭嘴。

他们威胁错了人。对此事件沃伦已做好了充分准备，不仅精心准备了演讲稿，还选择盛装出场。他走进大厅，身着随意飘动的素白色长袍，这是生而自由的罗马男子的重要服装，可以想象与英国军队的刻板僵硬、量身裁剪的亮红色服装形成鲜明对比。不落俗套是第一个信息，演说者借此向大家提醒古罗马的那些美德。

根据某些记述，沃伦刚一走近演讲台，就有“几个军官嘘声喝倒彩”[2]。一个目击者还记得一个军官坚持要伸开手掌给沃伦看看，里面有几颗子弹，沃伦把一块白色手绢丢在了军官的手上，让他住嘴。

沃伦已经听说了，如果他的演说中带有关于1770年3月5日事件的煽动性

---

[1] 《埃德蒙·伯克著作和书信》第三卷（*The Works and Correspondence of the Right Honourable Edmund Burke*, Vol.3. London: Francis and John Rivington, 1852）。

[2] 约翰·H. 凯里，《约瑟夫·沃伦：医生、政治家、爱国者》。

言辞，他就有生命危险。从一开始，他就对这些危险毫无顾忌。他用大家熟悉的演说风格，直截了当地对那些在“大屠杀”中惨遭屠杀者的家人说：“让我带领温柔的母亲为她挚爱的儿子哭泣，来吧，失掉爱人的哀悼者，这里可以满足你的悲伤；看着你被谋杀的丈夫倒在地上喘息，完成那夸张可悲的展示，把你年幼的孩子带来，一同为他们父亲的命运哀悼。”

就好像这些话还不够煽动性，他又说，大屠杀之后，他永远都不希望在波士顿再看到英国军队，他宣告波士顿人懂得“自由远比生命更珍贵”，永远不会被武力的展示所吓倒。随着演讲的继续，观众中即使最崇拜他的人都不会相信在英国军队的眼前他说话还会那么大胆：

> 不列颠以及殖民地的利益和安全需要智慧的决策，这些决策应该由……大陆会议建议，并坚决执行……但是如果这些措施毫无效果，保证安全的唯一途径就是血洒满地。我知道对你们的仇敌你们不会扭头不理，而是无所畏惧地拼命向前，直到专制暴政被踩在脚下。[1]

正当沃伦演讲结束时，英国第 43 军团出现了，在大厅外敲鼓，鼓声震耳欲聋。同时，观众中的一群英国军官和士兵开始嘲笑般地大喊：“吼，吼。”人群中很多人误认为是在喊“火，火”，非常惊恐，一些人既害怕大厅中的士兵又害怕外面的士兵向他们开火，于是从窗子跳了出去。其他人冲出教堂向街道跑去。可是不知为什么，秩序重又恢复，没有人开枪。本来这很可能成为美国革命战争军事行动的开始，却就这么避免了。

但是不会等太久。回到 1774 年 10 月，马萨诸塞州议会已经成为事实上的马

---

[1] 约翰·H. 凯里，《约瑟夫·沃伦：医生、政治家、爱国者》。

萨诸塞政府，是美国的第一个自治领导机构。汉考克是第一任领导，之后沃伦成为政府长官，该机构掌握着州范围内的各项权力，收缴赋税、购买物资和招募民兵。到 1775 年 4 月第一周，英国政府再也无法容忍。英格兰的报纸在显著位置报道新闻说，4 月 10 日前，一支 1.3 万多人的部队由三位将军统帅将抵达波士顿。

4 月 14 日，英国在美洲军事力量的最高统帅托马斯·盖奇收到来自英国政府的信件，通知他政府本部认为马萨诸塞州已处于叛乱状态，委任他实施战争法。这封信的主要意思是告知盖奇去试探，然后确定殖民地是否真的想开战。如果战争真的要爆发，最好马上开战而不是等到殖民地人民赢得时间武装起了强大的军队之后再战。对沃伦的一生来说，这是至关重要的时刻。如今他已完全成为公认的革命运动领导者了，他知道必须立刻采取行动。沃伦担心从大陆会议上回来的汉考克和塞缪尔·亚当斯会被逮捕，便劝说他们搬到莱克星顿的爱国牧师家里，那儿离波士顿 11 公里。为防备英军进攻波士顿，还有一部分弹药储备也被运到了莱克星顿。同时，沃伦组建了情报组织，命令一组人监视英国军队在城内和城周围的动向，其中最有名的是瑞威尔。

同时，沃伦的朋友也深切关注着他的安全。值得注意的是，在所有这些政治活动、起草文件、发表演讲的同时，他一直还继续着他医生的工作，甚至还带学生。其中一个学生注意到一股英国士兵一直在监视导师的家，就请求沃伦那天晚上不要去病人家了。沃伦在每个口袋里放上一把手枪，不理会士兵的存在，出发巡诊去了。

这是他最后一次享受给病人看病的奢侈了。4 月 15 日，沃伦得到通知，准备运送英国部队的船只出现在波士顿和查尔斯顿之间的查尔斯河上，便派瑞威尔去莱克星顿向亚当斯和汉考克报警，通知他们，有迹象表明马上要出事。第二天康

❖ 1776年左右的版画《莱克星顿之战》

科德一些军用商店被撤走，康科德离莱克星顿10英里。

真的马上要出事。4月18日，一个情报人员告知沃伦，英军要步行去莱克星顿抓捕亚当斯和汉考克，捣毁储藏在那儿的军需品。晚上9点，英军整队待发，沃伦已经派威廉·达维斯去莱克星顿提前通知了亚当斯和汉考克英国军队正在路上。晚上10点，沃伦把瑞威尔叫来，把他也派去了莱克星顿，让他去提醒那一地区的民兵，英国军队正往那儿进发。瑞威尔和达维斯往莱克星顿赶的时候，碰巧遇到了塞缪尔·普利斯科特，他跟未婚妻玩了一晚上正往家走。瑞威尔和达维斯请他也加入他们的行动。这一扩充纯属偶然。瑞威尔和达维斯本想通知完亚当斯、汉考克和莱克星顿的民兵之后，赶往康科德。但是离开莱克星顿之后，他们被英国兵拦下了，最终只有普利斯科特去了康科德，他在那儿传达了警报。沃伦接受塞缪尔·亚当斯的建议，调动了民兵的热情，刻意制造了战争的机会，这一战争没有经由大陆会议宣布或者与美洲其他殖民地共同配合行动，而是他觉得战争已不可避免，一触即发了。

第一批英国军队在黎明时到达莱克星顿。他们靠近村庄草地时，震惊地发现

70名荷枪实弹的殖民地民兵正列队等着他们。指挥官马上命令这些人放下武器解散。民兵们仍然端着枪，但是开始离开草地。不知道是谁先鸣枪开火，从而引发了英国军队连发齐射，当硝烟散去时，8个殖民地民兵倒地死亡，10个受伤。

英国军队把死者和伤者扔在身后，继续向康科德进发。在击退了一小股民兵之后，他们搜查到了殖民地组织储藏的少量剩余军需物资，准备返回波士顿。他们又累又饿，还背着沉重的行军包，扛着重重的枪，他们知道前面还有21英里的行军路，但是他们不知道今晚要经历一场噩梦。

回波士顿的路上，英国士兵一直被迫与一股股的民兵发生冲突。民兵总数有3500多名，他们接到了瑞威尔、达维斯和普利斯科特的情报，在莱克星顿和康科德事件之后不到12小时就在沿路的战略要地集结了起来。在整个回程行军途中，英国士兵遭到了来自房子里面、大树和篱笆后面的射击。他们鲜血直流，筋疲力尽，羞愧交加，最后总算回到了波士顿。为独立而战的第一次军事行动使英军遭受了彻底的失败。

至于沃伦，他在19日那天凌晨就离开了波士顿赶往莱克星顿。上午10点，他收到了消息，告知他草地那儿发生的事情，他便骑马以最快速度向莱克星顿奔去。还有5公里，遭遇了派去增援的一队英军队伍后部的士兵，他想绕过去，但是被挥舞着刺刀的士兵给拦下了。

所幸，士兵和他们的长官都不认识他，耽误了很长时间，最终还是放行让他走了。他的运气还没完。在一个岔口，他遇到了威廉·希斯，他是一个有军事经验的爱国志士。到此时为止，由于路上的耽搁，康科德事件已经发生了，军队已经在回波士顿的路上了，殖民地民兵分散在乡村。沃伦和希斯即刻组织他们，把他们安排在英军行军路线的各个位置上。在蒙纳托米（现在的阿灵顿），沃伦和希斯鼓励民兵对英军实施他们回城路上最强火力的进攻。沃伦险些丧命。英军还击时，一颗子弹打过来，几乎击中他的头部，把他耳边固定头发的一个发卡打飞了。

❖ 1775年6月沃伦被任命为少将总司令

这个无法把同胞置于危险之中而置身事外的人也分担了风险，所幸的是他躲过了一劫，大难不死。他知道，他要做的事比以前更多了。沃伦开始组建并武装殖民地军事力量。他在剑桥建立起了临时司令部，担当州议会议长和安全委员会领导人。安全委员会的成立是为了在各项事务中保持对各地民兵的管理指挥。4月21日，在他的领导下，安全委员会投票决定招募一支8000人的军队。沃伦给马萨诸塞州的每一个城镇写了恳请书：

> 我们恳请你们……尽一切所能协助建立军队，为一切我们钟爱的，为一切神圣的事业。我们所有人都处于危难之中……耽误不得，耽误的后果必定是死亡和毁灭，每一瞬间都非常珍贵。损失一个小时可能会让你的国家浸在血泊之中，会让少数在屠杀中幸存的子孙永远背负奴隶的烙印。我

们请求你们尽一切可能加快速度，激励人们应征入伍，就如同你们响应国家的号召，对你们的良心作出回应，更重要的是如受上帝的感召。[1]

请愿书得到了响应，不仅招募了新兵，还得到了供给。食品、弹药和其他物资从各殖民地涌入马萨诸塞州。仅弗吉尼亚就运来 8600 蒲式耳小麦和玉米。乔治·华盛顿为军队建设捐赠的数目相当于今天的 1 万多美元。[2]

1775 年 6 月 14 日，州议会任命沃伦为他所招募军队的少将总司令。根据议会记录，“本来提议任命他为医师主管，可是他更愿意承担一项比较危险、可以更加积极参与的工作，他便接受了少将总司令的任务”。三天以后，沃伦将成为一个名副其实的军事统帅，而并不是徒有虚名。

在莱克星顿和康科德事件之后，很快新英格兰民兵就占据了波士顿周围的山区，目的是防止驻扎在那儿的英国军队对马萨诸塞州各乡镇实行进一步袭击。英军被困在城里，盖奇向英格兰请求增援，得到了包括司令官约翰·伯格因、亨利·克林顿和威廉·豪威等将军在内的增援。他们到达后便开始行动，第一步就是要把殖民地民兵赶出山区。英军领导者的计划还未成型，他们的意向便让沃伦原先建立的情报网发现了。殖民地民兵立刻在波士顿北部查尔斯顿布里斯山全力以赴做起了准备。

6 月 17 日早上 9 点，2200 人的英国军队乘船渡过查尔斯河，在布里斯山脚下占据了阵地。沃伦听说英军决意要跟山上的民兵对抗，便骑马奔向现场，他出现在大家面前，准备和大家一起战斗。伊斯雷尔·普特南将军司令见到他后，主动把民兵力量的统率权交给他。沃伦回答说：“我只是作为一个志愿者到这儿来

[1] 约翰·H. 凯里，《约瑟夫·沃伦：医生、政治家、爱国者》。
[2] 本杰明·哈特，《信念与自由：美国自由的基督教之根》（Benjamin Hart, *Faith and Freedom: The Christian Roots of American Liberty.* Carrolton, Tex.: Lewis and Stanley, 1988）。

❖ 19世纪版画，描述了邦克山战斗前，约瑟夫·沃伦（右）前去伊斯雷尔·普特南将军司令处应职——“哪个地方会受攻击最猛烈。”

的。我对你们的安排布阵一无所知，我也不会去干扰他们。告诉我，我到哪儿最有用。”[1] 普特南指向了一个堡垒。沃伦反对说：“不要认为我来就是要找一个安全的地方，告诉我哪个地方会受攻击最猛烈。”

中午刚过，英军向山顶战壕里的民兵发起了第一次进攻。他们排成死板的欧洲式队形向前进发，时不时停下来，向远得打不着的民兵开火。然而民兵却在等英军靠近，距离不到 30 码时才开火。参加第一次进攻的大多数士兵都是轻步兵，是英国陆军中最棒的部队。后来他们的统帅豪威将军司令被问及被迫撤退的感觉时，他回答说：“经历了一个我以前从未有过的时刻。”

英军回到山脚下，重新组队，再一次向山上进发。他们被再一次击退，再一次遭受重创，于是他们再一次被迫撤退。可是，他们的统帅决心要夺得胜利。第三次他们又向山上进发了。他们把进攻的火力集中在沃伦所在的位置。此时民兵只剩下 150 人，他们的弹药也几乎用尽了，但他们仍然继续战斗着，他们用枪当棍棒，用石头砸敌人。最终，他们还是被迫撤退。沃伦是最后离开堡垒那群人中的一个，他们从山背面下山，走了一小段路之后，他被子弹击中头部，当场死亡。

殖民地民兵已被从布里斯山赶走。新闻报道说这是英军的胜利，但事实上，绝不是如此。英军一方伤亡惨重，2500 人参加了这次战斗，226 人死亡，800 多人受伤，是整个独立战争中代价最高的一次交战。英军将领亨利·克林顿后来写道：“这是一次重金买来的胜利，再有这么一次就会让我们毁灭。”[2] 英军由此得

[1] 奥利弗·克雷，《美国革命英雄》(Oliver Clay, *Heros of the American Revolution.* New York: Duffield and Company, 1916)。

[2] 约翰·费林，《奇迹：美国独立战争的胜利》(John Ferling, *Almost a Miracle: The American Victory in the War of Independence.* New York: Oxford University Press, 2007)。

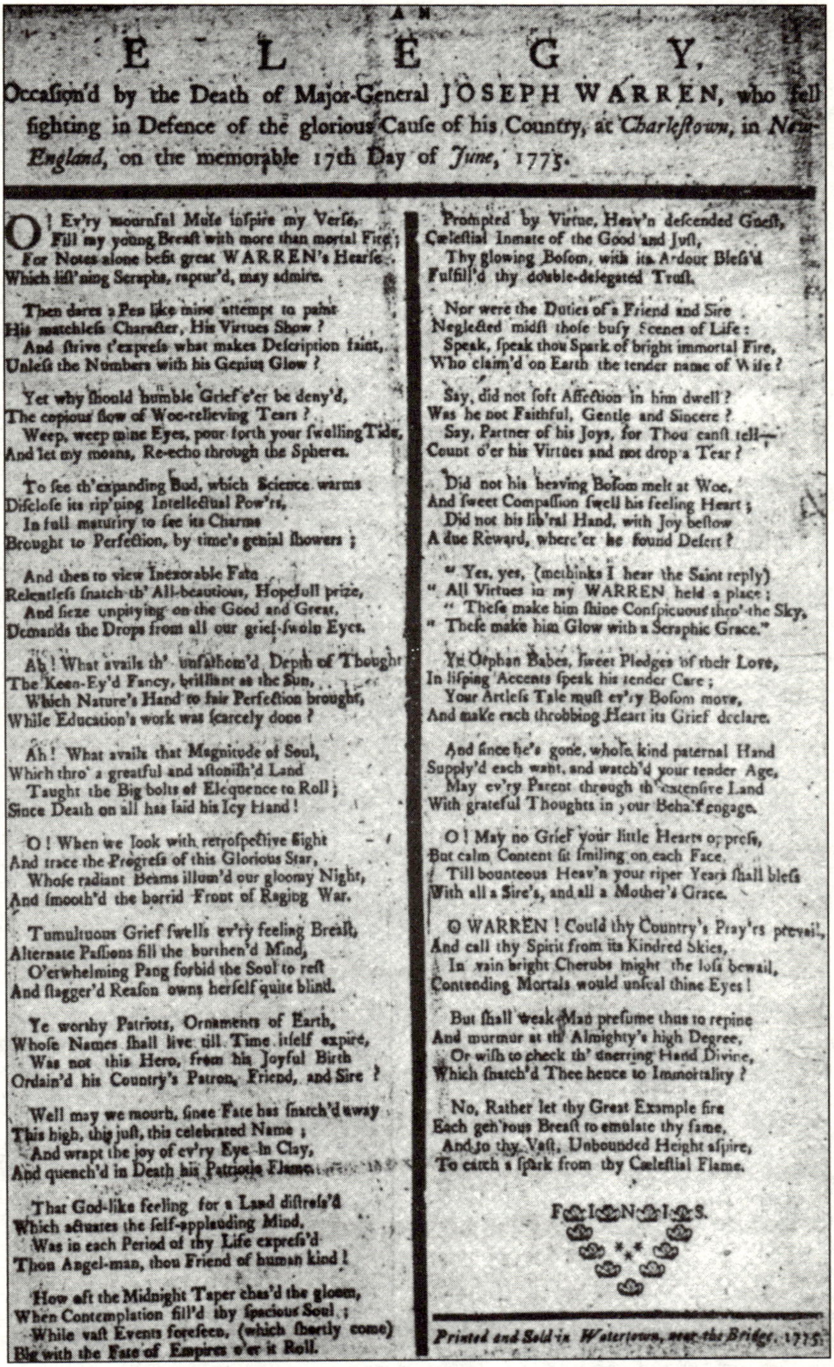

AN

E L E G Y,

Occaſion'd by the Death of Major-General JOSEPH WARREN, who fell fighting in Defence of the glorious Cauſe of his Country, at *Charleſtown*, in *New-England*, on the memorable 17th Day of *June*, 1775.

O! Ev'ry mournful Muſe inſpire my Verſe,
Fill my young Breaſt with more than mortal Fire;
For Notes alone beſt great WARREN's Hearſe
Which liſt'ning Seraphs, raptur'd, may admire.

Then dares a Pen like mine attempt to paint
His matchleſs Character, His Virtues Show?
And ſtrive t'expreſs what makes Deſcription faint,
Unleſs the Numbers with his Genius Glow?

Yet why ſhould humble Grief e'er be deny'd,
The copious flow of Woe-relieving Tears?
Weep, weep mine Eyes, pour forth your ſwelling Tide,
And let my moans, Re-echo through the Spheres.

To ſee th'expanding Bud, which Science warms
Diſcloſe its rip'ning Intellectual Pow'rs,
In full maturity to ſee its Charms
Brought to Perfection, by time's genial ſhowers;

And then to view Inexorable Fate
Relentleſs ſnatch th' All-beautious, Hopefull prize,
And ſieze unpitying on the Good and Great,
Demands the Drops from all our grief-ſwoln Eyes.

Ah! What avails th' unfathom'd Depth of Thought
The Keen-Ey'd Fancy, brilliant as the Sun,
Which Nature's Hand to fair Perfection brought,
While Education's work was ſcarcely done?

Ah! What avails that Magnitude of Soul,
Which thro' a greatful and aſtoniſh'd Land
Taught the Big bolts of Eloquence to Roll;
Since Death on all has laid his Icy Hand!

O! When we look with retroſpective ſight
And trace the Progreſs of this Glorious Star,
Whoſe radiant Beams illum'd our gloomy Night,
And ſmooth'd the horrid Front of Raging War.

Tumultuous Grief ſwells ev'ry feeling Breaſt,
Alternate Paſſions fill the burthen'd Mind,
O'erwhelming Pang forbid the Soul to reſt
And ſtagger'd Reaſon owns herſelf quite blind.

Ye worthy Patriots, Ornaments of Earth,
Whoſe Names ſhall live till Time itſelf expire,
Was not this Hero, from his Joyful Birth
Ordain'd his Country's Patron, Friend, and Sire?

Well may we mourn, ſince Fate has ſnatch'd away
This high, this juſt, this celebrated Name;
And wrapt the joy of ev'ry Eye in Clay,
And quench'd in Death his Patriotic Flame.

That God-like feeling for a Land diſtreſs'd
Which actuates the ſelf-applauding Mind,
Was in each Period of thy Life expreſs'd
Thou Angel-man, thou Friend of human kind!

How aft the Midnight Taper chas'd the gloom,
When Contemplation fill'd thy ſpacious Soul;
While vaſt Events foreſeen, (which ſhortly come)
Big with the Fate of Empires o'er it Roll.

Prompted by Virtue, Heav'n deſcended Gueſt,
Cœleſtial Inmate of the Good and Juſt,
Thy glowing Boſom, with its Ardour Bleſs'd
Fulfill'd thy double-delegated Truſt.

Nor were the Duties of a Friend and Sire
Neglected midſt thoſe buſy Scenes of Life:
Speak, ſpeak thou Spark of bright immortal Fire,
Who claim'd on Earth the tender name of Wife?

Say, did not ſoft Affection in him dwell?
Was he not Faithful, Gentle and Sincere?
Say, Partner of his Joys, for Thou canſt tell—
Count o'er his Virtues and not drop a Tear?

Did not his heaving Boſom melt at Woe,
And ſweet Compaſſion ſwell his feeling Heart;
Did not his lib'ral Hand, with Joy beſtow
A due Reward, where'er he found Deſert?

"Yes, yes, (methinks I hear the Saint reply)
"All Virtues in my WARREN held a place;
"Theſe make him ſhine Conſpicuous thro' the Sky,
"Theſe make him Glow with a Seraphic Grace."

Ye Orphan Babes, ſweet Pledges of their Love,
In liſping Accents ſpeak his tender Care;
Your Artleſs Tale muſt ev'ry Boſom move,
And make each throbbing Heart its Grief declare.

And ſince he's gone, whoſe kind paternal Hand
Supply'd each want, and watch'd your tender Age,
May ev'ry Parent through th' extenſive Land
With grateful Thoughts in your Behalf engage.

O! May no Grief your little Hearts oppreſs,
But calm Content ſit ſmiling on each Face,
Till bounteous Heav'n your riper Years ſhall bleſs
With all a Sire's, and all a Mother's Grace.

O WARREN! Could thy Country's Pray'rs prevail,
And call thy Spirit from its Kindred Skies,
In vain bright Cherubs might the loſs bewail,
Contending Mortals would unſeal thine Eyes!

But ſhall weak Man preſume thus to repine
And murmur at th' Almighty's high Degree,
Or wiſh to check th' unerring Hand Divine,
Which ſnatch'd Thee hence to Immortality?

No, Rather let thy Great Example fire
Each gen'rous Breaſt to emulate thy fame,
And to thy Vaſt, Unbounded Height aſpire,
To catch a ſpark from thy Cœleſtial Flame.

F I N I S.

Printed and Sold in Watertown, near the Bridge. 1775.

❖ 这是纪念性大幅海报，约瑟夫·沃伦在邦克山战役中死亡之后不久在马萨诸塞州沃特敦印刷和销售。顶部文字为：“挽歌，为着故去的约瑟夫·沃伦将军。他于这个难忘的日子，1775年6月17日，在新英格兰查尔斯顿，在为捍卫自己国家的光荣事业而战斗时倒下了。”

到了一次很严重的教训。谈到民兵在整个血战中所表现出的英勇和纪律，盖奇在报告中告知达特茅斯勋爵："我们所做的尝试已经表明，叛军不像大家认为的那样，他们不是一群无耻暴民。"[1]

美洲这边伤亡人数是英军的三分之一弱一些，但是在他们向独立迈进的最关键时刻，他们失去了自己的领袖。他们痛苦极了。6月23日，英军上尉沃尔特·斯隆·劳瑞——布里斯山战役之后负责殡葬事宜的官员，发表声明说："沃伦医生，州议会议长……我在被杀的人堆中发现了他，把他和另外一个坏蛋塞在了一个坑里，他和他的煽动性原则也许将永远埋那儿了。"[2]

10个月之后，英军才被赶出波士顿，人们急切寻找沃伦的尸体，好把他有尊严地下葬，这是他应受到的礼遇。1776年4月，沃伦的两名兄弟在一群朋友的帮助下得以彻底搜查整个布里斯山，发现并挖出了沃伦的尸体。保罗·瑞威尔曾给沃伦做过假牙，他作了身份鉴定，证据确凿。这很可能是美国首例法医牙医术的应用。沃伦首先被正式葬在谷仓墓地。1825年他的遗体被迁至圣保罗大教堂的地下室。之后1855年在他的出生地洛克斯伯里福寿山墓园，沃伦重新入葬于沃伦家族墓地。

沃伦的死引发了如潮的悼念和颂词。阿比盖尔·亚当斯在一封给丈夫的信中陈述说，英军从来没有任何行动可以像沃伦的死亡那样让我痛苦。她写道："我们悼念这位市民，这位议员，这位医生，这位勇士。"[3] 约翰·亚当斯在给沃伦的兄弟詹姆斯的信中说："我们亲爱的沃伦倒下了，他头戴桂冠，就像曾经给英雄的装扮一样。"[4] 最壮美的颂扬来自沃伦最坚定的敌人。托马斯·哈钦森赞扬了沃伦超凡的胆识，然后他说："如果〔沃伦〕还活着，他很有希望不断前进，最终

---

[1] 约翰·费林，《奇迹：美国独立战争的胜利》。
[2] 约翰·H. 卡里，《约瑟夫·沃伦：医生、政治家、爱国者》。
[3] 理查德·弗罗辛厄姆，《约瑟夫·沃伦的生活和时代》。
[4] 约翰·H. 卡里，《约瑟夫·沃伦：医生、政治家、爱国者》。

到达政治和军事事业的顶峰，成为北美的克伦威尔。”[1]

美国早期历史中一直都有对沃伦的品质和贡献的认可和赞扬，他所做的一切使这个新国家的成立成为可能。《美国独立的开创、发展和强大史》的作者威廉·戈登谈起沃伦说：“既没有憎恨不满……也没有利害关系，只是对于他的国家自由的尊重，引导着他反抗政府的各项措施。他迈步走入了公众的视线，不是为了让大家关注和敬仰他的爱国心，而是因为他的本质就是一个爱国者。”[2]《艾略特传记词典》（1809）的陈述简单明了：“他的生命是为他的国家增光添彩，他的死则折射出了他自己以及他所热情支持的事业的光彩。”[3]

这个取得了如此卓越成绩的人，被大西洋两岸的同时代人都视作是美国独立必不可少的人物，他把自己的生命献给了他深深信仰着的事业，可是为什么他会变得如此寂寂无名？为什么他在今天一直无人认可？答案就在于哈钦森对他劲敌的公开评价：“如果〔沃伦〕还活着。”

在《独立宣言》起草之前，在《美国宪法》制定之前，并且在一个崭新的、自由的国家建立之前，沃伦的作用就结束了。这些事件以及与事件相关的人——托马斯·杰斐逊、约翰·亚当斯、本杰明·富兰克林，大大地吸引了对革命时代感兴趣的人，占据了他们的注意力。然而是沃伦使得所有这些事件的发生以及这些人的成就成为可能。史学家威廉·图德近200年前写道，是沃伦被看作“那些英勇市民的个人代表，他带着匆忙建立的武装，从和谐的家里顷刻而出抵御侵略，在莱克星顿平原上和查尔斯顿的高山上用鲜血筑起了美国自由的基座”[4]。应该给予约瑟夫·沃伦的赞誉已拖得太久了。

---

[1] 约翰·H. 卡里，《约瑟夫·沃伦：医生、政治家、爱国者》。
[2] 理查德·弗罗辛厄姆，《约瑟夫·沃伦的生活和时代》。
[3] 同上。
[4] 同上。

INN

赛过瑞威尔

被历史遗忘的骑手们（1777 年）

5 >>>

❖ 此图是大约1904年的版画《保罗·瑞威尔午夜狂奔》，这一事件长期以来被认为是美国独立战争时期最重要的传递警报的一次快马骑行。但是历史忘却的是，还有两位骑手也在此之列，他们骑行的路程更长、更危险，而且对爱国事业更重要。

普利策奖获得者，作家弗吉尼厄斯·达布尼曾写道："如果你想成为历史人物，一个好办法就是与一位成功的文学人士交往，如朗费罗、荷马、维吉尔似的人物。"[1]达布尼指出，保罗·瑞威尔、奥德修斯和埃涅阿斯"都采取了这一措施"。

达布尼说得对。我们在上学的时候，就通过亨利·沃兹沃思·朗费罗1861年发表的诗歌名篇《保罗·瑞威尔午夜狂奔》知道了保罗·瑞威尔的策马骑行。但我们不知道的是，并不是只有瑞威尔一个爱国志士午夜骑马狂奔发出英国军队进攻的警报。我们的历史书没有告诉我们，策马骑行的不是一个人，还有另外两个，他们的骑行都比瑞威尔更艰难更危险。被历史遗忘的这两个人，他们的非凡努力对美国独立战争的影响比那位波士顿银匠的"不朽"功绩更深远。

第一次被遗忘的策马骑行发生在长岛海湾地区。从战争爆发之日起，康涅狄格州和纽约州境内的城镇就一直处于被英军进攻的恐惧之中。然而，长期让人恐惧的袭击直到1777年4月才发生。袭击发生的地点在康涅狄格州丹伯里镇，这个城市对爱国事业至关重要，因为它是大陆军基本军需物资的贮备库。到1777年春天，每天都有大批物资运进城里。在这些军需物资中有服装、药品、军火、炊事用具、帐篷、医用床，还有包括面粉、牛肉、猪肉、糖、糖浆、咖啡、大米、葡萄酒和朗姆酒在内的各种食品。

有谍报人员提醒说丹伯里对于殖民地反叛军变得日益重要。英军在美洲部队的总司令威廉·豪威将军便命令纽约州州长威廉·特莱恩少将攻打丹伯里，毁掉那儿的军需物资。1777年4月24日，20艘运输船和6艘战舰带着2000人的军队离开纽约港，向康涅狄格州的康波海滩驶去。第二天到达那里后军队上岸，开

[1] 弗吉尼厄斯·达布尼，《杰克·朱威特策马飞驰》，载《美国遗产》〔Virginius Dabney, "Jack Jouett's Ride," *American Heritage* 13, No.1 (1961)〕。

始长途跋涉向丹伯里进发，这将是独立战争期间在康涅狄格州发生的最大规模的军事战斗。

詹姆斯·R. 凯斯曾讲到英军是怎样像阅兵式一样进行25英里跋涉，到达城镇的，他们坚信那儿防守松懈。他描述其中一个士兵时说：“头上戴着防剑钢盔，钢盔拱顶上立着一个圆锥柱，长长的核桃色羽毛从上面垂向肩头。在帽子前部画有死人头，下方写着‘或者荣耀’。红色衣服与白色相搭，肩上戴着肩章，亮黄色鹿皮马裤，黑色及膝靴子，再加上马鞭就形成了整个装束。一把长剑在腰侧摇摆，卡宾枪枪口朝下，放在马镫处的枪匣子里。这些人是纪律和军事荣耀的典范。他们骑在强健的军马上，军马有16掌那么高。”[1]

下午快3点时到达丹伯里，英军发现他们陷入一堆彼此毫无关联的事件中。其中一件是，一个骑马的英国士兵沿着街道追赶一个嘲笑嘻骂他们的殖民地骑马人，但是那个居民把拿着的一卷布滚开了，吓惊了这位英国士兵的马。在一次更严重的事件中，4个丹伯里人从一位知名市民家的窗子里向一队士兵开火。英军于是冲向房子，为了抓到这4个年轻人，他们把房子烧成了灰烬，烧死了4个年轻人。

侵略者们决心要打消任何进一步反抗的念头，于是就拖出了他们从纽约州带来的大炮。詹姆斯·蒙哥马利·拜勒叙述道：“英军到达今天的法院位置附近时，他们开始开炮，重重的炮弹，6英担12英磅重的东西，呼啸着飞向街道，把恐惧发射到女人和儿童的心里，把惊愕发射到岌岌可危的美洲家庭头上。”[2]

---

[1] 詹姆斯·R. 凯斯，《1777年4月特莱恩袭击丹伯里》（James R. Case, *An account of Tryon's Raid on Danbury in April, 1777.* Danbury, Conn.: Danbury Printing Co., 1927）。

[2] 詹姆斯·蒙哥马利·拜勒，《1684—1896年康涅狄格州丹伯里历史》（James Montgomery Bailey, *History Danbury, Conn., 1684—1896.* New York: Burr Printing House, 1896）。

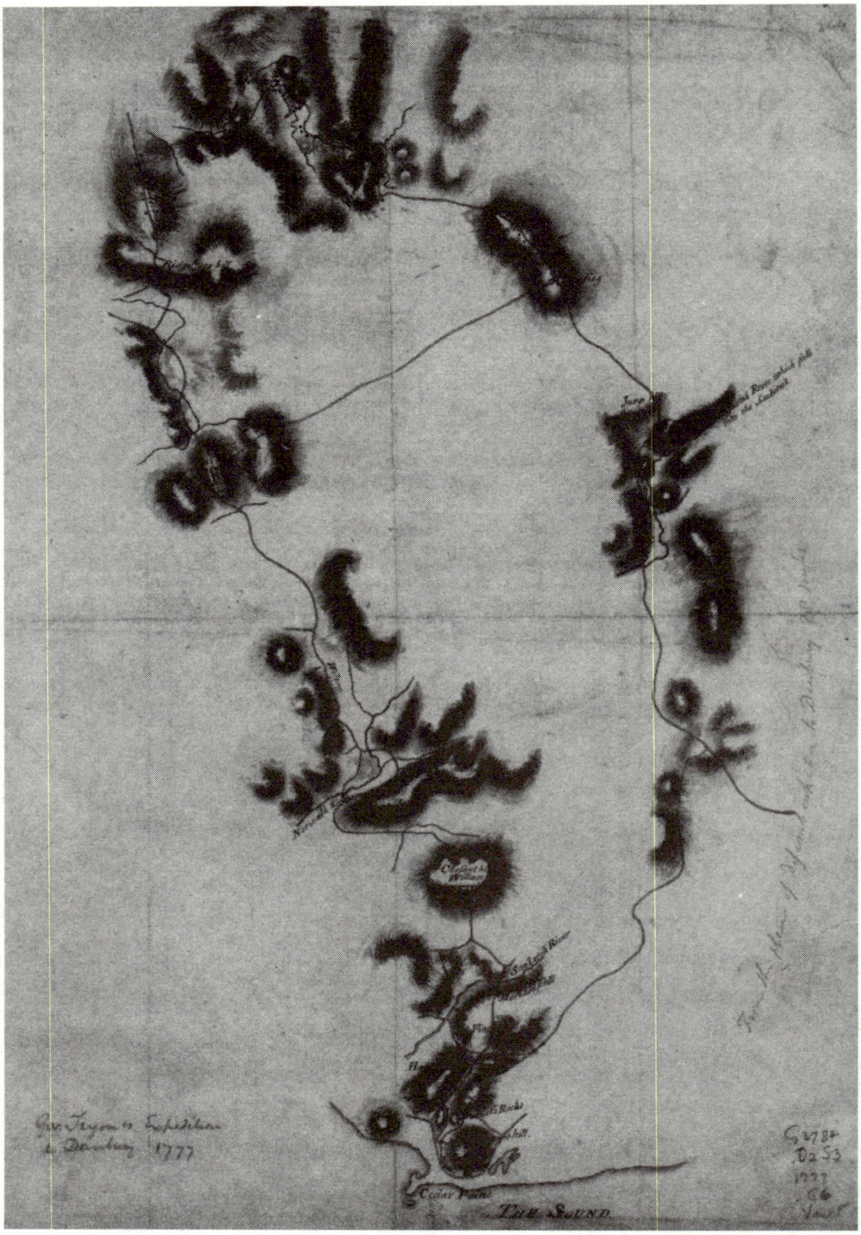

❖ 这是大约1777年的一张威廉·特莱恩将军远征去丹伯里的路线图，由英国军事工程师约翰·蒙垂萨上校绘制。

特莱恩的部队于是开始挨家挨户搜查殖民地军需物资。在国王支持者家里发现的供给物资会被拖到街道上烧掉。然而那些效忠派只要能让特莱恩相信他们是被迫储藏物资的，他们的房子就可以免于被烧毁。但是如果革命派人士的房子被用作仓库，那就会连同房里的东西被烧成灰烬。

被发现和销毁的物资数量巨大，从豪威发回英格兰给英国政府关于搜查的官方报告中可以清楚地看到。“在捣毁丹伯里仓库的过程中，村子不可避免地也被烧掉了。”豪威报告说。

> 被销毁的物资列表如下：大批军械库和铁器等；4000桶牛肉和猪肉；100大桶〔柜子〕饼干；89桶大米；120桶朗姆酒；几个大型小麦、燕麦和印第安玉米仓库，是散装货，因此数量无法确定；30管葡萄酒；100大桶糖；50大桶糖浆；20箱咖啡；15大桶药品；100桶硝石；1020顶大小帐篷；大量铁质水壶；大量医用床；工程、拓荒、木工用工具；一套印刷机；沥青、牛脂等；5000双鞋子和袜子。

大量暗藏的军需物资的销毁，尤其是1000多顶非常珍贵的帐篷的损失，对大陆军来说是一个严重的失败。也许在捣毁物资的记录列表上最有意思的是“120桶朗姆酒”。如果这个数字是真实的话，那么英军留下的酒一定比销毁的桶数（一大桶装72到120加仑酒）要多。夜幕降临时，特莱恩由于轻松取胜备受鼓舞，再加上丹伯里几乎没有真正的抵抗，他便有了去康涅狄格州和纽约州的其他村镇继续搜查、捣毁物资的想法。但是他面临着一个严重的问题：这位将军发现由于面前摆着这么多朗姆酒，已经有数百人喝醉了，而且随着时间一点点过去，喝醉的人越来越多。正如詹姆斯·R.凯斯记录的：“喝醉的人一队队在街道上走来走去，唱着军歌，喊着粗话，互相搂搂抱抱，骂着脏话，喊着嚷着，要不就是在喝得烂醉时一举一动做出入侵者的样子。”[1]

因为许多人都喝得烂醉，特莱恩于是放弃了继续搜查的念头。他也开始接到来自效忠派探子的报告说，丹伯里的大火烧得太耀眼，搜查的消息肯定传开了，各地民兵必定会有所反应。特莱恩很清楚，无论多少人喝醉，他必须尽快带他的部队回到康波的船上。就在他下定决心的时候，一个骑手带着丹伯里出事的消息策马飞奔，赶到纽约州弗雷德里克斯堡的亨利·路丁顿上校家里，这儿离那座正在燃烧的城市不到 25 英里。

路丁顿在整个殖民地是最受人尊敬的人。自 1756 年以来，他一直为他的村镇和国家效力，功绩卓著。1756 年他 17 岁，入伍进入康涅狄格州第二军团，这是为国王效力的一支部队。他很快就参加了对法国和印第安人的战争。他还参加过乔治湖战役，在这次战役中他惊恐地在一旁看着与自己并肩作战的舅舅和表兄被杀。1759 年他接到任务从加拿大护送一批受伤士兵到波士顿，这是在严冬里进行的一次长征。在夜晚，为了不被冻僵，他被迫在雪堆中挖洞过夜。食物吃完了，他就以树皮、树枝和浆果维持生存，但他最终还是活着回到了家，成为了英雄。

1760 年，路丁顿和他的新婚妻子阿比盖尔搬到了后来很快成为纽约州达切斯县弗雷德里克斯堡（今天普特南县一个叫路丁顿维尔的小村庄）的地方。他在那里不仅从荒野中开辟出自己称心的农场，还很快成为村镇上有影响有权威的人物。1761 年，他被委任为副县长，这一职务要求他宣誓对国王效忠，并且“尽我

[1] 詹姆斯·R. 凯斯，《1777 年 4 月特莱恩袭击丹伯里》。

最大所能抵抗反对国王本人、国王的权力和尊严的一切反叛阴谋和企图”。

1773 年，皇家纽约州州长威廉·特莱恩上将委任路丁顿为达切斯县民兵弗雷德里克斯堡军团五连上尉。但是之后不久，在一次突然倒戈中，路丁顿宣布他已经决定国王不值得他和其他殖民地人民效忠，辞去了皇家职务。很快，殖民地纽约州爱国者州议会和纽约州代表大会都委任路丁顿为达切斯县民兵第七军团上校，并且颁布命令将军团命名为路丁顿上校军团。

路丁顿被委任掌控的地区是极端棘手的地方，居住着一大批效忠派和托利党人，他们都愿意为英军尽自己所能提供任何帮助。达切斯县还是一群群被称为“牛仔”的游击队和被叫做“剥皮军”的英国非正规骑兵部队活动的地方，这一骑兵部队在这一地区的殖民地农场到处掠夺，以此为豪威将军的武装部队提供他们所需的大部分牛肉和谷物。路丁顿军团在很短时间内就成功地控制了牛仔和剥皮军的活动。英军被逼无奈出价 300 几尼悬赏路丁顿的人头，“无论死活”。

1777 年 4 月 26 日夜里，外面有人在使劲地敲门，声音很响，路丁顿慌忙去开门，想看看到底是谁。他一把门打开，就从这个筋疲力尽的送信人那里听到了丹伯里发生的一切。他的军团必须马上集结，向丹伯里进发，好在特莱恩和他的部队对殖民地事业进行更多破坏之前进行反击。然而，有一个重要问题。路丁顿的士兵刚结束了一项为期很长的任务回到家里。现在正是新英格兰和纽约州的播种时间，路丁顿已经同意他们回各自的农庄按时把庄稼种上。现在他们只得再次集结，而且是越快越好。

民兵都分散在方圆 100 多平方英里的各个农庄。谁能骑马跑去告诉他们要马上归队？当然不可能是从丹伯里送信来的骑手。他太累了，再也跑不动了。而且他根本就不知道民兵都住在哪里，怎么走最好。路丁顿上校不能去。他得做好出发的一切准备，而且军团的人回来时他必须得在。

然而，路丁顿意识到有一个人可能最适合执行这一重要使命。那就是西比

❖ 在里奇菲尔德一战，以及后来的萨拉托加战役（在此展示的是 1975 年由小休·查尔斯·麦克巴伦创作的一幅画）等战斗中，由亨利·路丁顿上校的部下以及其他爱国志士采用的游击战术非常成功，对独立战争的胜利起到了至关重要的作用。

尔，他12个孩子中最大的一个，虽然刚16岁，但是她马上功夫高超不已，对这个地区也非常了解。而且她还承担了帮妈妈照顾11个弟弟妹妹的重大责任。最重要的是对于一个这么小的孩子，她已经显示出了真正的英勇气概和聪明才智。

西比尔知道敌人在高价悬赏父亲的人头，就领导大家保护他。正如路易斯·帕特里克描述的："上校最警觉和最小心的同伴就是他的哨兵女儿，西比尔〔西克〕。她总是那么谨慎小心、思维缜密，再有环境的帮助，使得许多要取他性命、要抓捕他的阴谋都没能得逞。"[1]之后，帕特里克在文章中描述了眼红奖金的人来搜捕他时所发生的一切。这伙人在臭名远扬的托利·伊卡博德·普罗瑟的带领下包围了路丁顿的住所，准备发起进攻。只是西比尔和她的妹妹丽贝卡更胜一筹。帕特里克描述说：

> 这两个无所畏惧的女孩儿，手里端着枪，充当着哨兵，用规矩的军人步伐，用真正军人的气概在广场上来回踱步，为父亲站岗，防止意外发生，并在任何危险袭来时给他警报。她们发现了普罗瑟和他的那伙人，就发出了警报。马上，房子里每个屋子中都有蜡烛点亮了，几个住在里面的人在窗前来回踱步，这一简单聪明的小诡计让普罗瑟相信房子防守严密，不敢轻易进攻。他就让他的人伏在大树和篱笆后面，一直等到了黎明，他们大声骂着喊着又走回了纽约城，根本不知道他们被两个聪明的小姑娘给打败了。[2]

送信人向路丁顿上校传达丹伯里的消息时，西比尔正在忙着让年幼的孩子们

[1] 路易斯·S. 帕特里克，《美国革命的秘密工作》，载《康涅狄格杂志》〔Louis S. Patrick, "Secret Service of the American Revolution," *Connecticut Magazine* 11, No.2 (1907): 265—174〕。

[2] 同上。

上床。听到楼下一阵喧闹，她也和父亲一起听消息。送信人一说完，坐下来休息，上校就转向他的女儿，对女儿说他有非常重要的事情要让她做，他无法走开。西比尔知道必须要做什么，也知道她是唯一能做这事的人。

几分钟之内，她就准备好了。她完全明白在面前有重重困难和危险。这个夜晚还下着暴雨，春天的大雨毫无停止的迹象。那些她要骑马跑过的小路根本算不上是路，仅仅是泥巴小径，很是泥泞，雨水冲蚀会让路上充满危险。另外还有一个危险，在父亲提醒她之前她已经非常清楚了，有可能会被“牛仔”或“剥皮军”赶上抓住。他们很有可能在她要经过的路线上采取行动。

但是她没有迟疑。晚上 9 点，她穿上了父亲的一条工作裤，骑上了她的马“星儿”。手里拿着棍子，她要用这根棍子抽打星儿往前快跑，还要用它去敲民兵家的门。然后，借着夜空中能看到的丹伯里燃烧的火光，她从弗雷德里克斯堡出发去了卡梅尔村，然后穿过肯特崖、法莫斯磨坊和斯托姆维尔，进入了玛荷帕克和玛荷帕克瀑布，总共 40 多英里。不管雨下得有多猛烈，也不顾她脚下的路有多泥泞、多么凹凸不平，她快马加鞭往前冲，把门敲得“砰砰”响，不断地扯着嗓子大声喊：“英军放火烧了丹伯里！马上到路丁顿那儿集合。”

有些城镇教堂的钟敲响了，警告市民英军可能进犯。在其中一个社区，有个人看到是一个年轻的女孩子在传递警报集合民兵大为震惊，便主动提出要陪着她跑完剩下的路程。西比尔客气地拒绝了他的好意，把他派去布鲁斯特镇传递警报，因为那个镇不在她的这条路线上。

在史学家威利斯·弗莱彻·约翰逊创作的关于路丁顿的传记中，他对西比尔的功绩作了一个早期的评价：

> 现在如果有人骑马从卡梅尔到科尔德斯普林，他会发现道路凹凸崎岖，危险遍布，一路上让人倍感孤独。可以想象一个多世纪前，在一个

漆黑的夜晚，周围到处是“牛仔”和“剥皮军”的亡命徒，又会是什么样子。但是这个孩子却能完成任务。她仅靠着一个马鞍，用麻制缰绳指挥她的坐骑，骑马飞奔穿过黑夜，把丹伯里被洗劫的消息传递出去。她的功劳完全可以与保罗·瑞威尔午夜传信相比，她传信的效率也和保罗一样高。由于她的勇敢无畏，天亮时几乎整个军团400多人都在她父亲弗雷德里克斯堡的房子前集结完毕，一两个小时之后便出发找抢劫者复仇去了。[1]

并不是只有这一支军队出发去阻止特莱恩袭击其他城镇。西比尔的警报已经传出了达切斯县。在这一地区行动的殖民地谍报人员也在传递丹伯里的一切消息。在纽黑文，大陆军戴维·伍斯特将军和贝内迪克特·阿诺德将军带领一小队大陆军士兵开始向丹伯里进发。在同一时间，菲尔费尔德县民兵统帅古尔德·塞莱科·斯勒曼将军，也紧急集结队伍，响应战争号召。

4月27日是星期天，凌晨两点钟，伍斯特、阿诺德和斯勒曼已经想出了计划。知道特莱恩和他的部队要沿着到康波海滩的路走回船上，一定会经过里奇菲尔德，于是三位将军决定阿诺德和斯勒曼带着他们的联合部队大约400人，出发去这个镇，准备在那里进攻一定是疲惫不堪的英国士兵。同时，伍斯特和他带领的200人知道路丁顿和他的军团很快会跟他会合，然后他们一同追赶往前行进的英军纵队，从后面打击他们。

伍斯特军团的人对丹伯里和里奇菲尔德之间的地区都非常了解，他们无须很长时间就能在树林里找到自己的位置，密切注视着英军一定会经过的这条小路。他们的直觉很准，英军到达时，伍斯特的士兵结结实实地攻击了特莱恩军团的后

[1] 威利斯·弗莱彻·约翰逊，《亨利·路丁顿上校回忆录》（Willis Fletcher Johnson, *Colonel Henry Ludington: A Memoir*. Whitefish, Mont.: Kessinger Publishing, 2007）。

部，活捉了40个人。快到中午时，伍斯特发现有可能会取得更大的胜利，便命令再一次向英军发起进攻。可是，这一次英军有了准备，他们停止前进，用大炮来对付美洲军的突袭。据史学家阿尔伯特·范·杜森记载，炮火一起，伍斯特就在马上转过身，大声喊道："来吧，弟兄们！别管这些零星炮弹。"[1]话还没说完，英军的炮弹就打中了这位将军的后背，把他给打死了。

同时，英军继续前进，到达了里奇菲尔德的郊外。贝内迪克特·阿诺德和他的人正在等着他们，阿诺德军队的人数是英军的四分之一。阿诺德的名字在近三年之后将成为叛变美国的笑柄，但是在里奇菲尔德，就像他之前攻占提康德罗加堡、凡克岛战役以及之后的萨拉托加战役一样，他为了爱国事业表现得英勇非凡。

阿诺德让他的部下在快到里奇菲尔德的路上竖起了路障，特莱恩和他的部队一到，殖民地军队就用密集的炮火迎接他们。然而英军人多势众，很快就开始从侧翼围攻美洲军。阿诺德是他的部队中最后一个撤退的，但他撤退时被英军的一个排发现，就连连向他开火，一连串子弹射向了他的马。他设法让自己挣脱马镫站起来，这时，一个挥着刺刀的士兵向他冲来，大喊："投降吧！你已是我的阶下囚了。"根据范·杜森的记录，阿诺德沉着冷静地回答说："还说不准呢。"[2]说着，开枪将红军装的士兵击毙。

之后，阿诺德设法逃到了附近的沼泽地里，那天晚上又回到了里奇菲尔德郊区，集合他的民兵。此时，其他县的公民士兵也都赶来加入到队列中了，其中就包括路丁顿军团。第二天，他们用武力迫使英军撤回了船上。英军向康波撤退的每一步都遭到四面围攻。如果不是有重型火力武装，还有训练有素的海军连驻扎

[1] 阿尔伯特·范·杜森，《康涅狄格州：图解7世纪至今州历史》（Albert van Dusen, *Connecticut: A Fully Illustrated History of the State from the Seventeenth Century to the Present*. New York: Random house, 1961）。
[2] 同上。

❖ 雕塑《西比尔骑着星儿飞驰》位于纽约州卡梅尔村，由安娜·海厄特·亨廷顿创作。

在英军战舰上，在最后一程的撤退中帮他们一把，特莱恩的使命很有可能是以彻底失败告终。

特莱恩其实已经成功完成了他要做的事。丹伯里的仓库已经被毁掉，不过是以他手下 200 多人的性命为代价换来的，这一损失差一点就要被更糟的结局所取代。这次经历打消了英军在这一地区进一步发动进攻的念头，使这一重要地区的美洲民兵获得了宝贵时间进行组织和抵抗。而这大部分是由于 16 岁的西比尔·路丁顿的努力。西比尔因为她英勇地扬鞭飞驰获得了乔治·华盛顿将军的公开赞扬。1961 年，美国雕塑家安娜·海厄特·亨廷顿创作了恢宏的雕塑，刻画的就是西比尔骑着星儿策马飞驰传递警报。雕像的一座复制品竖立在丹伯里靠近卡梅尔村西比尔经过的路线上，还有一座在华盛顿特区“美国革命女儿会”总部。对她最高的颂扬也许就是把她家乡的名字弗雷德里克斯堡改成了路丁顿维尔。保罗·瑞威尔在他具有历史意义的策马飞驰中骑了大约 20 英里，西比尔·路丁顿为了爱国主义事业跑了更长的路，而且她所跑的路比那位波士顿工匠和信使更艰难。与瑞威尔不同的是，西比尔·路丁顿完成了她的使命，并且没有被敌人俘获，然而她一直不太为人所知。就如弗吉尼厄斯·达布尼所说：“是亨利·沃兹沃思·朗费罗把瑞威尔推上历史的高峰。而遗憾的是，对于西比尔，没有像朗费罗一样有才华和声名的人可以为她来做这一切。”[1]

并不是只有西比尔被历史遗忘。还有另外一个爱国志士也没有朗费罗这样的人物让他名垂史册。然而，他是所有这些人中策马飞骑时间最长、路途最危险的

[1] 弗吉尼厄斯·达布尼，《杰克·朱威特策马飞驰》。

一个，无论是与路丁顿还是瑞威尔相比，他的策马飞驰都有更重大的意义。他的故事开始于1781年春天。这个时候，反叛的美洲殖民地人民的命运，尤其是弗吉尼亚人民的命运都还看不到希望和光明。这个殖民地的人民感觉到战争的严峻影响，因为贝内迪克特·阿诺德现在已是英军的一员将军，他不断地袭击和掠夺詹姆斯河沿岸从河口到里士满一带的殖民地聚居区。到5月时，阿诺德和威廉·菲利普斯少将的部队合成一支更强大的武装，由英军司令官查尔斯·康沃利斯指挥从南部向弗吉尼亚前进。

见英军向前推进，州长托马斯·杰斐逊和弗吉尼亚州立法机构被迫从州首府威廉斯堡撤到里士满。之后在6月1日，康沃利斯将军从一封截获的急件中得知杰斐逊和他的爱国同胞们又一次逃离，这次去了夏洛茨维尔，杰斐逊在蒙蒂塞洛的家乡所在地。康沃利斯觉得这是一个极好的机会，是收拾美洲军的天赐良机，可以在瞬间将这群最有影响力的反叛军领导人一网打尽，从而给他们以致命一击，这些人包括：杰斐逊，煽动叛乱的《独立宣言》的作者；帕特里克·亨利，他的名言“不自由，毋宁死”，成为了重振革命士气的呐喊；理查德·亨利·李，他在大陆会议宣读的决议促成了《独立宣言》最终获得通过；其中还包括小托马斯·尼尔森，他是首先大声呼吁武装抵抗大不列颠的人中的一位，并且几乎是倾其所有武装大陆军；还有本杰明·哈里森，《独立宣言》的签署者之一，是未来两位总统的先辈。

康沃利斯清楚地知道，华盛顿和他的弗吉尼亚部队完全忙于殖民地北部地区，无法分身，而马奎斯·德·拉法叶这位多次不断成功攻击英军的将军离得太远，无法保护这些议员。1781年6月1日，康沃利斯命令他最宠信的一个军官，他的“猎豹”伯纳斯特·塔尔顿中校去完成对夏洛茨维尔的一次奇袭，抓住托马斯·杰斐逊和他的同党。这一计划要求，塔尔顿率领皇家威尔士步枪团的180名骑兵和70名骑马步兵，从北安娜河康沃利斯大营出发，以最快速度秘密向夏洛

❖ 这是我们所知杰克·朱威特一生中唯一的肖像，是他的儿子马修·哈里斯·朱威特制作的剪影。

茨维尔进发。6月3日晚9点，塔尔顿部队到达路易莎的布谷鸟客栈，这儿距离夏洛茨维尔40英里。这一武装部队尽管规模不小，可是一直没有人侦察到他们的动向。不过在这儿，一个27岁、身高6英尺4英寸、体重222磅、巨人一样的年轻人走进了这个故事。他的名字叫小杰克·朱威特，是弗吉尼亚民兵第六军团的一名上尉。杰克家有10个孩子，他的家庭在革命事业中非常积极活跃。他和他的父亲都曾勇敢大胆地在《阿尔伯马尔宣言》上签名，这是一份宣布与国王乔治三世决裂的文件。小杰克·朱威特担当了“物资供应”的任务，从他的路易莎县农场为大陆军提供牛肉。小杰克的哥哥在布兰迪万战役中战死，两个弟弟也是弗吉尼亚民兵。

塔尔顿和他 250 人的部队到达布谷鸟客栈时，杰克·朱威特上尉恰好在那儿。有些记录说他在草坪上睡着了，后来被凌乱的马蹄哒哒声吵醒。其他报道说，发现英国军队后，他躲到了附近的灌木丛里，这样他可以侦察这些人的动向。那时的一份报纸报道说他当时在客栈里，正穿着从刚抓获的英军骑兵身上扒下来的制服在炫耀呢。无论当时情况怎样，朱威特肯定是在那儿的，并且从他偷听到的英军军官和士兵的对话中，他已经很清楚他们的任务是什么了。

他听到的越多，越觉得害怕。这些人是要去抓捕弗吉尼亚政府成员，那些革命所倚重的人。他明白这一地区唯一的殖民地部队离得太远，无法帮上忙，他意识到对于杰斐逊和他的议员们来说，唯一的希望就是给他们警报，让他们逃走。经过更加清醒冷静的思考，他发现，除了他还有谁能传递这一警报？而且只能是他自己去拯救国民大会。

可是怎么救？他读过关于保罗·瑞威尔午夜飞驰的报道。但是瑞威尔骑马顶多跑了 20 英里，而且道路平坦。去给杰斐逊和他的议员们传递警报至少需要在黑暗中骑马 40 英里，并且道路完全凹凸不平，崎岖蜿蜒。去夏洛茨维尔的旅程注定会更加艰险，勉强可以通过的路上到处会有英军侦察兵。朱威特只能选择全程从弗吉尼亚浓密的森林中穿行。

但是他知道这事不能耽搁，必须马上出发。他听说有些议员和杰斐逊一起待在蒙蒂塞洛，而另一些人住在夏洛茨维尔当地离蒙蒂塞洛 2 英里的斯旺客栈。他必须得首先去蒙蒂塞洛，然后去夏洛茨维尔，这样才可以找到所有他需要通知的人。

钟敲响了，晚上 10 点整，朱威特骑上他的栗色马萨莉，这匹母马被许多人认为是整个地区跑得最快的。他出发了，去完成他几乎不可能完成的任务。他选择的这条路线不过就是一条古老的印第安人使用的小径，到处长满了厚厚的灌木和浓密的树林，正如弗吉尼厄斯·达布尼所描述的：

> 这条小路罕有人至，情形无法想象。他骑马在这条路上跑了一整夜。厚厚的低生植物铺满地面，灌木纠结缠绕，藤蔓从半空垂下，还有坑坑洼洼的溪流沟壑，这一切拼命地阻挠着他的行进……他骑马往前跑的时候，脸被树枝毫不留情地抽打着，据说他的后半生，脸上一直留着疤痕，就是被这些低垂的枝杈划破脸皮的结果。[1]

他仍然继续骑马前行，一直在提醒自己必须要比英军先到达蒙蒂塞洛。他骑马跑了整整6小时，凌晨4点到达了位于里瓦纳河浅滩处的米尔顿村。

朱威特策马扬鞭，催促着萨莉爬上了米尔顿和蒙蒂塞洛之间狭长陡峭的地带。他到达宅院后顾不上礼仪就冲进门，把这位弗吉尼亚州州长及未来的美国总统还有住在那儿的国民大会两院的其他成员给叫醒了。一向仁慈宽厚的杰斐逊听完朱威特所说的一切，对这位勇敢的信使极尽感激之词，然后坚持要他尝一杯他最好的马德拉酒。年轻的军官急忙把酒喝下，告诉杰斐逊，自己必须得马上赶到夏洛茨维尔，给那儿的其他国民大会议员报信，然后他就骑马出发跑了2英里到达斯旺客栈。

让人惊奇的是，杰斐逊和他的那些客人都没有因为朱威特的警报而惊慌失措。可能他们并不真的相信英军正在往这儿来的路上。无论如何，如杰斐逊后来回忆的，他们都不慌不忙地吃完早饭，然后议员们出发去斯旺客栈找他们的同仁。同时，杰斐逊作好安排，把妻子和孩子送到了14英里外的朋友家里。然后他花了将近两个小时整理重要文件，藏在房子各处的秘密地点。

如果塔尔顿坚持自己的决定并想尽办法赶到蒙蒂塞洛和夏洛茨维尔，一点都

---

[1] 弗吉尼厄斯·达布尼，《朱威特赛过塔尔顿》，载《斯克里伯纳杂志》〔Virginius Dabney, "Jouett Outrides Tarlelton," *Scribner's* (June 1928)〕。

没耽搁的话，杰斐逊就会因磨蹭招致灾难。但是对于爱国事业来说，幸运的是这位英国军官坚信自己一定会出其不意地抓到州长和议员，同时却偏离了他的计划。首先，在布谷鸟客栈停顿了大约一个小时之后，在路易莎县法院，塔尔顿让部队又停下来休息三小时。行军重又继续，向夏洛茨维尔进发后不久，部队突然碰到并截获了一队运货车，11 部货车装载着枪支、弹药和衣物，要运送给南卡罗莱纳州纳萨尼尔·葛林将军的大陆军部队。考虑到时间紧张，塔尔顿命令把运货车队及珍贵物资烧掉，不要一路上都拖着这些东西。然而这个过程仍然浪费了很多时间。

路上耽搁的结果就是塔尔顿和他的部下到达斯旺客栈时议员们刚刚逃走。事实上，英军离议员走的小路非常近，尽管托马斯·杰斐逊、帕特里克·亨利、理查德·亨利·李、本杰明·哈里森、小托马斯·尼尔森以及其他许多人都逃脱了，但是还是有 7 个人被俘获，其中就有一个叫丹尼尔·布恩的年轻人。

就是在这儿杰克·朱威特再一次表现出了他的英雄气概和聪明才智。设法逃脱的议员中有一位是准将爱德华·史蒂文斯，他在这一年 3 月 15 日的吉尔福德法院战役中受伤，正在康复。史蒂文斯穿着朴素，骑着一匹年老体衰的马。据 19 世纪中期杰斐逊传记作者、史学家亨利·S. 兰德尔说，朱威特“有一个古怪的着装习惯”[1]，他穿着花哨的服装，头戴插羽毛的军帽。朱威特猜到，英军会以为穿着讲究的人是他们要追的大人物，于是他就策马飞驰，跑到英军前面，引着他们离开了史蒂文斯，让他得以逃脱。

议员们逃掉了，塔尔顿很沮丧，他还发现杰斐逊也不在斯旺客栈。塔尔顿命令他的副官麦克里奥德上尉立即去蒙蒂塞洛搜捕州长。根据兰德尔讲述的过程，

---

[1]　亨利·S. 兰德尔，《托马斯·杰斐逊的一生》（Henry S. Randall, *The Life of Thomas Jefferson*. New York: Derby and Jackson, 1858）。

麦克里奥德快到蒙蒂塞洛时，杰斐逊的一个家奴名字叫马丁，他正忙着把银子和其他值钱的物品通过地面上一个洞口递给另一个名叫凯瑟的奴隶。[1]刚一发现英军，马丁立刻把洞门盖上，把凯瑟扔在狭小漆黑的洞里18个小时，直到英军离开。

同时，马丁不是唯一一个发现英军向蒙蒂塞洛逼近的人。克里斯托弗·哈德森上尉在去和拉法叶部队会合的路上，也看到了他们，于是赶紧跑到杰斐逊家向他报告。得到消息后，杰斐逊最终离开了。

杰斐逊用马车把家人送走，然后自己也离开了。他不太相信英军会向他这儿进发，抓他入狱，于是走了一小段距离之后就停下来，下了马。杰斐逊用望远镜向家里望去，没有发现部队的影子，但他突然意识到离开蒙蒂塞洛时，落下了佩剑没带。他往回跑取剑的路上通过望远镜再看时，吓了一跳，英国骑兵和步兵突然包围了他的房子。于是他立刻上马，飞速跑进了森林。

杰斐逊不仅逃脱了，而且还迅速地穿越森林，有时间与家人共进晚餐。然而塔尔顿的突袭并不是对他毫无伤害。弗吉尼亚州内外的政治反对党指责他表现怯懦，逃跑并抛弃了州长的岗位。塔尔顿曾说，杰斐逊“用仓促躲避为他自己换来了人身安全”。很多年以来，杰斐逊的政敌一直这样指责他。

杰斐逊决心洗清自己的罪名，1781年12月他出现在弗吉尼亚国民大会现场。他郑重声明，正如许多议员所知，在他逃跑的时候，他作为州长的任期已满。尽管议员们欣然接受了杰斐逊的解释，他的政敌尤其是那些联邦党成员将会在他的后半生不断指控他在1781年6月事件中不作为，不称职，甚至胆小退缩。

至于朱威特，他的行为受到了大家的注意，得到了大家的奖赏。在夏洛茨维尔以西35英里的斯汤顿，弗吉尼亚国民大会重新召集，之后紧接着在1781年6

[1] 亨利·S.兰德尔，《托马斯·杰斐逊的一生》。

月15日通过决议说：

> 决议已获准通过，执行委员会希望授予约翰·朱威特上尉精美佩剑一把及手枪两把作为纪念。朱威特上尉拥有高度的判断力，国民大会赞赏他遇事积极主动，机智勇敢。他发现敌军骑兵奇袭夏洛茨维尔的行动，及时把消息传送给了国民大会，由此让敌人的阴谋落空，使很多重要储备得以保护。

不知是什么原因，两年之后朱威特才收到手枪，而他等了20年才得到那把佩剑。那时，他已经在今天称作肯塔基的地方建立了自己的声名。他1782年搬到那里，开始时并不顺利。

朱威特和他的同伴们沿着丹尼尔·布恩开拓的“荒野之路”一直向前，据弗吉尼厄斯·达布尼记载，他们经过坎伯兰峡谷时，听到一个女人的尖叫声从一座偏僻的小木屋中传出来。[1]朱威特走进这座小屋，发现一个男人正在打他的妻子。朱威特一向疼惜女士，当即把她的丈夫打倒在地，救下了这位女士。朱威特那时太年轻，显然还不知道介入夫妻争吵有多么危险，因为他打了这位女士的丈夫，这个女人马上拿起一把长柄煎锅，狠狠地打在他的头上，因为用力过大，煎锅底儿给打飞了，煎锅的环边锯齿样地套到了这位未来英雄的脖子上，就这样挂着，在路上又走了35英里，最后找到一个铁匠把锅给卸下来。

对朱威特来说幸运的是，之后的许多年他得到了很多回报。他与他的心上人萨利·罗巴德结婚，在肯塔基州默瑟县定居下来；后来进入政界。在肯塔基建州

[1] 弗吉尼厄斯·达布尼，《杰克·朱威特策马飞驰》。

一事上，他的帮助起了重大的作用，并且在肯塔基州新立法机构中供职 4 届。他也开始从英格兰进口良种马和牛，被赞誉为在蓝草区首创了禽畜培育方法。

朱威特和妻子生有 12 个孩子，其中包括美国著名画家马修·哈里斯·朱威特。马修在 1812 年的战争中担任中尉，父亲希望他能成为一名律师。他却去了波士顿，在那儿师从吉尔伯特·斯图尔特。尽管后来，尤其是他创作的马奎斯·德·拉法叶和托马斯·杰斐逊的肖像画，他已成为受大家高度赞扬的画家，但他的父亲仍然没为之所动。“我把马修送到大学是希望他能成为一名有身份的人，而他啥也不是，该死的，只是一个画广告牌的。”

不过，马修使朱威特这一姓氏更加名垂史册。马修的儿子，詹姆斯·爱德华·朱威特，“战斗的吉姆”，是一个表现出众的海军军官。达布尼评价说，他“也和他祖父的命运一样，被历史遗忘了”[1]。在南北战争时，詹姆斯·爱德华·朱威特和戴维·法拉格特上将一起在莫比尔湾。就是在那儿，法拉格特喊出了他的命令：“该死的鱼雷！全速前进！”并因此而成名。但是这话引用得一直都不正确。法拉格特真正说的是：“该死的鱼雷！4 下铃声！德雷顿上校一直向前！朱威特全速前进！”

然而，杰克·朱威特的儿子和孙子的成就与年轻的民兵上尉在 1871 年 6 月 3 日那个漆黑的漫漫长夜里所取得的成就相比，可以说是晦暗无光。一些早期的史学家把那天夜里他 40 多英里的骑马奔驰称为史上无双。其他史学家认为，那夜朱威特救下的杰斐逊和其他领导如果被抓，很可能意味着革命的终结。1926 年，托马斯·杰斐逊纪念基金会主席斯图尔特·G. 吉布尼对这一观点作出回应，他郑

[1] 弗吉尼厄斯·达布尼，《杰克·朱威特策马飞驰》。

重地说："要不是杰克·朱威特上尉英勇地骑马飞驰，现在只会有失败的叛乱。"[1] 达布尼则给了我们最细致的评价：

如果杰斐逊、亨利、哈里森、尼尔森和李这些人落入英军之手，他们的命运会是什么样子呢？几乎可以肯定地说，他们会被塔尔顿抓捕带走……很难想象杰斐逊、亨利等等这一级别的人会被释放。他们被俘将会对大陆军的士气造成重创，尤其是在他们事业发展十分不利的那段时间，就更是这样。这一变故所引发的灾难性后果无法估量。

那么，杰克·朱威特1822年3月去世时，为什么会被埋葬在一个没有标记的墓中？他为什么被时间和历史遗忘？答案似乎很明确。像西比尔·路丁顿一样，从来没有朗费罗这样的人物去关注他那些比保罗·瑞威尔更伟大的功绩。

1910年6月，一块铜质牌匾挂在了红土地俱乐部的正面墙上。上面题有：

老斯旺客栈旧址
杰克·朱威特在此生活，去世
1781年6月
他英勇地骑马飞驰拯救了
杰斐逊先生，州长，
以及弗吉尼亚州国民大会

[1] 斯图尔特·G. 吉布尼，转引自《弗吉尼亚的杰克·朱威特：另一次策马飞驰》，载唐纳德·诺曼·莫兰主编《山谷同胞》〔Stuart G. Gibbony, as quoted in "Jack Jouett of Virginia: The 'Other Ride'," ed. Donald Norman Moran, reprint from *The Valley Compatriot* (February 1984), Americanrevolution.org.〕

免于塔尔顿抓捕。
弗吉尼亚古迹保护协会
蒙蒂塞洛分会立此
1910年。

可是仍然没有哪个朗费罗来赞美他。然而，诗人一族没有随着朗费罗的逝世而消逝，《夏洛茨维尔每日进度报》的一位工作人员在1909年10月26日为杰克·朱威特纪念牌匾揭幕之时，在报纸上发表了一首诗。遗憾的是，诗人的名字无从知晓。

听，善良的人们：在此停留片刻，
听强壮的杰克·朱威特策马扬鞭；
他是如何疾驰，毫不停歇，毫不耽搁
直到他传递给人们塔尔顿突袭的警报。
那一时刻，警报在重复，
国民大会迅速疏散。
匆忙逃走，他们没有停留，
他们翻过山顶，
他们从另一面下山，
他们在斯汤顿重新集会。
他出发，骑马扬鞭，
急匆匆，传警报，
给史上最伟大的政治家，
不朽的蒙蒂塞洛智者。

杰克·朱威特，从此进入你心，
上帝让对你的怀念常青；
你完成了最伟大的策马疾驰，先生
史无前例。

这不是一首名篇佳作，也绝对无法媲美朗费罗革命诗人的地位。然而，这首诗的意义就在于提醒我们，和西比尔·路丁顿一样，这个人已经像历史的碎片一样散落，他值得我们给予他一个更好的命运和归宿。

伊莱沙·肯特·凯恩

美国最伟大的英雄（1847—1857 年）

6 >>>

❖ 伊莱沙·肯特·凯恩，19 世纪中期的一张版画。

他也许是你没听说过的最轰动一时的人物。在他短暂的一生中，他成为了美国最伟大的英雄。他的死使得整个国家极度悲痛，史无前例。他非凡的北极探险标志着对那些神秘未知地区科学探索的开始，并直接导致了北极极点的发现。他写的两本书描述了他的探险历程，激发了几代勇于冒险的人最终成为探险家。然而他完全被忘却了。

他的名字是伊莱沙·肯特·凯恩，1820年2月3日出生于费城一个声名显赫、极具影响力的家庭。他的父亲约翰·肯岑·凯恩当时担任的职务现在看来相当于安德鲁·杰克逊的新闻秘书，之后被任命为东宾夕法尼亚州的大法官。这位老凯恩想让自己的儿子成为这个家庭中最新一位进入耶鲁的男性成员。可是，伊莱沙希望躲开希腊语和拉丁语，转而选择进入弗吉尼亚大学学习他感兴趣的科学知识。他加入了威廉·巴顿·罗杰斯教授的团队，进行蓝岭山脉地质构成的地图绘制探测工作。在这个年轻学生的生命中，那是一段快乐的时光，他未来的职业看来将是在地理或者工程领域。但是，1838年和1839年，由于连续遭受严重风湿热的侵袭，他的心脏受到永久性损伤，那些探寻岩石的梦想似乎永远对他关闭了。

他被疾病折磨得日渐憔悴，也备受医生警告的打击，医生说他可能会像中了子弹那样突然死去。凯恩在床上一连躺了几个星期。看到他躺在那儿可怜的样子，他的父亲也是备受煎熬。据19世纪中期史学家威廉·埃尔德记载，父亲命令他走下床来，说："如果你必须得死，那也要死在马背上。"

凯恩把父亲的话记在心里，他不仅把懒散倦怠一扫而光，还开始在宾夕法尼亚大学学习医学。他一毕业，老凯恩的影响力又一次发生了作用。知道自己的儿子渴望旅游和冒险，又考虑到他可能不久于人世这个让人悲伤的情况，凯恩法官没有跟自己的儿子商量就联系了海军部长，请求他给伊莱沙一个海军军医的职务。同时凯恩法官知道海军职务的任命需要很长时间，他便安排伊莱沙在即将出发去中国的外交使团中担任医生。这在伊莱沙·凯恩的生命中是一个转折点。从那时起直到生命的终点，凯恩的生活就是旅行和奇遇，也充满了不断的冒险。他的朋友都确信他之所以不畏风险，就是因为知道自己来日无多。

在中国，凯恩在黄埔（现在广州的一个区）的一个船上医院里行医，几个月之后于1845年经由印度、埃及、雅典和巴黎回国。这只是他旅程的开始。现在他真正接到了任命，又出发了。接下来的两年他游历在世界遥远的角落，地中海、巴西、非洲海岸、印度内陆和中国。据史学家皮埃尔·伯顿研究，他“探索了底比斯的地下陵墓，站在了塞莫皮莱关口的入口，徒步穿越了伯罗奔尼撒半岛，并且曾经在菲律宾群岛系着竹绳吊在火山口上方200英尺高的悬崖峭壁上”[1]。在这些旅行过程中，他还要与几种恶性疾病作斗争，包括中国的霍乱、埃及的伤寒和非洲的细菌感染。但他仍然继续前行。

等到他再次回国之时，他对于冒险的欲望更加强烈了。墨西哥—美国战争已经全面开战。1847年10月，他去了华盛顿，寻找机会能“被委任一个比随船医生更刺激的职务”。他实现了自己的愿望，得到了一个很危险的任务，给美军在墨西哥的司令官温菲尔德·斯科特将军送一封重要信件。1848年1月初，凯恩刚到墨西哥不久，和一队雇用来陪他的墨西哥反游击队武装力量向斯科特在墨西哥城的总部进发。长途跋涉4天，在诺帕鲁卡小村庄附近，这一行人遇到了由安东尼奥·高纳准将统率的一个墨西哥士兵连。

在接下来的战斗中，高纳的部队惨败，凯恩则被长矛刺伤。受伤更严重的是高纳将军的儿子，他是墨西哥军队的一名少校。尽管凯恩负了伤，他还是尽力劝

[1] 皮埃尔·伯顿，《北极冰盖：探寻西北通道和北极点，1818—1909》（Pierre Berton, *The Arctic Grail: The Quest for the North West Passage and the North Pole, 1818—1909*. Toronto: Anchor Canada, 1988）。

阻雇佣军，没有处决这位将军。然后他转向小高纳。之后发生的事情成为了各家报纸报道的主题，很快涌入美国。最典型的一篇文章出现在1847年10月24日的《宾夕法尼亚人报》，报道最后说："老将军一被解救，就坐在他的少校儿子身旁，好给他最后的痛苦时刻以抚慰。当〔凯恩〕发现少校腹股沟动脉出血，奄奄一息时，他决定努力抢救。他用折弯了的叉子齿挑出动脉，然后用一截打包线扎紧，这简陋的外科手术取得了圆满成功。"这就是公众对伊莱沙·凯恩的介绍。可能没有人知道，更伟大的冒险、更伟大的声名就在前面等着他。

伊莱沙·凯恩在墨西哥表现他的英勇气概之时，一场大不一样的冒险正在世界另一个地方展开着。这场冒险开始于1818年，在海军部二等秘书约翰·巴罗的激情领导之下，英格兰开始了新一轮行动，去探索经由北极去往富庶东方的那条传说中的西北通道。英国多次到大雪冰封的北极探险，皆以失败告终。这之后的1845年，巴罗派出了世界上最有名的探险家约翰·富兰克林爵士和配备280人的英国皇家海军舰艇俄瑞波斯号和恐怖号。这两艘船是那个时代技术最精尖、配备最精良的船只，他们此行的目的就是希望最终能成功。

富兰克林出发了，带着英格兰所有人的期望随他一起远行。但是两年过去了，一点儿消息也没从他或者他的远征军成员那儿传来，期望变成了担心害怕，然后又变成极度的恐惧。约翰·富兰克林的妻子简·富兰克林夫人是个出类拔萃的女人，超前于她的那个时代。她丈夫能够得到统率1845年探险队的位置，她的财富和巨大的影响力发挥了重要的作用。如今她用全部时间来恳请海军部以及英国其他部门，甚至威逼利诱他们对约翰爵士及其属下进行搜索。最终她还是用她巨大的财富购买和装备了自己的船队，并派出寻找她的丈夫。

1849年4月，英国最初几次对约翰爵士的搜寻均告失败，连探险队的影子都没发现。富兰克林夫人把她的功课做到了英国海岸线以外。她给美国新任总统扎卡里·泰勒写了信，请求美国进行搜寻。她在信中写道："我真心希望你会相信，

❖ 约翰·富兰克林爵士肖像，此时正是他起航开始那次灾难性的北极之旅之前15年，约为1830年左右。

对于一个伟大的有亲缘关系的国家来说，从事这项人类事业是多么有价值，并由此仁慈地使之成为你们自己的事业。”说完人道主义之后，富兰克林夫人指出，美国如能帮助她找到自己的丈夫，也许同时也会使美国而不是英国找到令人艳羡的西北通道。她告诉泰勒总统说，他们会因为美国帮助他们重新找回了快乐而深表感激。

8个月之后，1849年12月，执着的富兰克林夫人再一次给总统写信，再一次敦促他为营救作点努力。这第二次请求来得正是时候。美国知名科学家马修·方丹·莫里是一位注定要成为著名的现代海洋学之父的人物，当时他引起了公众的关注，因为他最近公开宣布说，基于北极洋流的研究和这些水域鲸群的迁徙，他

❖ 19 世纪 70 年代的地图，展示的是极地周围地区以及想象中的极地海，当时有观点认为西北通道就在这一地区。

确信西北通道是存在的。

这一次泰勒总统开始行动了，他敦请国会为营救任务提供资金。但是，尽管大多数国会议员支持这一尝试，关于如何拨用所需款项这一问题还是爆发了长久的辩论。在这一时刻，业务蓬勃发展的纽约航运公司所有人，土生土长在新贝德福德的亨利·格林纳尔参与进来，他主动为这次搜寻任务提供两艘船，并提供船上一切所需物品，条件是国会要把这两艘船编入美国海军编制之下。1850年5月，国会接受了格林纳尔的援手相助。

就在两个月之前，听说国会正在认真考虑一次北极探险任务，伊莱沙·凯恩就写信给海军部长，请求给他在探险队中安排个职位。5月12日，他收到了一份电报。电报上说，要他尽快去纽约海军造船厂报到任职。他5月22日到达了船厂，迎接他的就是格林纳尔参加探险远征的两艘船：吨位144吨的前进号和82吨的营救号。在那儿迎接他的还有埃德温·德·海文中尉，他被选为这次探险的指挥官。这是有趣的一对搭档，安静谦逊、温文尔雅的德·海文和精力充沛、追寻聚光灯的凯恩。他们的海上旅程马上就要开始，这次旅行将把英雄的头衔带给这位30岁的医务官，而不是技术精湛、倾注全力的德·海文，那时没人能预见这一点。

1850年7月，前进号和营救号驶向北极。虽然凯恩环游了世界的大部分地方，但是从探险队进入仍然大部分没有地图标记的北极那一时刻起，他对他所面对的一切还是完全没有做好准备。冰的各种造型让他大为震惊。他以自己的风格记录着这一切，这种写作风格最终让他成为那个时代美国拥有最多读者的作家。他在日志中说："冰山是上帝给自己建造的建筑物，他让人类的微型建筑相形之下学会谦逊。"

冰山确实非常宏伟壮丽，但是他很快就发现这些冰凌也非常可怕。穿过梅尔维尔湾之后，进入一片水域，先前的英国探险队认为这是发现西北通道也是发现约翰·富兰克林的关键，凯恩把这一区域描述为“神秘的恐怖地区”。他指的是不停在运动的大块浮冰，有些超出一英里长。这些浮冰以惊人的速度愤怒地互相猛撞着，效果惊人。他写道：“就好像白色大理石桌子被什么暗藏的机关猛地推到了空中。”

探险不到一个月，他在北极经历了第一次海市蜃楼。他的日志是他畅销书的蓝本，在日志中，他惟妙惟肖地描述了他所经历的一切，他的描述比北极探险的任何一个前辈都更具语言表现力。他写道：“有一个黑色球体大约在太阳以北三度的位置飘浮在空中。那是鸟儿还是气球？突然，它又变换了形状……那是一架大钢琴……转眼间，它又一分为二——变成了一对巨大的哑铃。多么辉煌的时刻！之后又成了黑色球体。”

德·海文指挥船只驶向史密斯海峡，这又是一个有希望可能发现富兰克林踪迹的区域。但是两艘船到达那儿时，那儿已经完全是冰封世界。德·海文无所畏惧，他又指挥驶向了巴罗海峡，希望那儿能有足够宽敞的通道。那儿确实有。他们很快就到达了被命名为莱利角的插入海中的石灰岩地带。

他们此行的目的就是要发现，而就是在这儿他们有了第一次发现，尽管这只是发现了别人已发现的东西。前进号和营救号上的瞭望哨搜索海岸线时发现了两个石堆，就是用石头圈占的地区，这是船长们航行到偏远地区时的习惯，是留下信息描述在航行路上经过哪些地方，下一站驶向哪里。马上，每艘船各派一个小队上了岸。在其中一个石堆圈占的区域里面，他们发现了一个留言，日期标注仅仅是两天前。留言是依拉兹玛斯·奥曼尼船长写的，他是贺瑞斯·奥斯汀统率的探险队四艘英国探险船中的一艘船上的长官。这一留言显示，在这儿，莱利角，在寻找富兰克林漫长和痛苦的过程中取得了第一次进展。奥曼尼写道：“我很有

❖ 这幅版画是以凯恩 1853 年行经“上帝给自己建造的建筑物”时所画的素描为基础创作的，出现在凯恩的畅销书《北极探险：格林纳尔第二次探险寻找约翰·富兰克林爵士，1853，1854，1855》（1856）中。

满足感，见到了约翰爵士探险远征的第一批踪迹，其中包括储备物资的碎片、有标记的衣物和露营的遗迹。”

奥斯汀和他的属下并不是在这一区域搜寻的唯一团队。当前进号和营救号绕过莱利角往比奇岛前进时，有两艘在船长威廉·彭尼领导下的英国捕鲸船，还有三艘在著名海军英雄和探险家约翰·罗斯统率下的船只也都加入了进来。德·海文、彭尼和罗斯隔着海面互相大声喊着，决定在比奇岛岸上见面，商讨如何让他们的每一艘船能最有效地开展下一阶段的营救工作。他们刚刚开始交换意见，这时彭尼的一个水手从岛上的一座小山上快速冲下来，大喊着：“坟墓，彭尼船长，坟墓！”

三位船长每人带上几个人上了岸，包括凯恩在内，所有人都急速往山上跑。到达山顶后，他们见到了让人痛苦的景象。在他们面前是三个土冢，每个顶上都插着墓标，墓标已饱经风雪侵蚀。他们匆匆地读一下标牌，发现在土冢下长眠的是富兰克林的水手，两个是俄瑞波斯号上的，一个是恐怖号上的。

在这儿的发现让他们陡然清醒。德·海文、彭尼和罗斯于是下令搜索整个岛。船员们很快发现铁匠炼铁的遗迹，生火烧焦的区域，一个巨大的熟肉罐头堆——多达600盒罐头，还有绳子的碎块、纸张碎屑和其他一些显然属于富兰克林探险队所有的物品。

关于约翰爵士和他手下人的踪迹，这是首次发现的不争的证据，至少这三个人的去向已经很清楚了。但是同时他们也感到深深的失落。搜寻之初，其中一队偶然发现一个大石堆，大家认为其中想必包含着富兰克林的信息，能告诉任何发现这儿的人他们离开比奇岛之后去了哪儿。但是让发现者们惊讶的是，这儿完全是空空如也。

没有谁比伊莱沙·凯恩更惊讶了，他在日志中写道：

> 石堆是堆在海岸上地势很高、很显眼的地方，很显然是为了引人注意；但是几队人员搜寻了个遍，在石堆周围朝每个方向挖掘，一丝信息都没收集到。这太离奇了；对于像约翰·富兰克林爵士这么卓有能力和心灵手巧的北极统帅，这样的疏忽让人不可思议。

这是个谜团，也让人失望。留在比奇岛上的信息本来可以成为6年搜寻最重要的发现：这位探险家和他的属下，如果他们还活着，现在在哪里？不过，他们确实发现了一个线索，是关于富兰克林一队人离开这个岛之后可能去了哪里。凯恩再一次在日志中写道："在（比奇岛）两座山之间的狭窄间隙中……营救号和（前进号的）莫塔夫先生的几支搜寻队发现了雪橇的滑道痕迹，形状和方向全都清楚无误。这些痕迹指向了威灵顿海峡东海岸。"

按照这个线索的指示，包括奥斯汀全部4艘船在内的所有船只起锚驶离比奇

❖ 富兰克林三个船员在比奇岛上的坟墓，这张版画是根据凯恩为他的书《北极探险》所画插图创作的。

岛，向威灵顿海峡航行。几位英国船长都富有在北极航行的经验，心中清楚冬天很快就会来袭，毫无疑问他们会再一次被困在冰雪中度过漫长黑暗的几个月。可是，德·海文和凯恩可没有这样的想法。随着雪开始不停地下，冰也以惊人的速度冻结起来，他们俩一致认为是该返航回家的时候了。然而，他们突然意识到营救号没跟在他们后面，如果他们想要有任何逃离北极的生机，他们俩以及前进号船上的其他人就必须尽快找到他们的姊妹船。

找到营救号之后，他们又必须用大部分时间努力寻找仍然能通航的水道。“我们实际上是在逃命，”凯恩写道，“我们正扬帆蹒跚前行，试图找到我们能出去的路。”最终他们被迫放弃，再也动弹不得，只能被困在威灵顿海峡口的冰天雪地里度过这个冬天。想想未来的日子，更让他们感到恐怖的是他们清楚地知道，离他们最近的英国船只，就是果真有的话，也至少是在50英里以外的地方过冬。凯恩后来记述说，这一距离，“在这些险恶的荒漠里，简直就像是整个大洲的分隔”。

他曾面对死亡并与之抗争，他曾降到火山口，他曾在世界各地冒险，但是对于凯恩来说，他还从来没有过这样的经历，他和格林纳尔探险队的其他人要被迫经受那个冬天的折磨。还没到最苦的日子，他们就决定，营救号由于屡受冰雪重创，无奈必须丢弃。所有探险队的33个人不得不在前进号上挨过这个冬天。凯恩注释说，船上的空间还没有他父亲在费城的图书室大。

结果证明，那是北极历史上最寒冷的一个冬天。煮开的热咖啡刚一倒出来马上就在船员的杯子里冻成了冰。如果伸出舌头，就会冻在胡子上。黄油和猪油必须用斧子和凿子切。紧接着，北极冬天的黑暗也袭来。一天二十四小时几乎都是漆黑一片。“我渴望阳光，”凯恩在日记中说，“亲爱的，亲爱的太阳，难怪你如此被人尊崇。”

正当情况看似不会再继续变糟时，很多人染上了坏血病，有些人情况非常糟糕，任何活动都会使他们晕倒。所幸的是伊莱沙·凯恩是个很超前的医生，尽管在凯恩的时代有理论称柑橘类水果可以治疗或预防坏血病（这是1747年苏格兰医生詹姆斯·林德的发现），柑橘是否能作为治愈坏血病的灵丹妙药仍然有着激烈争论。许多人仍然认为坏血病应该通过锻炼和卫生来控制，而不是通过饮食，可同时坏血病继续在全世界的海员中横行夺命。然而，具有前瞻思维的凯恩开始强迫船员们吃土豆和泡菜，喝酸橙汁，所有这些都富含维生素C，这些我们现在都知道可以防治坏血病。之后，德·海文和其他人赞扬凯恩说，是他把探险队从毁灭性的灾难中拯救了出来。

时至1851年3月，前进号仍然被冻在海里，停在两个巨大的冰堆之上。德·海文派人穿过冰面到达饱受重创的营救号所在的地点，这结果证明是令人鼓舞的一次行动。尽管很冷，他们还是在受损船体周围凿了8英尺深的坑，对船进行了修理。4月的第一周开始出现片片化冻水域，于是营救号上的船员回到了他们的船上。6月5日，终于出现期待已久的冰面破碎。严峻考验到此结束。格林纳尔探险队最终可以返航回国。

前进号9月30号抵达纽约，营救号10月7日抵达。美国第一个北极探险队得以生还。但是，和英国探险队一样，他们既没有找到约翰·富兰克林，也没有弄明白他和部下是否仍然活着。此次格林纳尔远征不得不宣告失败。然而对于伊莱沙·凯恩来说，这却是截然不同的故事。从前进号和营救号在纽约港抛锚的那一刻起，公众和媒体对美国首次派探险队勇敢面对神秘的北极，寻找传说中的约翰·富兰克林爵士都表现了强烈的好奇心。作为此次探险的指挥官，德·海文本应该成为主要发言人，然而他对媒体宣传的确不感兴趣。他向海军部呈交了正式报告之后，就淡出了人们的视线，把中心舞台留给了喜爱聚光灯的凯恩。

凯恩的故事引人入胜。他以亲历者的视角讲述北极的状况是什么样，被冰封整个冬天是什么样，寻找富兰克林又是什么情形。而且，他还讲述了自己亲身经历的发现比奇岛上三座坟墓的故事，这一故事成为迄今为止远征探险中的最热点新闻，引起了全世界的关注。

事实上，凯恩在重又踏上美国的土地之前就开始讲述这一故事。当前进号和营救号扬帆返航时，他开始写文章描述三座坟墓的发现以及在那个荒凉冰封的岛屿上的其他发现。在到达纽约数天前，而且在所有曾去过比奇岛的英国指挥官就所发生的一切发表任何报道之前，《纽约论坛报》和《纽约时报》已经刊出了凯恩的文章。这些文章引起了轰动，人们强烈要求凯恩能亲临各地现场演讲。

他满足了公众的要求，进行一次长时间、广范围的旅行，到各地演讲。他每到一地都会吸引大批热情的观众。作为一位科学家，他让那些对不为人知的北极的自然特性感兴趣的人着迷。作为一位冒险家，他让一群群对他生还的故事感兴趣的人激动不已。他觉得他在北极的工作远未结束，他因此利用自己的演讲为他人生中最伟大的目标打下了坚实的基础：再一次寻找富兰克林的远征；再一次探索没有图标的北极水域的旅程，这一次是由他来全权负责。他在一次纪念格林纳尔远征的宴会上向如潮的观众解释说：

> 我一定要借此机会诚挚认真地向大家宣布，我希望这一搜寻不要就此结束。带着前进号和营救号漂流的水流可以非常明确地证明，同一洋流的影响可能把我们带到富兰克林以及同伴很可能被困的那片海域……我坚信，为了美国；为了那位高尚心灵的女士，她是给我们整个探险队所有人的灵魂以鼓励和灵感的人；为了那面曾经历过奋斗与平静的旗帜；为了让我们亲如一家的人性：我坚信，这一搜寻还未结束，营救约翰·富兰克林爵士的任务仍然是他国家的事，也是整个世界的事。

这是一次典型凯恩式的滔滔不绝的演讲，但也许并没有准确反映他的真实想法。他知道富兰克林已经失踪超过 6 年 8 个月了，超出了他的供给所能坚持的最长时限一年多。但是时至今日，凯恩有更大的个人计划。约翰·巴罗已经派出了一批又一批的英国搜寻队，像约翰·巴罗一样，凯恩也逐渐相信可通航的极地海的存在，即一片北极冰帽之外广阔的可通航水域。到达那里就会到达西北通道，而且还会给凯恩带来最大的奖赏：发现北极点。

1853 年开春，凯恩准备向国会申请再一次航行去北极地区。然而尽管有他各处演说和著书立说所引起的轰动，很明显要通过国会议员审批给他提供探险船只、人员以及必需的供给仍然需要几个月的时间。但是，亨利·格林纳尔再一次走上前来，伸出援手，提供了重新装备一新的前进号。各种科学组织也极力和凯恩联系，提供了船上必需的许多导航和科学仪器。

1853年5月31日，在人群如潮的欢呼声中，凯恩和同行的17人从纽约港扬帆起航。凯恩在日志中写道："我这次航行的目标就是追寻约翰·富兰克林爵士。科学和那些力图到达无可企及的北极的虚妄荣耀都不会让我偏离这一良知和目标。"但是，几乎可以肯定，这已不再是寻找富兰克林的远征。凯恩下定决心要尽可能向北航行，去发现那片可以通航的极地海，并且如果上帝愿意，他甚至要去到北极点。

7月20日，前进号驶向了格陵兰，在那儿，凯恩又招募了两名船员，一个是19岁的因纽特人汉斯·克里斯廷·亨德里克，另一个是丹麦狗拉雪橇的驾驶员卡尔·彼得森，1850—1851年他曾随威廉·彭尼航行过。凯恩沿着以前英国皇家海军军官爱德华·英格尔菲尔德的路线航行。爱德华也相信存在着一片可以通航的极地海。到了8月第二周，凯恩通过了在巴芬湾形成的大浮冰，驶过了史密斯海峡，进入了之后以他的名字命名的大海盆。他继续沿着这条路线往北行驶，比之前任何白种人走得都要远。但是冰越来越厚，越来越凶险，冬天已经来袭。筋疲力尽的船员们请求凯恩返航。但是他不会接受任何请求。后来，卡尔·彼得森记述说，很显然，凯恩是想航行到比任何英国探险家都曾到过的更往北的地方，并在那儿过冬，因为他深深地感觉到"星条旗应该在没有飘过联合王国旗帜的极地地区迎风飘扬"。

最终，由于冰块不断撞击着前进号的船舷，凯恩船上的副手们说服了他，为了船上所有人的安全，他不得不找一个安全地带过冬。所幸一个可以避风的港湾就在附近，凯恩以他父亲的乡村地产之名给这个港湾命名为伦塞勒港，之后就在那儿抛了锚。

❖ 这幅版画是基于凯恩晦暗的素描《在双桅船上的生活：第二个冬天》。凯恩把自己放在了画面的中央。

在这里，他们即将面对非凡的苦难。除了几个挪威斯匹次卑尔根岛的非因纽特居民之外，欧美人从来没在这么往北的地方过冬。即使是因纽特人汉斯·亨德里克对此也毫无准备。后来他记述道："从未见过如此黑暗的季节……我陷入恐惧中，吓哭了。"确实是黑暗季节，140 天持续的黑暗，船员"伸手不见五指"。

到了 2 月底，探险队的灯油和煤几乎都用光了。之后一种怪病袭来，夺走了大多数狗的生命，50 条狗只剩下 6 条了。凯恩知道，这意味着一旦他们要重新恢复往北的行程，去到期待已久的可通航的极地海，船员们不得不自己来拖沉重的雪橇。

同时，他意识到让大家忙起来无论是对精神健康还是身体健康都很重要。因此，他派出了一系列雪橇探险考察队，而队员中经常会有一个或多个人受伤。从好的一方面说，在一次尝试性外出考察中，船上的船工威廉·戈弗雷和随船医生艾萨克·海斯得以完成对后来被称之为凯恩盆地这一区域的第一次地图绘制。

春天来临，可冰没有任何开裂的迹象。凯恩组织了他自认为是至关重要的两次调查。当前进号向北开进时，他看到了巨大的冰川，他以德国著名的探险家和科学家亚历山大·冯·洪堡的名字命名。4 月 25 日，他组织了包括他自己在内的 8 个人的小分队，对这一冰川结构进行考察，也许还会进行攀登。6 个人于当天出发。凯恩和另外一个人第二天下了船，并很快赶上了其他人。这一队人往前进发时，还没有人知道这个新命名的洪堡冰川是已知世界上最大的冰川。但是他们到达那儿之后的确发现，这座冰川没办法攀登。三个人出现了暂时性雪盲，另一个严重胸痛，凯恩自己一用劲就晕倒，脚还给冻伤了。

然而，凯恩组织了第二次考察，派威廉·莫顿和汉斯·亨德里克去考察盆地顶上的岩石海角，结果却是截然不同。

当他们回到前进号时，莫顿报告说，爬上海角后，他们向远处望去，看到了奇特的景象——他目力所及的一片可以通航的海域。凯恩兴奋得难以自已。他和莫顿都非常确信，莫顿所看到的是可以通航的极地海。在日志中，凯恩兴高采烈地写道："我可以说，我已经带领一支探险队取得了让世人永远难忘的成果。"

他的探险队的确会被记住，但不是因为他认为他们获得的发现。因为莫顿看到的不是可以通航的极地海。极地海根本不存在。他们所经历的这一切是由于强烈的北极光、广阔的雪原以及心中强烈的希望所产生的又一次极地海市蜃楼。

不过在 1854 年 7 月中旬，凯恩还是异常高兴，因为他并未意识到，莫顿像他之前的许多人一样，被北极光和大气环境所蒙骗。不过他们很痛苦地搞清楚了，冰仍然很厚，而且已经是仲夏。他们至少还要再待一年。他也绝对非常清楚，他

❖《横穿咖啡峡谷的浮冰带》这幅版画基于凯恩的素描，描述了1854年雪橇考察队设法穿过冰面的情景。

的船员正在一点点陷入绝望，越来越难管理。他决定采取一个孤注一掷的措施。凯恩知道英国舰队5艘船只的补给船北极星号仍在搜寻约翰·富兰克林，这艘船也是在比奇岛附近抛锚，就是他们曾经去过的如今著名的三座坟墓的地点。他带上了5个人跟他一起上了一条名为“无望的希望”的捕鲸船出发了，他祈祷能找到北极星号，得到足够的供给以使他的探险队能挨过又一个冬天。

然而，当他们到达巴芬湾时，他们发现他们完全被冰挡住了前进方向。凯恩跌跌撞撞地到了附近的一座冰山，爬了120多英尺到达顶峰，在峰顶，他所能看到的只有冰面以至少30英里的半径铺展开来。他很失望，带着他的人回了前进号。他知道，他面临的是更多月份的漫长挣扎，并要鼓舞船员们振作精神。他在日志中透露了自己心里的秘密："可怕，是啊，这个词恰如其分。想着又一年的疾病和黑暗的侵扰，没有新鲜食物，没有燃料，真是太可怕了。"

他还应该加上，他们还将面临着又一年的与世隔绝，待在这个狭窄的冰囚笼里，没有任何信息。凯恩并不知道，1854年8月，英国海军官员罗伯特·麦克卢尔实际上已经发现了西北通道。还有一件事他不知道，那就是离他们被困的地方将近1000英里以外，哈得孙海湾公司探险者约翰·雷已经掌握了确切的证据，证明富兰克林探险队的至少大部分成员已经死亡。

即使他知道，也无济于事。他现在所有的注意力已经转向了生存。前进号船上仅剩下750磅煤了，很快他就得把船拆掉当燃料了。事实上，他和他的船员们现在仍活在这个世界上，只是因为他偶尔能和埃达的因纽特人进行交换获取食物，他们的夏季狩猎场所就在附近。[1]

接下来，凯恩全然没有准备的事情发生了。莫顿告诉他，几个船员已经决定，他们能活命的唯一机会就是离开这条船，取道去乌佩纳维克，尽力争取获得营救。凯恩简直不相信他所听到的消息。乌佩纳维克在前进号所在的冰原以南700英里的地方，这是世界上地形最凶险的700英里，此时这一带正是冰天雪地和狂风暴雪的季节。那将会是灾难性的路程。

凯恩请求这些船员重新考虑他们的决定，请他们投票表决。让他大为震惊的是，9名船员，包括海斯在内都投票离开。凯恩认为这是一次严重的背叛。他在日志中写道："他们在行为和精神上都是背信弃义的人……他们离开了他们的船，丢弃了他们生病的同伴，未能服从他们的统帅，没能忠诚于远征探险所带有的不言而喻的信条，即对于他们所参加的探险事业，要做到遵守纪律坚守不放。"[2]

---

[1] 马克·霍斯特·萨文，《培养凯恩：造就英雄，推广名人》（Mark Horst Sawin, "Raising Kane: The Making of a Hero, the Marketing of a Celebrity," unpublished thesis, 1997, www.eddane.org.）。

[2] 皮埃尔·伯顿，《北极冰盖：探寻西北通道和北极点，1818—1909》（Pierre Berton, *The Arctic Grail: The Quest for the North West Passage and the North Pole, 1818—1909*. Toronto: Anchor Canada, 1988）。

叛离者8月28日离开了前进号。凯恩再次在日志中写道："就这样，他们走了……我不禁感觉他们有些人会筋疲力尽地回来，历尽磨难后想要在船上谋得一个避难之所，他们会分走我们最后的一点食物——但是——但是——但是——如果我能活着回家——回家！我一定要见到海斯医生或者〔其他人〕——让他们小心他们的皮。"

他很生气，他觉得这是背叛，但是他知道他没有时间放纵自己的情绪。他必须得让前进号为下一个冬天做好准备。他开始让剩下的10名船员把上层甲板的板材剥下来当木柴生火。他估算这些会给他们提供1吨多的燃料，但他知道，这也只能撑到2月底。要挨过2月和3月这两个冬季最恶劣的月份，钉在前进号船舷上用来防冰缓冲的厚厚的橡木护板必须得拆下来，以此再提供至少2吨半的木柴。让人感到惊叹的是，他仍然对探险队生还的机会保持着乐观态度。他确保所有拆下来的板材都在吃水线以上，以保证前进号虽被拆卸，但仍有航海价值。他写道："上帝保佑我能熬过这个可怕的冬天，并能拯救〔我们的船〕。"

解决燃料问题是一件事；获得足够的食物，挨过这个冬天绝对是另一件大事。他的那些毫无力气的船员中一半人要么病得很重，要么虚弱得根本无法派他们出去跟爱斯基摩人交易食物。但是，到了12月，凯恩明白，这件事必须得办了，而且很可能要落在自己的肩上。然而紧接着，12月7日，又一件出人意料的事情发生了。凌晨3点，凯恩被一个船员无礼地吵醒了。他得知，5架雪橇朝前进号方向跑来，雪橇由丝毫不相识的爱斯基摩人赶着的6群狗拉着。凯恩穿好衣服时，这群当地人已经上得船来，和他们一起来的是14周之前抛弃这艘船的2个人。尽管他们已经筋疲力尽，他们还是设法告诉凯恩，他说对了，叛离者根本无法到达乌佩纳维克。其他弃船叛离的人缩在往南150英里的一个小石屋里，一点力气也没有，就要饿死了。这2个人恳求凯恩救救他们的同伴。

完全可以想象凯恩听到这番报告之后心里所经历的种种情感。这些就是曾经背叛过他的人，现在却来求他救命。而且，事实证明，他们的背叛在某种意义上是一种赐福。他曾作过计算，若不需要考虑他们的饮食，再通过仔细定量分配，他有可能度过这个冬天。而他们回来就让这一盘算落了空。但是他知道他别无选择。尽管他们之前做了这样的事，但是弃他们于不顾是不可饶恕的。他送给爱斯基摩人一些礼物，之后给了他们一些食物，让他们带给外面那些饥寒交迫的船员，并让他们把那些他以前的船员带回船上来。那些叛离者回来时早已丢掉了他们以前的所有装备，凯恩知道他现在只有一个选择。由于又多了 9 张嘴要喂，他们只能寻找所有能找到的肉，等着这些叛离者病愈。他们简直要冻僵了，凯恩清楚地知道，一旦全体船员健康状况都合适时，就必须抛弃前进号。具有讽刺意味的是，活下来的唯一机会就是设法到达乌佩纳维克，跟叛离者先前所实行的是同一个计划。

他们最终于 1855 年 5 月 20 日离开。在之后的 83 天里，在即将成为历史上最不同寻常的逃亡中，他们连拖带拉地驾驶着小船，顶着暴风骤雪，跨过大块浮冰，绕过了巍巍耸立的冰山。所有这些如果没有凯恩，永远都不会成为可能。他不仅一直在其中一条船上掌舵，有一次竟长达 16 个小时，他还定期地原路返回，从爱斯基摩人定居点寻得食物。在最初阶段航行时，他有一次甚至返回了前进号，就是为了烘烤救命的面包。

尽管作了各种努力，他自己的行程也因此额外增加了 1000 英里，但前进号的人员到达并跨过梅尔维尔湾时，食物还是全部耗光。只有偶尔能捕到的一只海豹可以让他们不至于饿死。但是在凯恩的激励下，他们继续向前进发。8 月 1 日，他们进入了巴芬湾的捕鲸场，两天之后发现了一艘船，那是丹麦运油轮弗莱舍小姐号，正在去一个叫金加托克的小港装载鲸油。

凯恩和他的人马上被送到格陵兰最南端附近的迪斯科岛，在那里，他们受到了慷慨的照顾，并得知在家乡美国，他们仍不曾被忘却。事实上，仅仅在一周之前，美国海军轮船和它的补给船在巴芬湾跑了个遍，就为了搜寻这支探险队。1855 年 9 月 13 日收到电报，得知两年多以前离开美国的这些人已经找到了，两艘美国船在亨利·J. 哈特斯汀上校的统率下到达了迪斯科岛，把凯恩和他的人接上了船。漫长的磨难与考验结束了。

伊莱沙·凯恩 1855 年 10 月 11 日回到了家乡。在他两年不在国内的时间里，他出版的关于第一次格林纳尔探险的日志让他成为比先前更伟大的英雄，日志中对冰山和其他北极现象充满诗意的描写处处可见，让人难以忘怀，也对他们在每个转折点所面临的危险作了叙述。在他回来之后，《纽约时报》把头版整个版面拿出来报道他第二次北极冒险和死里逃生的非凡经历。他的地位由此变得更高了。

现在他回家了，并且安然健在，赞扬之声超过了从前。之前他从第一次格林纳尔探险回来之后曾忙着自我推介，这一次已无须这样做。似乎所有的人都在为他服务。他的船员写故事颂扬他的美德。凯恩的弟弟以他所讲的各种冒险故事为蓝本，记述了他在营救之旅中的英雄行为。他去到哪儿，做了什么事，都会出现在新闻报道中。他已经不仅仅是一位英雄了，他成了偶像。

这时他才 35 岁。但是这个患有风湿性心脏病的人的生活似乎充满了刻意安排的苦难，他曾在中国染上霍乱，在埃及患上伤寒，在西非受过细菌感染，并且在回国一年之后在北极探险时曾出现过的坏血病最终也找上了他。1856 年 10 月，他去英国向简·富兰克林夫人递交了关于第二次格林纳尔探险的报告。在英国的那段时间，他的病更加恶化，于是他乘船去了哈瓦那，期望那儿温暖的气候能让他尽早恢复健康。然而，在去古巴的路上，他心脏病突发，病情严重。1857 年 2

❖ 凯恩。这幅版画的作者是 T. 皮尔斯布朗，是根据马修·布雷迪于 19 世纪 50 年代所拍的银版照片创作的。

月初，心脏病再一次发作，不到一周之后，他在哈瓦那去世。

之后所发生的一切都是美国历史上前所未有的。得到凯恩去世的消息，古巴总督亲自护送他的送葬队伍到新奥尔良。从新奥尔良开始，送葬队伍缓缓前行，一直走了 2000 多英里，让公众向这位美国第一位北极探险英雄献上敬意。从新奥尔良到辛辛那提的一路上，密西西比河和俄亥俄河两岸站满了数以千计的悼念者，在辛辛那提和费城之间的火车铁轨两边也同样站满了人。除了 8 年后亚伯拉罕·林肯的葬礼之外，这是那个世纪最长的送葬队伍。

颂扬并未随着葬礼而结束。之后的 6 个月，全美国的杂志和报纸处处可见充满激情的赞美之词以及对凯恩成就的描述。《纽约论坛报》在他的颂词中宣告："凯恩就是这样的一个人，他的每一种个性都令他的国家愈发为之骄傲……英勇、无畏、豪迈，挚爱科学，同样酷爱冒险，他拥有把想象与梦想变为现实的精神力量。"有几个州和一些科学团体发起为凯恩建纪念堂的运动，他们当中很多人要求，为此项基金捐款的数量需"放低起点，这样即使那些不富裕的人也可享受贡献力量的快乐"。一时之间，为赞颂这位"天使航海家"而写的诗作超过了其他任何人。

伊莱沙·肯特·凯恩与他同时代的其他探险家相比，他向北航行到达了更远的地方，他发现了世界上最大的冰川。他所经过的穿越北极地区的路线，为那些致力于发现北极点的人们所用，成为他们的平坦大道。他写的关于北极探险的每一本书不仅成为最畅销书，而且，就像作家弗兰克·拉斯基所说："以美国人所欣赏的方式让北极更加人性化。"[1] 也许更重要的是，在美国那个世纪中叶的混乱中，凯恩对于冒险以及其中磨难的第一手记述让整个国家确信，那种不屈不挠的美国精神仍然还在。有一个事实是不可忽略的，那就是紧随其后的几代探险家们，包

[1] 弗兰克·拉斯基，《北极点或者毫无价值》（Frank Rasky, *The North Pole or Bust*. n.p.: Book Sales, 1984）。

括查尔斯·弗朗西斯·霍尔、阿道弗斯·格里利、罗尔德·阿蒙森和罗伯特·皮尔里，都公开赞扬说正是凯恩的经历和他的文章启发他们成为了探险家。

然而，在21世纪，他已几乎被遗忘。北极太多的地方都是以名不见经传的探险家的名字命名的，而只有一个海盆才带有凯恩的名字。在所有美国探险家的汇总表中，他的名字被排除在外。这是严重的疏忽，让人难以理解和解释，正如他曾留下不朽标记的那片土地。

苏尔泰娜号

大河上的灾难（1865 年）

7 >>>

❖ 1864 年密西西比河维克斯堡码头。1865 年南北战争结束后，在战争中成为战俘的北方联邦军和南方同盟军数以千计的士兵被送到这个码头，开始了返乡之旅。对于绝大多数登上苏尔泰娜号的人来说，这将是他们最后的旅程。

资料来源：布鲁斯·卡顿，《南北战争中的美国遗产简史》（Bruce Catton, *The American Heritage Short History of the Civil War*. New York: Dell Laurel Leaf, 1960）。

历史的书页中处处可见船只失事和其他海难的故事。大西洋两岸的大多数学龄儿童都会非常熟悉泰坦尼克号的故事。1912 年，这艘被公认为永不沉没的远洋客轮在撞上冰山下沉之时，承载着大约 1518 条生命。但在很大程度上已被历史遗忘的是近 50 年前另一次和平时期的水上灾难。这次事故发生在一艘名为苏尔泰娜号的轮船上，导致的死亡人数超过了泰坦尼克号。

1865 年 4 月是一个特别的月份，尤其是就美国内战而言，事件不断。4 月 9 日南方同盟军罗伯特·E. 李将军向北方弗吉尼亚部队尤利塞斯·S. 格兰特将军投降。五天之后，即 4 月 14 日，亚伯拉罕·林肯被暗杀。4 月 26 日，总统的刺杀者约翰·威尔克斯·布思被捕，之后被北方联邦军队处决。同一天，约瑟夫·约翰斯顿将军带着最后剩下的同盟军投降。漫长、惨痛的对抗最终结束。

随着对抗的结束，南北双方开始释放成千上万的战俘。数千名待在同盟军集中营里的联邦军官兵通过铁路被运送到密西西比的维克斯堡。在那儿，他们将被送上轮船，沿密西西比河往北到伊利诺伊州的开罗，在那儿再转乘火车回家。被列入这次行程计划的大多数人身体状况极度恶劣，饥饿、危险、疾病如同瘟疫一样折磨着同盟军和联邦军集中营里的战俘，这些人就是其中的受害者。南北战争史学家布鲁斯·卡顿记录道：

> 在内战中成为战俘，无论是在作战的哪一方，都绝没有生存的捷径，恰恰相反，都绝对有死亡的捷径；要想理解无论是北方还是南方军队的集中营是如何骇人听闻地置人于死地的，只需作个简单的计算；在集中营里遭受饥饿、瘟疫、心灵折磨的士兵人数是在盖茨堡经历猛烈交火、枪林弹雨的士兵人数的 2.5 倍，是在战斗中死亡士兵人数的近 10 倍之多。

❖ 《衣食匮乏之形象》，安德森维尔监狱。缅因州步兵团士兵托马斯·奥戴，一名监狱战俘，根据记忆画了这幅画。

马上要登上轮船的联邦军士兵比大多数战俘都遭受了更多的折磨。他们中许多人都是被关押在佐治亚州臭名昭著的安德森维尔监狱的萨姆特营。战争期间，关押在这儿的 4.5 万名战俘中有 1.3 万名死亡。曾经有一段时间这座容量为 1 万人的集中营关押了 3.2 万名战俘。安德森维尔的情况非常糟糕，战争之后，监狱长亨利·沃茨因被指控犯有战争罪而接受审判，并被判定有罪，处以绞刑。这是唯一一个参加南北战争而成为战犯的人。被释放的其他战俘曾在阿拉巴马州的卡霍巴监狱度过数月，这一监狱建筑容纳量是500人，但是1865年收容了5000名战俘，其中很多人都已经因监狱条件恶劣而死亡。

尽管这些士兵中的很多人身体很虚弱，他们到达维克斯堡码头时，还是很高兴，这是很长一段时间以来最高兴的时刻。“当要被拉出集中营的消息传来时，快乐的呼喊划破了天空。”第一〇二俄亥俄步兵团士兵乔治·S.施穆茨后来说，“我们都是士兵，是战俘，被关在了监狱中。有些关了6个月，有些12个月，有些18个月。你可以想象所有人都可以回家了，这有多高兴。”[1]

美国政府已经雇用了轮船沿密西西比河往北运送士兵，并为每个被运送的在册士兵付给船主5美元，每个军官10美元。在1865年这笔钱是不小的数目（大约相当于今天的70美元和140美元），所以船主非常希望能尽其所能多往船上拉人。他们的愿望太迫切，事实上他们都在贿赂那些负责分派释放战俘到指定轮船的政府和军队官员。

在维克斯堡码头等候的所有轮船中，最让人难忘的莫过于260英尺长、1719吨重的苏尔泰娜号，《辛辛那提每日商报》把这艘船描述为史上建造得最棒的轮船之一。苏尔泰娜号于1863年建于辛辛那提，是为了沿密西西比河和俄亥俄河从圣路易到新奥尔良运输棉花而设计建造的，已经使用两年了。船的主人为船上

[1] 《战争回忆》，载《韦恩县民主报》（“Reminiscence of the War,” *Wayne County Democrat*, April 28, 1880）。

安装了最新式的安全设施而感到特别骄傲，其中包括实时安全标尺，其设计目的就是监测为船只提供蒸汽驱动的四个锅炉的运行是否正常。然而，好像没有人关心苏尔泰娜号只带了一条救生船和76个救生圈，也没有人关心部队没有给船上配备一个医生，好在需要的时候为这些士兵提供医疗救助。

苏尔泰娜号的合伙拥有人和船长是34岁的J. 卡斯·梅森。在时常凶险难料的密西西比河上，他是最富经验、技术最精湛的领航员。到1865年为止，他已拥有并操作过许多轮船，被认为是最优秀的水手，是苏尔泰娜号这种大型轮船最好的船长人选。但是在1865年4月这段时间里，梅森也有他自己的问题。由于一系列失败，他正处于可怕的财政深渊之中。他也许是所有轮船主中最期待这次开罗之旅的人了，他渴望着把他的船装上尽可能多的乘客，越多越好。

梅森与联邦军负责分派登船的官员共同操作，极力把一个又一个的士兵分到苏尔泰娜号上。很快，这些战时的战俘被塞进了这艘船的两层甲板上，并且如同层层夹心饼干一样挤进了甲板下面所有能塞的空间。就在往船上塞士兵的同时，有多达100名平民百姓问梅森是否可以订他的船票。梅森不仅同意他们上了船，而且似乎觉得这些不断增加的乘客还不够多，又安排把250桶糖和97箱葡萄酒塞上船运往孟菲斯，以期他的这次航行可以盈利更多。梅森还在船尾处的主甲板上装了100匹骡子和马，还有同样数量的猪。

当时棉花商威廉·巴特勒正站在苏尔泰娜号旁边的保利娜·卡罗尔号轮船上，后来他描述梅森船上的景象时说：

船的每个部分好似都塞满了密密的人，人们刚好能站下，顶层甲板、驾驶室、前甲板……要想从一个地方到另一个地方非常困难。一个站在我旁边的先生……说人被这样挤在船上简直就是一种耻辱；他认为这些人能有的休息空间都比不上贩奴船上的奴隶的空间大。[1]

苏尔泰娜号建造的最大承载量为376名乘客，其中包括船员。究竟最后有多少人被塞上船，确切的数目可能永远都无从知晓。然而有记载的是苏尔泰娜号的事务长威廉·甘布里尔和联邦军码头地区的一个官员之间的一段对话。甘布里尔吹嘘说："如果能安全到达开罗，那将是在西部水域所进行的最伟大的航行。"[2]他告诉这位官员，在密西西比河上没有哪艘船运载的乘客能超过苏尔泰娜号船上的人数。被问及是多少人时，甘布里尔肯定地说，苏尔泰娜号准备离开维克斯堡时，船上有2400名士兵100名平民百姓，船员80人，总共是超过2500人在这艘设计容载量为376人的船上。

苏尔泰娜号准备启程去开罗时，梅森船长依然固执己见，就超载一事他认为无须大惊小怪。然而还有另外一个问题。苏尔泰娜号从新奥尔良启程北上，4月23日停泊在维克斯堡。在这段航程中，船上中间的那个锅炉出了故障，无法运行。在维克斯堡码头进行检查发现，锅炉的一面炉壁鼓胀了起来。得知检修得花几天的时间，梅森船长变得烦躁不安。他担心这一耽搁会让其他从新奥尔良来的轮船接走本来应该派给苏尔泰娜号的士兵，便下令不再进行全面检修，而只是在鼓胀的地方简单地打了一个补丁。他告诉自己，只能这么做了，他负担不起耽搁的损失。

4月24日晚上9点，苏尔泰娜号从维克斯堡起锚，继续沿密西西比河向北航行。这些被释放的战俘尽管挤在一起，可是他们只有一个念头，那就是他们现在

---

[1] 威廉·霍夫曼将军进行的调查记录，美国国家档案（Records of the Inquiry Conducted by Gen. William Hoffman, Records of the Adjutant General's Office, Record Group 153, National Archives, Washington D. C.）。

[2] 吉恩·埃里克·塞莱科，《密西西比河大灾难："苏尔泰娜号"爆炸，1865年4月27日》（Gene Eric Salecker, *Disaster on the Mississippi: The Sultana Explosion, April 27, 1865*. Annapolis, Md.: Naval Institute Press, 1996）。

❖ 严重超载的苏尔泰娜号（这张照片拍摄于爆炸发生前一两天）

是在回家的路上了。

4月25日，苏尔泰娜号在阿肯色州的海伦娜作了短暂停留，在那儿发生了一个小插曲，这件事本有可能要么悲剧性地要么突然地让这次航行当即终止。苏尔泰娜号靠近码头时，看到一艘船上拥挤地塞满了这么多人，几乎整个城镇的人都给吸引来了。其中有一位摄影师，他决心抓拍这一壮观的场景，于是他开始架设三脚架和相机。船上的许多人发现了他的这一行动，他们急于想让自己出现在画面中，急忙往面对着摄影师的这边船舷挤，很快许多士兵挤在了一侧的围栏边，苏尔泰娜号开始严重倾斜，处于翻船的危险之中。一位联邦军的军官迅速行动，引导着大家离开围栏，避免了一场灾难。

从海伦娜出发，苏尔泰娜号继续沿密西西比河北上。4月26日，在孟菲斯停靠。梅森把糖和葡萄酒卸下了船。在轮船停靠码头的这段时间，威廉·迈克尔和联邦军泰勒号炮艇上与他共事的一队军官登船探访。迈克尔后来写下了他的见闻：

> 我……混在这些行尸走肉中，他们在南方监狱的数月里不断腐臭着，但是他们现在很快乐，因为他们有期待，很快就能见到家里的亲人了。我们与他们亲切地交谈，为他们喝彩，和他们展望灿烂的未来，与他们分享喜悦。他们中的一些人太虚弱，如果没有情况稍好的战友们搀扶着就没法走路。还有一些人更是极度虚弱，只能躺在简易床上或是铺在甲板上的毯子上，他们想做什么，都有他们的同伴快乐地帮忙、奉献。同伴们热爱他们，因为他们共同经历了那许多的磨难。[1]

苏尔泰娜号在孟菲斯只停留了几个小时，那天夜里 11 点钟船跨过密西西比河快速行驶到了阿肯色州的霍普菲尔德，在那里又装载了 1000 多蒲式耳的煤。27 日凌晨 1 点钟，苏尔泰娜号又航行在大河之中，向开罗进发了。当船航行到离孟菲斯约 7 英里远的一个河的转弯处时，工程师塞缪尔·克莱门斯不断关注着出现故障的锅炉上贴的那块补丁，并一直在检查安全计量表以确保一切都运行正常。在驾驶室，舵手乔治·凯顿准备驾驶着苏尔泰娜号绕过那个弯道。

现在是凌晨 2 点。突然，没有任何警告，苏尔泰娜号的三个锅炉爆炸了，力量大得无法用语言描述，空气中到处回响着爆炸的声音，连孟菲斯那么远的地方

[1] 杰里·O. 波特，《苏尔泰娜号悲剧：美国最大海难》(Jerry O. Potter, *The Sultana Tragedy: America's Greatest Maritime Disaster.* Gretna, La.: Pelican, 1992)。

都能听得到。密歇根骑兵部队士兵本杰明·约翰斯顿后来激动地大声说道："爆炸声太大了，比我听到的任何大炮的声音都大，我曾在盖茨堡听到过那种很响的炮声。"数百名乘客由于爆炸当场死亡，其中很多人仍在睡梦中。[1]

数千块烧热的煤块由于爆炸四处崩散，立时就把苏尔泰娜号变成了地狱。这一场景安德鲁·T. 皮里永生难忘。皮里后来记述说："火焰冲天，我看到的那一幕幕场景让人恐惧，让人心碎。我简直无法用语言来表达。哦，可怕的场面！下层甲板锅炉周围很大一块区域都布满了伤亡人员。有些人被烧伤了，有些人好像是失明了，有些人跌跌撞撞地站起来又倒下了，有些人被炸毁的船骨压住了，我看到数百人处于让人惊恐的困境之中，他们在哭喊、祈祷、尖叫、乞求、呻吟、悲叹。"[2]

苏尔泰娜号现在完全被吞没在火海中，燃烧着的轮船上部结构哗啦啦倒塌下来，那些侥幸从爆炸中逃脱的人们意识到，他们求生的唯一希望只有跳入冰冷的水里。很快，数百人从散了架的大船的各个部分跳入了密西西比河中。大船残骸周围的河水中密密麻麻布满了挣扎着浮在水上的人，场景惊心动魄，大多数人沉到了大浪下面，再也没有浮上来。

接下来的整个漫漫长夜，将会有一个接一个的死亡，就像大多数灾难事件一样，还有一个个或者勇敢或者行为不怎么光彩的插曲。后来从孟菲斯登船的乘客中有几位女士是基督教委员会的成员，这是联邦军给北方士兵提供帮助和抚慰的一个组织。切斯特·贝里在他1892年出版的《苏尔泰娜号的毁灭和幸存者的回忆》中描述了其中一位女士作出的英勇牺牲：

火焰最终将所有人赶下了船。看着大家为了保住性命，像魔鬼一样

[1] 《国家论坛》（*National Tribune*, March 10, 1900）。
[2] 杰里·O. 波特，《苏尔泰娜号悲剧：美国最大海难》。

❖ 《哈泼周刊》的一幅插图描述了可怕的场景，苏尔泰娜号在熊熊燃烧，周围满是人，挣扎着漂浮在冰冷的河水里。

在水中疯狂地挣扎，其实也在用这些疯狂的行为毁灭自己，毁灭别人，这位女士便跟大家说话，恳求大家做个男人。她最终让大家静了下来，抓住从船头吊下来的绳子和链子。炽热的火舌开始舔舐她周围的地方。大家都请求她赶快跳到水里，好保住自己，但是她拒绝道："那样我有可能不再镇定沉着，会让你们中的一些人因我而死。"于是她为了不造成别人的死亡，静静地把胳膊抱在胸前，被烧死了。她刚刚安抚了这些人，又自愿为他们殉难。

正如悲剧发生一个月之后孟菲斯《阿耳戈斯报》所描述的，苏尔泰娜号船长在爆炸后表现出了最伟大的英雄豪壮气概。

> 梅森船长从支离破碎的顶层甲板冲进满是蒸汽的主船舱，马上开始了救人行动。在大家惊慌失措、四处乱跑之时，梅森开始往外递椅子、特等舱的舱门、一块块的船体碎片，任何只要是能漂起来的东西，他都往外递给乘客和士兵们，并尽力把受伤的和烫伤的人从仍在燃烧的残骸中拉出去。他梦想着在西部水域进行“历史上最伟大的航行”，可是他的梦想突然变成了噩梦。他努力争取尽可能多的人登船，他的这些交易顿时化为乌有。现在，他在他心爱的苏尔泰娜号上停留的最后时刻，在船还在他周围燃烧的时候，他要做点事情，以弥补他所犯下的错误。[1]

不幸的是，其他人和苏尔泰娜号船长所做的截然相反。俄亥俄第五十步兵团士兵约翰·沃克后来回忆道：“我总认为战场上的景象很可怕，事实确实如此，可是那些景象无法与那天晚上的场景相比，在那种时候，人为了活命拼命挣扎而不顾他人的死活，人的动物本性昭然若揭。”[2]

幸存者们目睹了一件件事。人们拼命求生，忙着非生即死的斗争，力争把漂过的原木、木垫，或者任何能让他们漂在水上的东西抓在手里。很多人回忆，苏尔泰娜号的一只救生船一旦扔下水，多达150个发狂的灵魂是如何为了上面的一个位置而争斗的。他们惊恐地记得这样的一只小船是如何由于乘客互相争夺导致救生船严重超载，最终连带着上面无数的人一同沉入水底的。

也许最能说明人性阴暗面的事情莫过于一位女乘客的经历。我们只知道这位女乘客叫佩里太太。在爆炸发生后不久，佩里太太发现自己和6名士兵一起在河

---

[1] 《阿耳戈斯报》（*Argus Memphis*, May 28, 1865）。

[2] 杰里·O. 波特，《苏尔泰娜号悲剧：美国最大海难》。

里紧紧地抓着一扇门。突然其中一名士兵注意到这位女士身上套着救生圈，便向她袭来，试图抢下救生圈。佩里太太被猛推到了水下，又浮上了水面，她努力想挣脱那个朝她动手的人，并又一次抓住了那扇门。但是那名士兵没有罢手，又朝她袭来，再一次把她推到了冰冷的水里。

佩里太太就要淹死了，但是还存有微弱的呼吸，她挣扎着浮上水面。这时她发现又有一扇门在不远处漂着，她于是下意识朝那扇门游去，却发现一名士兵狠命抱着那扇门，朝她大喊，让她躲远点儿。佩里太太还是抓住了那扇门，这名士兵就朝她袭击，于是她第三次被推到了水里。简直是让人称奇，就在佩里太太准备要放弃努力的时候，那第一扇门神奇地漂了过来，她尽力抓到了手里。对她这样一个勇敢的女人而言，幸运的是，在其他抓着门的士兵当中这次已看不见那第一个攻击她的人的踪影了。[1]

佩里太太确实是很幸运。詹姆斯和杰西·米尔萨普也同样很幸运。战争期间，这兄弟二人曾在一个部队并肩战斗。爆炸冲击了苏尔泰娜号，也拆散了这俩兄弟。他们各自都发现自己紧紧抓着一根原木的一头，跟原木另一头的另一个人一同漂着。由于漆黑一片，看不清楚另外一端的人。在孟菲斯被救时兄弟俩才发现他们抓着的是同一根原木。[2]

许多在水里拼命挣扎想要活命的人都特别担心一件事。在装上船的货物中有一只活的美洲鳄装在一个大木箱子中。在密西西比河里挣扎着的那些人根本没意识到，那只猛兽已经死了，大木箱可以拿来漂浮用，他们从心底里害怕，每次听到溅起水浪就以为鳄鱼要吞掉他们。本杰明·戴维斯回忆说："苏尔泰娜号上的每个人都知道船上这只可怕猛兽的一些事。船在燃烧之时，大火是我的大麻烦，这

[1] 吉恩·埃里克·塞莱科，《密西西比河大灾难：苏尔泰娜号爆炸，1865 年 4 月 27 日》（Gene Eric Salecker, *Disaster on the Mississippi: The Sultana Explosion, April 27, 1865*. Annapolis, Md.: Naval Institute Press, 1996）。

[2] 杰里·O. 波特，《苏尔泰娜号悲剧：美国最大海难》。

只鳄鱼几乎同样是。”艾拉·B. 霍纳也有同样的担心。他记述说：“尽管我觉得我不会被淹死，但我心里还是不安，因为有一只鳄鱼……在我身边。”[1]

与霍纳不同，大多数逃过爆炸一劫的人不会肯定说，他们绝不会淹死。即使最终抓住了某个不会让他们淹死的东西，那些人都对他们是否能活过今天没有任何信心。

那个夜晚，J. 沃尔特·埃利奥特和另一名士兵漂在一张床垫上，最后在一棵从阿肯色州河岸长出的树上度过了他们一生中最漫长的一个夜晚。

> 几分钟就像几个小时……除了那无情河水的浪溅水波和那个可怜同伴的声声呻吟，没有任何声音来打破这让人压抑的沉寂。同伴曾用他骨折了的、被烧伤的胳膊紧紧抱住一个枝杈，随水漂流，只有嘴露在水面之上，他停在了我们旁边，奄奄一息。附近时不时有虚弱的痛苦哭泣声从河对岸传来，岸上的声音回应着。哦，这可怕的夜晚是不是永远不会结束？[2]

黎明最终是会打破黑暗的，伴随而来的是对灾难程度的全然醒悟。1700多名士兵的尸体散布在大河上下。苏尔泰娜号已经烧光了的支离破碎的残骸沉在阿肯色芒德城一个小定居点附近的河床里。联邦军装甲炮艇埃塞克斯号上的恩赛因·詹姆斯·H. 贝里伤心地叙述说：“落难者的哭喊声停止了，没有得到援助的人

---

[1] 切斯特·贝里，《苏尔泰娜号毁灭和生还者回忆》（Chester Berry, *Loss of the Sultana and Reminiscences of Survivors.* Lansing, Mich.:Darius D. Thorp, 1892）。

[2] 同上。

都沉下去了。”[1]

让人惊讶的是，还有数百人活着，他们当中大多数人是抓住了河岸上和密西西比河冲积小岛上的树或灌木。发现他们的营救人员都能讲出一个离奇的故事。他们当中很多人是待在树上或密西西比河岸边的岩石上度过了漫长的后半夜。他们为自己喝彩，为一同幸存下来的人们欢呼，他们唱那些耳熟能详的歌，模仿他们在波浪中漂泊时听到的鸟儿和青蛙的声音。所有人为能活着而心存感激。正如俄亥俄步兵亚历山大·布朗后来告诉大家的："现在，每当我听到有人说有多么困难，我就会想起我那时的情形，在密西西比河中央的一棵树上，远离家乡数千英里，不名一文，身上甚至连个装钱的口袋都没有。”[2]

随着白天的到来，我们也渐渐得知了许多爆炸之后在黑夜中发生的英勇豪壮的营救故事。幸存者们讲述了爆炸之后一个多小时，往密西西比河下游航行去孟菲斯的轮船博士顿尼亚二号的船长、船员和乘客们是如何把船上的绳子、连同船板、椅子以及任何能够漂浮的东西扔到水中，救了150多个生命，博士顿尼亚二号的救生船是如何多次往复，接走幸存者。

整个晚上，在密西西比河上执行任务的美国各种军用船只中的小型舰船，包括泰勒号和埃塞克斯号，都在出事地点搜索营救幸存者。密西西比河上的轮船詹妮·林德号和阿肯色号也加入了营救的队伍。每一次的救援行动都有自己的故事。

“一个可怜的男孩拼命地抓住一根大树枝，我们怎么都无法让他松手，最后我们只得把他和那根大树枝一起带上船。”[3] 泰勒号上的军官如是说。

具有讽刺意义的是，一群联邦军士兵被先前的同盟军人员所救。在前同盟军

[1] 杰里·O. 波特，《苏尔泰娜号悲剧：美国最大海难》。

[2] 切斯特·贝里，《苏尔泰娜号毁灭和生还者回忆》。

[3] 威廉·H.C. 迈克尔，《苏尔泰娜号爆炸》，载《美国内战速写与事件》（William H.C. Michael, “Explosion of the Sultana,” *Civil War Sketches and Incidents*. Omaha, Neb.: Commandery of the State of Nebraska, Military Order of the Loyal Legion of the United States, 1902）。

❖ 美国装甲军舰埃塞克斯号应召参加苏尔泰娜号灾难幸存者的搜寻和营救工作。

成员中有一个人叫德威特·克林顿·斯派克斯，18岁，在苏尔泰娜号起航到维克斯堡之前，他和自己的父母、三个姐妹、两个兄弟，还有一个侄女在新奥尔良订了这艘轮船的船票。在爆炸之后的那一片混乱中，斯派克斯没有了家人的踪影。他被一艘救援船救了上来，被带到了芒德市岸边。然而，几分钟之后，他也开始帮着救援工作，同时寻找自己的家人。他再也没有找到自己的家人，但在天亮之前他只身救起了14个人，还协助营救了另外25个人。前同盟军另一名士兵J.G.贝里和他的朋友乔治·马隆在救援中发挥了重要作用，营救人员达100人，其中绝大多数是联邦军士兵。同盟军军官弗兰克·巴顿也营救了几名士兵，而这些被救的士兵不久之前还是他痛恨的敌人。[1]

[1] 杰里·O. 波特，《苏尔泰娜号悲剧：美国最大海难》。

运送幸存者的最后一艘船于4月28日中午时分到达孟菲斯。几乎全部被救人员都被送到了孟菲斯的各家医院或是城市中的士兵之家。很快这些地方便挤满了人，他们都在寻找之前登上那艘遭受噩运的轮船的朋友和亲属。他们中间有一个人叫阿瑟·琼斯，他在一封给哥哥的信中写道：

> 我们仍然希望能找到更多的孩子，但是希望渺茫。我们当中被留在这个世界上的人，只能为失掉亲人而哀痛，并深深地同情那些逝去者的朋友和家人。这对于那些天天期盼自己多年未归的孩子、父母、丈夫回家的人来说确实是巨大的打击……在经历了南方牢狱中的所有痛苦和折磨之后，要安全回家了，踏上了返乡归家的路……却遇上了这样可怕的灾难，一下子把如此之多的人送上了不归路。我颤抖着写下这些。没有任何语言可以表达我们27号清晨在那艘船上的遭遇。[1]

苏尔泰娜号船上到底载有多少人，确切数字一直是个谜，同样，在这次灾难中死亡的确切人数也永远不会为人所知。关于这次灾难最早的一个官方报告把死亡人数定在了1238人，后来美国海关总署把死亡人数提高到了1547人。可是这两个数字都太低。考虑到船上人数可能多达2500人，尸体一直连续数月都有发现，有些甚至远在维克斯堡，并且被营救的800人中，之后在医院死亡的人数至少是300人，最终死亡人数完全有可能超过1800人：其中除100人外，其他全部是联邦军士兵。

灾难发生之后不久，对这场悲剧的三项军事调查分别展开。军方希望保住脸面，没有公布调查结果，一直尽可能保密。最终，军方宣布超载不是灾难的直接

---

[1] 杰里·O. 波特，《苏尔泰娜号悲剧：美国最大海难》。

❖ 美国作战部一张 1865 年 4 月 20 日的海报悬赏 10 万美元捉拿布思及其同党。

原因，也未发现船上其中一个锅炉上的临时补丁是灾难的诱因。军方最终判定，灾难的原因是苏尔泰娜号上四个互相连接的锅炉水位管理不善，尤其是当船在河中绕过弯道时，船体猛烈地从一边向另一边倾斜，水从一个锅炉流向另一个锅炉，从而导致过热。

就这次悲剧，只有一个人被指控失职。他就是联邦军官弗雷德里克·斯皮德上校，维克斯堡地区的副参谋长。斯皮德被送交军事法庭，并被指控故意造成苏尔泰娜号超载，以及在此过程中收受贿赂。他被判处有罪，并极不光彩地被免除军中的职务。然而六个月之后，一位法官为这位副参谋长辩护，撤销了对他的定罪，斯皮德因此正当地通过审查免于服刑。随着罪行被撤销，所有对苏尔泰娜号悲剧的官方调查宣告结束。没有人获罪，并对这一灾难负责。

考虑到死亡士兵，尤其是他们在同盟军集中营里遭受了那么多的磨难，军方不公布这么触目惊心的死亡数字，这是可以理解的。但是，国家的新闻媒体呢？这么大规模的惨烈事件本应该占满了全国的报纸。但是，根本没有。

在某种程度上，这一事件没有登上报纸头版是出于同一个原因，即军方的调查是悄无声息地进行的。经过五年的南北战争，整个国家对可怕的死伤事件已习以为常，并急于把这样的新闻抛到脑后。正如孟菲斯《阿耳戈斯报》的一位记者在灾难发生 11 天之后所写的：

> 作为一个民族，在过去几年间，我们已经习惯了惊恐的折磨，于是恐怖似乎失掉了它骇人听闻的特质，很快被忘却。就在几天前，1500 多个生命葬身于水火之中，就在城市的视野之内。然而，直到今天，这一灾难几乎未被提及，紧接而来的刺激大家神经的事情取代了它的位置。[1]

---

[1] 《阿耳戈斯报》（*Argus Memphis*, May 8, 1865）。

鲜有报道的另一个原因是，和这一灾难几乎同时发生了其他具有重大历史意义的事件。先于苏尔泰娜号爆炸 13 天发生的亚伯拉罕·林肯被暗杀事件的种种细节充斥了全国报纸。对于缅怀这位故去的总统的诸多葬礼和纪念仪式的报道也比比皆是。而对于抓捕和诛杀林肯的刺杀者约翰·威尔克斯·布思的种种细节，读者也要求报纸尽可能报道。

为什么没能给苏尔泰娜号以关注还有更多微妙的原因。这一悲剧发生在西部，而当时全国最重要、最具影响力的报纸都位于东部。几乎所有悲剧的受害者都来自远离东部的地方。前宾夕法尼亚州议员约翰·考沃德在调查这一灾难之后记述说："死伤的士兵中没有人属于俄亥俄以东的各州。"[1] 他也许应该再加一点，受害者中几乎没有权贵或知名人士。如果有的话，他们的死亡必定会引发更多的新闻报道，哪怕报纸是在东部。

于是，全美国最大的水难事件不知不觉变得无声无息。在极大程度上，它已静静地被历史遗忘了。

[1] 《纽约时报》(*New York Times*, May 3, 1865)。

美国第一条地铁

百老汇地下的秘密（1870 年）

8 >>>

❖ 1868 年的石版画，高架铁路拱廊设计规划图，这是针对纽约城市街道过度拥挤问题所提供的解决方案之一。

纽约城的跨区快速地铁被普遍称为IRT，它于1904年10月27日正式开通。它改变了这一全国最大都市的性质，还拥有了这个城市有史以来最盛大的一次庆典。但是，参加庆典的人中很少有人会知道，跨区快速地铁并不是纽约第一条地铁，而且今天仍然很少有人了解这一史实。建设城市第一条地铁这一让人惊奇的故事几乎已经被历史遗忘了。故事的核心是一个人的决心，他决心拯救他所爱的城市，变革人们的出行方式。这个故事因为这条地铁的建设几乎完全处于保密状态而更加精彩非凡。

这条地铁秘密进行建设之时，纽约已成为世界其他大都市艳羡的地方。[1]早在1842年，《纽约曙光日报》一位前途光明的名叫沃尔特·惠特曼的22岁编辑曾写道："谁不知道在北美大陆，我们的城市是最棒的地方，它是心脏，是中枢，是焦点，是主要的源泉，是制高点，是极致，它在新世界中无与伦比。"

到了19世纪60年代，纽约已经成为了商业、金融和工业巨头，有80万人在这里安家落户。每年还有成千上万人涌入这座城市，在这个日益发展的国际大都市中享受各种让人赞叹不已的餐馆、百货商场、音乐厅和剧院。在全美国没有任何其他地方像这儿一样有这么多图书馆、博物馆或者其他文化机构。在很多方面，这座城市确实如年轻的沃尔特·惠特曼所宣扬的一样。[2]

但是纽约也有一个严重的问题。城市的街道交通异常拥挤，几乎陷于停滞。每天都会有数百辆如公交车一样的马车堵在马路上。这种状况因司机无所顾忌地在马路上横冲直撞争抢乘客而变得更加糟糕。这种状况不仅危险而且让人无奈懊恼。"要想做成事，你不拿出一整天的时间是不行的，"作家马克·吐温如是说，"你如果要去一个地方，只能乘那拥挤不堪的公交马车，否则寸步难行。一路上

[1] 瑞克·伯恩斯等，《纽约：图解历史》（Ric Burns et al., *New York: An Illustrated history*. New York: Knopf, 2003）。

[2] 肯尼思·T. 杰克逊和戴维·S. 邓巴，《帝国之城：世纪纽约》（Kenneth T. Jackson and David S. Dunbar, *Empire City: New York Through the Centuries*. New York: Columbia University Press, 2002）。

❖ 1870 年前后秩序混乱的纽约街道

艰难行进，颠簸不停，拼命争抢，3英里的路要走四个半小时。”

让混乱状况更加糟糕的是，除了公交马车之外，还有运货马车和私人马车。这种交通状况所引发的健康危险绝不是微不足道。纽约几位医生认为，很多市民所患的神经紊乱是由马蹄和木制马车车轮的咔嗒声引发的。[1]但是大家没有注意到的一个实实在在的危险却是动物每天在马路上丢下的粪便。这个问题显然需要解决。1864年10月8日，《纽约先驱报》在描述使用城市公共交通的经历时，强有力地陈述了这一事实：

司机诅咒谩骂乘客，乘客拉着吊环把手滔滔指责司机，而以这种姿势即使是雄辩家德摩斯梯尼都无法高谈阔论，口若悬河。牧师佩戴着银色十字架颈链，虽受人尊敬，也不得不在此听着那些亵渎神灵的大声咒骂。这些污秽的言辞让女士们厌恶，惊恐，犹如受到侮辱。孩子们受到了惊吓，提高嗓门大声哭起来……公交马车就是这样飞驰而过，简直就是车轮上的疯人院……有轨车比公交马车要安静，但是更加拥挤不堪。乘客像罐头里的沙丁鱼一样挤压在里面，汗水榨干了，直冒油。座位总是远远不够用，乘客都一排排挤在中间，拉着吊环把手，活像街角杂货铺里的烟熏火腿。出入车厢都十分困难，在努力挤进挤出中，把身上的丝绸和呢子料都给毁了。扒手趁乱疯狂干着自己的行当……空气污浊闷热，臭气熏天。健康人乘车行过十几个街区无不感到头痛脑涨……每个人都很清楚，不管有轨车还是马车都无法给公众足够的空间。这种拥挤的空间不合适。无论是有轨车还是马车，如果加以管理，都有可能非常舒适便捷，但是为更广泛更大量的需求人群提供其他形式的城市交通运

[1] 爱德华·罗布·埃利斯，《纽约史诗：讲述历史》(Edward Robb Ellis, *The Epic of New York City: A Narrative History*. New York: Kodansha America, 1997)。

输是当务之急。[1]

阿尔弗雷德·埃利·比奇对这一观点再同意不过。没有谁比他更爱纽约，但是每天从他办公室往下望着百老汇，总是感到很沮丧。必须得做点什么来解决这座城市可怕的交通问题。必须得有人想出高效交通系统的方法来。比奇很自信，他认为那个人正是他自己。

1864 年 10 月，比奇刚刚 39 岁，但他已有了殷实富足的生活。1846 年 7 月，由于他从他的富翁父亲那儿得到了一笔钱，他和他以前的同班同学奥森·D. 芒恩买下了一家小型周刊《科学美国人》。

尽管那时比奇只有 19 岁，他对出版业却有着雄心壮志和远大计划。他意识到国家正在经历着前所未有的科技革命，决心要让这份杂志成为正在发生的巨变的代言。比奇更加关注新发明和新付诸使用的专利，这一点使得这份杂志取得了成功，并为这位年轻的企业家开辟了一条全新的业务发展之路。随着杂志越来越受欢迎，发明家和工艺师开始出现在《科学美国人》的办公室，来为他们的发明创造如何获得专利寻求建议。比奇察觉到了真正的机会，他和芒恩建立了芒恩公司，也被称为“《科学美国人》专利代理处”。这个公司致力于帮助发明者尽可能高效地撰写专利申请，并且在申请进入美国专利办公室的处理程序后，对每项申请的进展情况进行监督。

这是一项独特的事业，也做得非常成功，19 世纪 50 年代后期每年都有 3000

[1] 詹姆斯·布莱恩·沃克，《1864—1917，五十年迅速变迁》(James Blaine Walker, *Fifty Years of Rapid Transit*, 1864—1917. New York: Arno Press, 1970)。

❖ 阿尔弗雷德·埃利·比奇

多件专利由比奇的公司提交。10年之后，美国所授予的专利权有超过三分之一是由《科学美国人》专利代理处提交的。此时专利代理处已在其他地点开设了分支机构，其中之一直接设在华盛顿特区美国专利办公室对面。

比奇本人也成为了一名发明家，这一点并不奇怪，因为他身边经常围绕着发明家、他们的发明创造和他们的专利申请。比奇的代理处也提交了他自己的发明专利，包括世界上第一个缆道铁路系统和盲文印刷机。尽管比奇再也没有跟进这些发明，但是在旧金山和芝加哥建设的缆道系统就是基于他的设计。他为盲人发明的印刷机直接激发了现代打字机的发展。这些并不是他的全部发明。他越来越

Scientific American.

THE ADVOCATE OF INDUSTRY, AND JOURNAL OF SCIENTIFIC, MECHANICAL AND OTHER IMPROVEMENTS.

VOL. XIV. NEW YORK, APRIL 16, 1859. NO. 32.

THE
SCIENTIFIC AMERICAN,
PUBLISHED WEEKLY
At No. 37 Park-row (Park Building), New York,
BY MUNN & CO.

O. D. MUNN, S. H. WALES, A. E. BEACH.

Responsible Agents may also be found in all the principal cities and towns of the United States.

Single copies of the paper are on sale at the office of publication, and at all the periodical stores in this city, Brooklyn and Jersey City.

Sampson Low, Son & Co., the American Booksellers, 47 Ludgate Hill, London, Eng., are the British Agents to receive subscriptions for the SCIENTIFIC AMERICAN.

TERMS—Two Dollars per annum.—One Dollar in advance, and the remainder in six months.

☞ See Prospectus on last page. No Traveling Agents employed.

The Rise, Progress and Influence of the "Scientific American."

We spread before our readers, in this issue, several illustrations, accompanied by somewhat voluminous details of the rise and progress of the SCIENTIFIC AMERICAN, and also of the American & European Patent Agency Offices connected therewith. We think there are few of our readers, whatever may be their occupations or tastes, who will not find in these details something of interest and profit. There has been a question in the minds of many, as to the propriety of connecting these two departments of business in one establishment. This doubt will be dispelled at once, when it is considered that they very naturally unite themselves. In thus combining two professions, we were but imitating the practice of English and other European scientific journalists—for example, in England, *Newton's London Journal of Arts and Sciences*, the *Repertory of Patents*, the *Mechanics' Magazine*, the *Artizan*, &c.; and in Paris, *L'Invention* (by the late lamented M. Gardissal), *Le Genie Industriel*, &c., all of which are under the care of editors who are well known to be the ablest and most reliable patent-solicitors in Europe. If the scientific journalist is industrious, and at all competent to the discharge of his duties, his researches into the various fields of scientific literature and of mechanical art and invention are necessarily more extended than those of any other person; and hence his greater familiarity with "things new and old" in these branches.

In narrating the history of the SCIENTIFIC AMERICAN, we shall be compelled to refer more or less to ourselves, but we shall endeavor to do so in a manner not offensive to good taste. Our time, our talents, our energies, and our capital, for fourteen years past, have all been unceasingly devoted to the building-up of an establishment which has become almost, as it were, one of the fixed institutions of the country. We will not attempt to conceal the fact that we have an honest pride in contemplating the results of our labors—a pride which is equivalent to that which the patriot has towards his country, the father in the well-being of his children, and the right-minded ruler in the success of all good schemes for the prosperity and improvement of the people placed under his care.

Our reflections naturally revert to Volume I. of the SCIENTIFIC AMERICAN. On the 28th day of August, 1845, there issued from a little "7 by 9" office, No. 11 Spruce-street (within a stone's throw of where we are now sitting), the first number of what was destined to be an important feature in American literature, namely, a popular and enduring scientific journal. It was a folio sheet, 20 inches by 15, and in making its modest bow to the public, its first column contained a scientific rhyme running thus:—

> "Attraction is a curious power
> That none can understand;
> Its influence is everywhere—
> In water, air, and land.
> It keeps the earth compact and tight,
> As though strong bolts were through it;
> And, what is more mysterious yet,
> It binds us mortals to it!"

Rufus Porter was the founder and first editor of the SCIENTIFIC AMERICAN; he was a man of eccentricity of genius, and by no means destitute of qualities of originality, as the contents of the first volume of this journal will abundantly testify. Most of the illustrations of peculiarly unique inventions, and the theological discussions that appeared weekly under the pictorial heading of "The Ark," prove that he was not only a man of science but also a christian philosopher. But he was evidently designed for another epoch, and he retired long ago from the editorial chair; and when last we heard from him, he was engaged in the great and laudable enterprise of getting up a joint-stock company to build an aerial chariot according to a plan illustrated in

VIEW OF THE "SCIENTIFIC AMERICAN" OFFICE, NEW YORK.

Volume I., No. 4, having the shape of a cycloidal spindle or, in other words, a *winged* Winan's steamer.

The engraving on the first page of Vol. I., illustrates an improved railroad-car which, although well executed for that time, now looks rather coarse by the side of those which now adorn our pages. A picture and description of the *Great Britain* steamship (the *Leviathan* of her day) and many interesting articles and items fill up the remainder of the paper. The editor, in his first public address, sets forth in plain terms the intention and purpose of the journal. He says:—"We have made arrangements to furnish the intelligent and liberal working men, and those who delight in those beauties of nature which consist in laws of mechanics, chemistry and other branches of Natural Philosophy, with a paper that will instruct while it diverts or amuses them, and which will retain its excellence and value when political and ordinary newspapers are thrown aside and forgotten. In conducting this publication we shall endeavor to avoid all expressions of sentiment, on any sectional, sectarian or political party subject; but we shall exercise a full share of independence in the occasional exposure of ignorance and knavery." This was the standard the present editors were pledged to *follow*; and we think that one grand element of our present success is owing to the fact that, throughout thirteen years and a half, we have earnestly striven to preserve that pledge inviolate. "Come good report or ill report," our course has been onward; telling plainly our honest convictions and giving our reasons therefor; none being more ready to confess their errors than ourselves whenever convinced that we were in the wrong. When the paper arrived at the age of forty-five weeks (the office having just previously been removed to No. 128 Fulton-street), it passed entirely under the control of its present editors; and the name of "Munn & Company" first appeared in the imprint. At this time it had *less than three hundred* paying subscribers. Thus during the whole of the first year its progress had been very slow; but at the close of the volume, the skies seemed to brighten somewhat, and we felt encouraged to enlarge the paper and to commence a new volume in its present "quarto" form. The illustrations improved in excellence; and as we grew better acquainted with the tastes of our readers, we were better able to supply them with a scientific dish more palatable and digestible. Before the close of the second volume the inventive genius of the country began rather to concentrate its confidence in our humble office; so much so that, on page 309 of that volume, we published a very modest announcement that we would undertake the preparation of specifications and drawings and otherwise attend to the procuring of applications for Letters Patent. This notice laid the foundation of

❖ 1859年4月16日《科学美国人》第14期标题版加插图介绍了《科学美国人》专利代理处大楼。

痴迷于气动管道的力量，他认为这是未来交通发展的潜力所在。

尽管他已取得了很多的成就，他仍然是一个不知满足的人。他相信一定有一种方法可以解决纽约糟糕的交通问题。他的第一个想法就是在城市之上建造高架铁路，以此来缓解下面拥堵的交通。但是他对这一想法作仔细思考之后又放弃了。高架铁路会让下面的街道变得黑暗单调，而且会像堵塞街道的公交马车一样混乱嘈杂。更重要的还是无法运送足够的人，因而无法真正解决这一问题。

他告诉自己，不，答案一定存在于另一个地方。那一定是更加让人吃惊的、更加便捷高效的方法。而且慢慢地他开始确信自己有了解决方案。应该是一条地下道路，一个地铁系统，可以使人们摆脱拥挤嘈杂和健康危险。地铁并不是一个全新的概念。伦敦地铁建于 1863 年，已经运送了数百万名乘客。但是这一运输系统是基于机车拉动车厢的原理，事实证明这种方法存在严重问题。机车头释放出有毒气体，已经使很多人身患重病。另外机车头燃烧的是低等级煤，一阵阵喷出火星，曾有不止一个乘客的衣服被烧着。如果地铁是答案的话，那么就必须找到更好的方法来驱动车厢。而且那种方法必须是绝对安全、绝对清洁的。

他在自己做过的工作中找到了答案。由于比奇陶醉于气体力学，他花了大量的时间阅读气动铁路的文章。这种气动铁路在英格兰建成，用于运送邮件和小包裹。英国工程师托马斯·拉梅尔的成就给他留下了极其深刻的印象。1863 年拉梅尔建造了地下气动管道，并成功运输邮件。他的这一系统在伦敦肯顿地区的包裹分拣办公室和几英里以外的地区邮局间运行，但是让拉梅尔伤心的是，他的这条运输系统证明花费太大，没有收益，最终只能放弃。但是让比奇印象深刻的不是拉梅尔早期的这一系统有没有成效，而是有几个人偷偷躲在拉梅尔的运输车厢内，由气压推动，穿过地下管道，安全地走完了整个旅程。

他还读到拉梅尔如何设计建造小型地上管道，用来在伦敦水晶宫大型展览的两个大门之间四分之一英里的距离内运输乘客，他对此更加好奇。尤其有意思的是一则出现在1864年《机械杂志》上的关于拉梅尔管道的报道。文章称：“管道的整个距离为600码，运输用时50秒……运行简单舒适，通风充足，没有任何地方不合适……我们可以肯定地说，从公众认可程度来看，大都市铁路运输按照这一原则成功运行的日子不远了。在地下运输线路中，机车头将成为过去。”[1]

如果能有一个人会对这个预言产生共鸣，那么这个人就是比奇。但是他也知道，这仅仅是一个预言，还缺少如何能将其付诸实施的细节。首先是不可避免的一个难题：建设一条隧道，不是建在水晶宫公园的露天广场，而是建在世界上最繁忙的街道下面。同时，比奇意识到他还必须面对另外一个问题：你怎么能让城市居民下到灯火昏暗、让人惊惧的地下世界去乘车？

但是他思考得越多，越是确信气动地铁就是唯一答案。有一件事他很清楚：即使是要运行他意向中的第一阶段实验性短线，也需要一个能用气压推动列车的最大号风扇和一个能最有效地给风扇提供动力的最大型蒸汽发动机。

经过几周的调查，他发现在印第安纳州有一家公司生产用于矿井通风的机器。比奇以希腊风神埃欧罗斯的名字为这种机器命名，称其为埃欧拉，他后来描述这种机器说：“〔它〕是所生产的这一类型产品中最大的机器……〔它〕重50吨，或者可以说比一个普通的机车发动机还重。埃欧拉之于气动铁路就如同机车头之于通常的蒸汽铁路。机车头提供能量拉动车厢；埃欧拉能够每分钟释放超过10万立方英尺的空气，相当于3栋普通三层住宅楼的体积。”[2]因此毫不奇怪，制造这一机器的厂家的工人会给它起了个外号叫“西部龙卷风”。

有了巨大“鼓风机”，比奇现在相信自己有了驱动独家地铁运行的机器了。

---

[1] 阿尔弗雷德·E. 比奇，《气动调度》（Alfred E. Beach, *The Pneumatic Dispatch*. New York: American News Company, 1868）。

[2] 阿尔弗雷德·E. 比奇，《百老汇气动地铁图解和气动机械与隧道挖掘机器详述》（Alfred E. Beach, *Illustrated Description of the Broadway Pneumatic Underground Railway with a Full Description of the Atmospheric Machinery and the Great Tunneling Machine*. New York: S.W. Green, 1870）。

但是他也清楚地知道，为了给纽约立法局、报纸和公众留下深刻印象，他必须要往前迈出巨大的一步。他必须要把地铁装饰得尽可能舒适悦人，以吸引乘客。比奇开始设计地铁车厢，他在车厢内安装上了那个时代的一个新奇迹——锆石灯。这种灯比普通的煤气灯燃烧得更纯净，也更明亮。他的设计要求是车厢要适合最富有的人，使用最舒适的室内装潢材料和牢固的气动密封门。之后他又有了一个颇具创造力的想法。

比奇意识到他的地铁需要一个候车室，这个候车室是乘客们对地铁形成关键性第一印象的地方，他设计的候车室平面图为120 英尺 × 14 英尺的房间，像最奢华的纽约宾馆中最豪华的房间一样精美讲究，里面有水晶吊灯、精美的绘画、大钢琴、游着金鱼的巨大喷水池，这一切都位于城市的地下，是还没有人设想过的盛景。

但是这一切都能行得通吗？对此比奇完全有信心。事实上，既然他已经设计出细节，那么对于他来说，这就是最简单的事。他后来解释说，有什么能比这样的一个系统更简单？仅仅一个鼓风机在隧道一端推着车厢到达另外一端，“就像帆船在前，风在后，风推帆船走”。有什么能比这样的想象更容易？之后，鼓风机可以逆转气流，把车厢吸回原地，“就像苏打水在吸管中的流动，可前可后”。比奇一遍遍地重复一句话：“一个管道，一节车厢，一架旋转的风扇。所需无它。”[1]

当然这只是一种低调的说法。事实上所需要的着实很多。首先，他必须向公众展示他的方法能够有效，然后他必须确保纽约立法局许可他建造一条实验线路。这一切都做成了，才轮到那个“小问题”：在纽约最繁忙的街道底下建一条隧道。

---

[1] 阿尔弗雷德·E. 比奇，《气动调度》。

比奇有了展示气动管道运输的机会，他听说每年备受关注的美国协会博览会将于1867年9月17日在纽约举行。这是他向美国介绍他的气动运输奇迹的机会；是得到他所需要的许可证以使他的远景规划变为现实的机会。在临近博览会的那几个星期里，他让工人们建造了一个107英尺长、16英尺宽的管道。然后他设计建造了一节车厢，可以运载10名乘客穿过这条展示“隧道”。他找到了足够强力的风扇，为车厢提供气动能来实现他的目标。最后，他把这条管道悬挂在从军械库的天花板垂下来的缆绳上。接下来的整整6个星期里，17万多位惊讶欣喜的男士、女士和孩子乘坐了比奇的车。到博览会结束时，公众和新闻报纸都一致认为，地铁是这次大型活动中最壮观的特色项目。对比奇来说最重要的是，新闻报道中的文章确认了他的信念，地铁并不是一个新奇的玩意儿，而是城市交通噩梦的答案。1871年9月16日的《纽约时报》赞扬这一发明说：

> 据估计……乘坐穿城地铁从市政厅到麦迪逊广场要5分钟，从哈莱姆到曼哈顿维尔要14分钟，经由河底用5分钟可以从泽西城到霍博肯，然后用2分钟到布鲁克林的市政厅……[1]

就让我们尊敬的读者们想象，用这里提供的材料，我们混乱拥挤的城市和同样拥挤的水面边界地区就能改变成地球上的天堂，舒适惬意的交通在陆上、水上、地下、水下、空中都可以随意尽享。我们带着这些想象就此搁笔，希望从这片广阔的希望之地，我们很快可以在未来某一天采撷到安逸之花。

[1] 阿尔弗雷德·E. 比奇，《气动调度》。

❖ 游客在 1867 年纽约的美国协会博览会上体验气动客运铁路

许多报纸的报道提醒说，比奇不只是建造了客运地铁，作为他展示的一个组成部分，他同时还展示了未来的气动运输，还有一条小型管道，可以用来运输邮件和包裹。博览会最终结束时，阿尔弗雷德·比奇获得了全面胜利。博览会官员几乎是毫不迟疑地把两个最高奖项授予了他，一个给了他的气动客运铁路，另一个给了被他称之为“邮政速递”的设计。

当然这是伟大的胜利。但是比奇非常明白，很多障碍仍然摆在面前。他必须要挖掘一条巨大的隧道。而且在开始这个惊人的计划之前，他必须先得到城市和州官员的特许。在纽约，他必须征得一个人的同意，这个人不仅掌控着这座城市，而且他很有可能是纽约或者其他美国城市所能见到的最腐败的官员。

威廉·马西·特威德“老板”身高6英尺，重300多磅，这样的身材让他在任何地方都鹤立鸡群，与众不同。他是个胃口很大的人，主要的欲望都在钱上。特威德在1852年作为一名市议员进入纽约政界。从那时起，这位苏格兰—爱尔兰椅子制造商的儿子把权力不断升级的一个个职位作为他攫取财富的工具。他曾是美国国会议员（1853—1855），纽约学校督导（1856—1857），纽约郡监事会成员（1858），道路委员会副主任（1861—1870），州参议员（1867和1869），以及公共建设工程部长官（1870）。在这些令人咂舌的职位中，每一个都给特威德带来索要巨额贿赂、为自己并未履行的职责赚取巨额款项的机会。作为纽约民主政治机器坦慕尼协会的领导，他总是能让自己周围围绕着和他一样从来没有一句实话的人。他们最高的成就就是人为地大幅提高纽约郡法院建设的费用，这座被称为特威德法院的建筑在1858年的初始预算为25万美元，据估算最终却花费了纳税人高达1200万美元的巨款，其中很大一部分进入了特威德的腰包。[1]

---

[1] 肯尼思·阿克曼，《特威德“老板”：构思现代纽约精神的腐败政客的起起落落》（Kenneth Ackerman, *Boss Tweed: The Rise and Fall of the Corrupt Pol Who Conceived the Soul of Modern New York*. New York: Carroll &Graf, 2005 ）。

❖ 威廉·马西·特威德“老板”的肖像照，日期不详。

有些史学家估算，用今天的货币价值来表示，特威德私吞的金额在15亿到80亿美元之间，他因此成为当时美国最富有的人之一。比奇准备申请许可证之时，特威德的财产就拥有了纽约市的豪宅，一片开阔的康涅狄格州的乡间地产，两艘游艇，一列私人火车，一家市内最大的印刷厂和一家最奢华的酒店。因为这些财产，他成为了最知名人士。财产中有一枚巨大的钻石饰针，他无时无刻不佩戴着。他的一位密友曾说，他的这枚饰针“就像他衬衫前襟上的一颗行星”。[1]

比奇对特威德的权力和性格都再清楚不过了。他觉得他最大的麻烦就是公交马车公司给了特威德大量回扣，他知道特威德永远都不会批准挤走这些公司的一个运输系统，除非他能捞到比先前更多的贿赂，而这很可能是地铁盈利的很大部分。这是比奇无法容忍的。他必须想出一个方法，就像他设计的地铁那

[1] 肯尼思·阿克曼，《特威德“老板”：构思现代纽约精神的腐败政客的起起落落》。

样富有创意。

他有了一个大胆的想法。既然特威德一定会阻止任何客运地铁的建设，他决定去申请单一功能的运送邮件和包裹的地下铁路建设的许可证。一旦他确保许可证到手，他就建造客运地铁，一条高效、安全、舒适和满足城市最大需求量的地铁系统。一旦它被呈现于公众面前，即使是无所不能的特威德老板都无法阻止立法局给予他最终的许可证，把地铁扩展到整个纽约城。

他向立法局请求建造两条小型地下运输管道的申请很快得到了批准。即使特威德也没有看出一个邮件运输系统对他的利益有什么威胁。然而许可证颁发给比奇后，他就开始启动计划的第二部分，申请建造一条包围这两条小管道的大管道，他说这会让邮件运输更加高效。这一申请于1869年5月被批准，特威德也没有任何反对的理由。

现在最大的挑战就是：不仅要建造一条打动世人的地铁，这样官员们就会忽略他的欺骗，而且要建造一条在完工之前没人发现是客运系统的地铁。美国的第一条地铁即将秘密开工建设。

比奇所做的每件事情都有周密的计划。他地铁计划的第一步要回到1868年12月，就是在百老汇租用一家最大的百货公司。这座建筑有两层很大的地下室，这和比奇的计划方案正相吻合。他的隧道只能在夜里挖掘，那时路上没有那么多车辆，不会发觉下面在干什么。在他们挖掘隧道时，工人们会把土堆在地下室，然后在凌晨最黑的那几个小时用带有消声装置的马车拉走，倾倒在纽约的东河里。

这是一个很有灵感创意的计划，但事实上最大的难题仍然是挖掘隧道。在申请许可证之前很久，比奇就开始设法解决这一问题。首先，设计是在1818年原

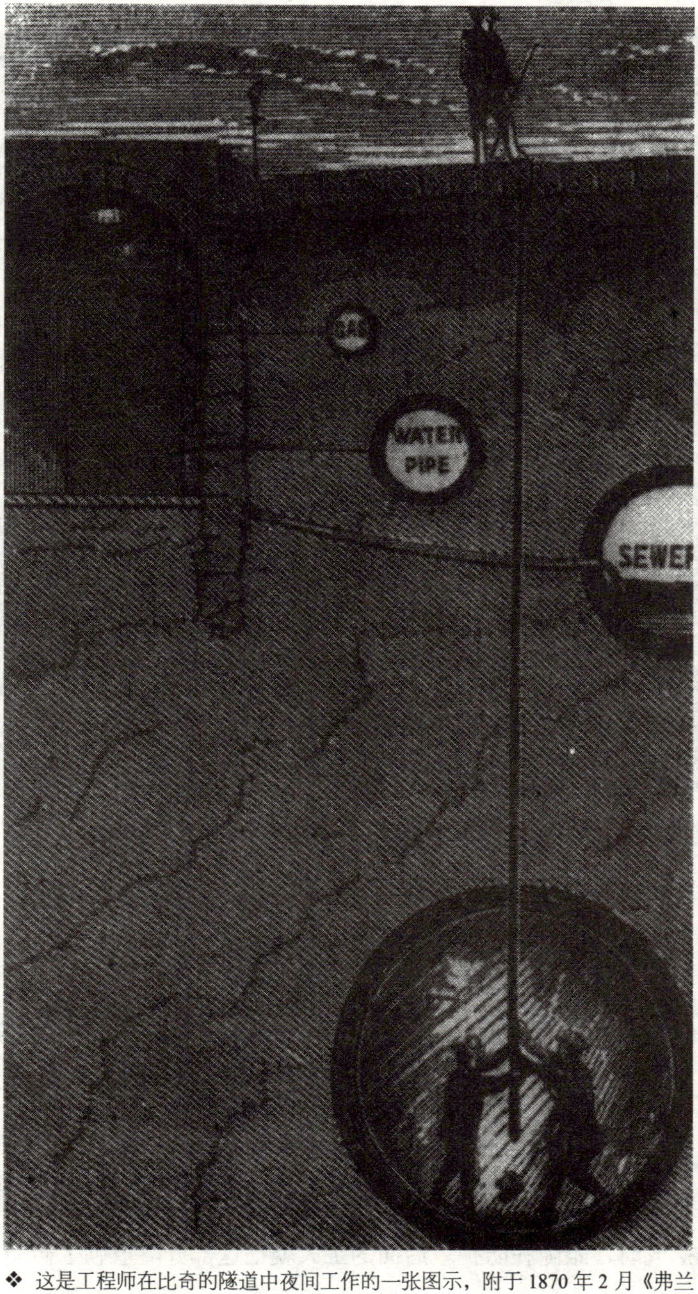

❖ 这是工程师在比奇的隧道中夜间工作的一张图示，附于 1870 年 2 月《弗兰克·莱斯利画报》关于地铁的一篇文章中。

❖ 《弗兰克·莱斯利画报》的一幅插图，工人们推进防护罩，并为隧道墙壁砌上砖墙。

始设计的基础上发展而来的，这一原始设计曾在 1825 年被英国工程师马克·伊桑巴德·布鲁梅尔用于泰晤士河隧道的建设。比奇建造了他自己的隧道打通机器，他称之为液压防护罩。这一机器呈圆柱形，两端敞开，看上去像一个两头开盖的大桶。在机器中有一个手动泵可以产生高达 126 吨的压力，以此使这一装置向前运动时保持稳固，前部一连串的撞锤每晚能挖 8 英尺的隧道。比奇要确保每一部分隧道挖成时，跟随在防护罩后面的工人就把这部分隧道砌上砖墙。

对于一个从来没有看过隧道挖掘、更不必说将自己的梦想建立在成功挖通隧道的人来说，事实证明，比奇在监理建设方面相当精通老练。但是他意识到，他还是需要专家的帮助，这也是他非常聪明的一点。有幸的是，他能够雇用到非常出类拔萃的人来担当他的总工程师——约瑟夫·迪克森，英格兰人，曾经监理过伦敦地铁隧道的建设。

他俩再加上比奇的儿子弗雷德里克，3 个人一起确保工程每天夜里都有进展。弗雷德里克是挖掘团队的负责人。这 3 个人都非常清楚，这项工作对所有参与的人来说到底有多危险。他们在地表以下 21 英尺处进行挖掘，尽管夜间百老汇的交通比白天稀松得多，比奇还是一直在关注，会不会有一部分街道被挖掘毁损，骑马的人会不会落入地下的隧道受伤，也让这一秘密规划暴露在外部世界的眼前。

让人惊讶的是，工程一夜接一夜地进行着，没有任何事故。突然有一天工程停了下来，因为工人们被一堵石头墙挡住了他们的路。对比奇来说，让人烦恼的问题是，这座墙是否可以拆掉并且不会造成上面的街道垮塌，不至于使整个项目完全悲剧性地终止。但是有比奇在领导指挥，石头一块一块地被拆除了，这个障碍被成功地移除了，后来大家才知道，那是一座旧时的荷兰城防堡垒。

到 1870 年 1 月第一个星期末，地铁已经几乎全部完工。但是紧接着一件出乎意料的事情发生了。不知怎么的，《纽约先驱报》的一名记者发现了百老汇地底下正在进行着什么，他穿过百货商店，下到了地下室，看到了正在发生的一切。比奇很是沮丧，在项目几近尾声的时候秘密被揭开了，但是他不得不承认，项目在这之前一直都未被发现简直是太不可思议了。《纽约先驱报》和《纽约时报》都发表了报道，描述了百老汇地下正在建设的项目。他知道他必须得做下一件事了。

首先，他需要确保关于隧道的每一件事、车厢、候车室都必须迅速完成，而且要力求完美。然后他需要给纽约市和州的各位官员举行一次豪华招待会，来显示一下已经取得的成就。之后他要向公众开放地铁。但是在所有这些完成之前，他必须给他自己争取一些时间，于是他让迪克森给所有报纸写了一封信，解释需要稍稍推延开放。信发表在1870年1月8日的报纸上，部分内容如下：

> 我们最初的设想是要从沃伦到柏树街建造这条完整的隧道，然后再验收开放。但是我们最终决定满足新闻报道所表现出的早些尝试的强烈愿望。因此我们停止了隧道的工作，现在在安装送风机械、半导体集成电话、锅炉、候车室以及其他相关设施，目的是邀请公众检查验收……我们的隧道开始于百老汇西南角和沃伦街，蜿蜒伸展到百老汇中心地区，然后继续再往南到默里街稍南一点……隧道顶部在人行道下12英尺的地方，邻近建筑物的墙绝不会受影响。我们更想继续保持沉默，让我们的作品自己说明一切；正因为如此，我们请求新闻报道以及公众耐心等待，最多3到4个星期后，我们便会欣然给大家机会，检验上述我们所说的一切，并对其价值形成自己的判断。[1]

在1870年2月26日，比奇为当地要人和新闻媒体举行了招待会。[2] 招待会引起了轰动。各家报纸以特写在头版作了报道。《先驱报》的标题写道：“计划中的地下铁路——一场时尚招待会在地球最深处举行——大钻孔中一探究竟。”其他报纸也聚焦于这个他们认为是非凡成就的项目。《晚邮报》惊呼：“让百老汇通隧道的问题已经解决了，没出任何差错，工作被卓有能力的工人强有力地向前推进着，这一项目是由一个能力十足的主管领导负责，他的名字叫迪克森。我们祝愿他获得更大的成功。”这只是给予比奇和他的地铁的一堆赞扬的开始。《周日水

---

[1] 《百老汇之谜》，载《纽约时报》（“The Broadway Mystery,” *New York Times*, January 8, 1870, www.nycsubway.org/articles/beach-1870-01-08.html）。

[2] 阿尔弗雷德·E. 比奇，《百老汇气动地铁图解和气动机械与隧道挖掘机器详述》。

❖ 《怡然地下行》选自弗兰克·莱斯利的文章。

星报》报道说："每家报纸对这一创新进取精神都有不同的评述，但是昨天的开通仪式一定会让大家深信人类想象力的伟大力量。"《科学美国人》大声宣告："这意味着街道飞尘的终结。城市中心的居民饱受灰尘之苦，难以承受，灰尘飞过，落在头发、胡子、眉毛上，就像寒冷早晨的蒸汽渗进人的衣装。这样的不适在隧道中永远也不会见到。"

这是超出比奇希望的赞扬。他马上宣布地铁将于3月1日向公众开放，只需

25美分，乘客就可以体验由气压推动的安静舒适交通的快乐。此时，每家纽约报纸似乎都在为这一发现而堆砌辞藻施以赞美。《纽约时报》惊叹：“人们本以为会在百老汇下面发现阴冷的大空洞，让人顿生怯意，却睁开眼看到了优雅的接待室，灯光明亮，隧道空气清新，各个厅堂房间既有品位又感舒适，那些希望对项目挑出一些技术瑕疵的人却因为机械设施的完备、工程的稳固和运行设备的安全性而哑口无言。”

确实是高度的赞扬，可能只有第一批乘坐气动铁路的公众代表的评述可以盖过这些赞扬。“我们在漂亮的车厢就座，这是有史以来乘坐交通工具最欢快的20个人。”一位乘客后来记录道。

> 乘务员碰了一下隧道墙上的传令线，我们还没反应过来，地铁就缓缓地开动了，从沃伦街出发沿百老汇行驶。一会儿工夫，售票员开了门，神情严肃地大喊：“默里街！”我们都因此大笑起来。车厢以最柔和的方式停了下来，然后马上往回向沃伦街驶回，很快到了，同时仍然是以柔和、神秘的方式再次返回默里街；就这样不断地来来回回，我想应该是20分钟的时间，或者可以说我们想要乘坐多久就乘坐多久。没有什么作用力让车厢运动，能够辨别我们在车厢内是被气压推动的唯一方法就是举起手对着门上方的通风口。这些通风口打开时，清新的空气进入车厢内，气流很强。我们也可以感觉到气流从门底部被压进来。我根本无须去说气动车厢的通风完美无缺，舒爽惬意，它与〔机车和马车〕的恶劣环境形成了鲜明的对比。我们的气动之旅轻松欢快极了，我们一行人离开车厢时，对这一实地经历感到满足，气动出行系统是这个时代最伟大的进步。[1]

[1] 阿尔弗雷德·E. 比奇，《百老汇气动地铁图解和气动机械与隧道挖掘机器详述》。

其中最让人高兴的是，有些报道中暗示着即使比奇都认为绝不可能的事情。海伦·维克斯在 1871 年 2 月期的《青年之友》中评论说：“那么世界就这么继续向前，每天发生着奇迹般的事情。除了以前的老年读者以外，谁知道……你和我也许哪天下到〔地铁〕，一眨眼工夫，我们会发现自己已在英格兰了呢？谁知道呢？”[1]

当然这一幻想奇异新颖，可是对比奇来说，他彻底胜利的现实意味着拿到许可证，允许他把地铁扩建到整个纽约的这一时刻到来了。他声明说：“我们计划要建一条地铁一直通到中央公园，全长约 5 英里。建成之后，每天应该能运送 2 万名乘客，速度达每分钟一英里。”在维克斯的文章中，她评述说：“尘土飞扬的马车和轰隆作响的蒸汽机车时代基本已经结束。雨雪风霜、霭霭飞尘、寒冬酷暑都再也无法在气动地铁里肆虐。冬天暖，夏天凉……人们现在为了业务要花数小时往返路上，待到地铁完工的快乐日子来临之时，5 分钟我们就可以跑 5 英里。”[2]

5 分钟跑 5 英里，多么不可思议的前景，就连极端苛刻的立法人都愿意忽略比奇欺骗他们建了客运系统而不是邮件运输系统的事实。但是有一个人，他既不愿意视而不见，也不愿意给以谅解。随着为地铁的建成而欢呼的声音一浪高过一浪，特威德老板也越来越怒火中烧。他的坦慕尼协会的幕僚们从没看到他如此暴跳如雷。欺诈技艺的高手被哄骗了。是客运系统而不是邮件运输系统就在经过市政厅的街道底下建着，而他却在市政厅待了那么久。更糟糕的是，对他来说，一个子儿都没进他的腰包。

尽管特威德非常愤怒，比奇很有信心，立法局会非常热情地给予他许可证。他猜对了。他的扩建地铁的申请以压倒多数被批准通过。但是他低估了特威德

[1] 海伦·C. 维克斯,《太烦了！》,载《青年之友》(Helen C. Weeks, “What a Bore!” *Youth's Companion*, Feburary 2, 1871, p.40, www.merrycoz.org/yc/BORE.HTM)。

[2] 同上。

老板的影响力。一旦立法局已经颁发许可证，唯一能够取消许可的就是纽约州长约翰·T. 霍夫曼的否决权。而比奇已经意识到，霍夫曼被特威德控制着。霍夫曼不仅否决了立法局的许可，他还批准了另一项法案，这项法案正是由特威德提交的。特威德提交的法案被称为《高架桥规划》，规划建设几条高架铁路，造价8000多万美元。这一提案与比奇的不同。[1] 比奇承诺，他会征集私人投资，补助地铁扩建提案的执行，而特威德的计划要求高架铁路建设使用纳税人的费用，这又给了这位老板一个私吞几百万美元的机会。

立法局明白了特威德的企图之后，召开了特别会议设法推翻霍夫曼的否决。但是让比奇震惊和失望的是，他们的投票表决没有达到最终目的。在所有的欢呼之后，在他的梦想就要变成现实的时候，比奇被否决了。但他仍然拒绝放弃。他直接向新闻媒体和公众求助，他写道："在纽约只有通过地下铁路的方式才能实现快速交通。高架道路无疑是个路障，谁也不想他的门前有这么个路障。另外，地下铁路完全不在视野之内，不会打扰任何人。"[2]

这只是比奇在新闻报道中发表的几十个观点和立场中的一个。但是几个月慢慢过去，数千人仍在快乐地坐着他的短途地铁，即使他自己都变得泄气了——他没法让立法局再努力一次推翻州长的否决。然而接下来又有了意想不到的进展。

1871年7月，纽约郡的一位记账员出现在《纽约时报》市中心的办公室，他

[1] 阿尔弗雷德·E. 比奇，《百老汇气动地铁图解和气动机械与隧道挖掘机器详述》。

[2] 约瑟夫·布雷南，《比奇的气动机械》（Joseph Brennan, *Beach Pneumatic*, 2004-2005, www.columbia.edu/~brennan/beach/）。

满腔愤怒，胳膊下夹着一大堆郡内事务记录。他声称这些文件第一次提供了特威德这些年收受贿赂和回扣的翔实证据。很快，又有了另一些记录证明，在新法院大楼建设中他私吞了数百万美元。

《纽约时报》之后一系列文章的连续报道甚至让最保守沉着的纽约人也大为震惊。他们当中有一位《哈泼周刊》的艺术家名叫托马斯·纳斯特，他在只有24岁时就成为了全国顶尖的漫画家。如今纳斯特发起了他自己的反特威德运动，在读者众多的几十幅漫画中严厉抨击他，要求对特威德和他的坦慕尼协会流氓们绳之以法。

特威德被《纽约时报》的披露惊呆了，但是他更关注的是纳斯特的漫画。他安排了一次和《哈泼周刊》编辑的会面，据报道，他大喊大叫道："我不关心你们报纸那些毫无意义的文章，我的选民们不懂怎么阅读，但是你无法管住他们去看那些见鬼的画！"

他说对了，很快《纽约时报》文章和纳斯特漫画的结合所产生的效果已经不仅仅是让公众愤怒了。纽约其他报纸长期以来一直害怕挑战特威德的影响力，现在也开始发表关于他罪行的报道。具有讽刺意味的是，许多鼓起勇气的城市和州官员也加入了进来，因为一直以来特威德都没有考虑给他们收益回报。

到目前为止一直是不可毁灭的特威德老板最终于1871年10月27日被捕了。由于他的案子太复杂，花了15个月才进行宣判。让起诉人失望的是，第一次判他有罪的努力最终以宣判无效告终，但是1873年11月对他又进行了一次判决，这一次他被判犯有欺诈罪和贿赂罪，判刑21年。

然而特威德的律师还有另一招。他们向高一级法院申诉，理由是尽管被告被判数罪，但是按照法律他只能因一项罪名量罪处罚。他们赢了，对特威德的判刑减至只有一年。

这个故事还远未结束。特威德从监狱被释放出来后，又因民事起诉而再次被

❖ 在 1871 年 9 月 23 日托马斯·纳斯特的漫画中，特威德和他的坦慕尼协会的幕僚们被描述为一群秃鹫，正在等待这场暴风雨“从头顶过去，以免灭顶之灾”。

捕收监，除非他能交300万美元的保释金。当初有迹象要逮捕特威德时，就有报道说，考虑到他的影响力，他一定会尽力逃脱的。他回应说："现在好像很有可能我要逃跑？我妻子，我孩子的孩子以及我在这个世界上所有的东西和所有的利益不会跑掉吧？要是逃跑我能得到什么？"[1]

但是特威德又一次撒谎了，像他经常做的那样。在他第二次被关押期间，因为影响犹存，他获准可以去探望他的家人。1875年12月4日，在他回家探望期间，他径直从后门逃跑了。他逃到了古巴，然后乘船去了西班牙。他不知道的是，政府已发现了他的最终目的地。他的船一靠西班牙港，他就被逮捕了，然后送上了一条美国海军船带回美国再次入狱。

更挫他锐气的是，他知道了他最亲密的坦慕尼协会的同伙们为了换得减刑就要出庭作证指认他。特威德病倒了，病得很严重。这个人大半辈子身边总围着溜须拍马者和好奇的旁观者，却于1878年4月12日死在肮脏的监狱里。

对于比奇来说，他的劲敌的死讯似乎标志着他命运的大转折。1873年初，立法局由于不再受特威德的影响，再一次投票表决，给了比奇扩建地铁的许可证。新州长很快就签署了这项议案。

但是地铁并未建成。1873年末，美国由于在铁路和金融市场方面过于投机，正经历着从未有过的经济大萧条。这次大萧条持续了6年。当初承诺投资比奇产业的很多人都受到了最严重的打击。纽约州和当地政府面临着财政灾难，他们发现支持地铁系统已经无法列入他们的首要问题。就连比奇也不得不承认，他的梦想已不复存在了。

纽约城拥有地铁是超过四分之一世纪之后的事了，不是通过像比奇一样的人的美好憧憬，也不是由于城市官员的决心，而是通过自然的作用，这颇具讽

[1] 肯尼思·阿克曼，《特威德"老板"：构思现代纽约精神的腐败政客的起起落落》。

❖ 1888 年暴风雪期间，纽约街头大雪覆盖。

刺意味。

1888 年 3 月 10 日，是一个最温暖最美丽的早春的日子，这一天老纽约人也许还能记得。但是第二天完全是两重天。大多数市民起床时，呼啸的暴风雪正嚣张着，要把城市埋在风雪中。然而，数千名吃苦耐劳的纽约人仍然出发上班了。

这是一个天大的错误。中午时分，大雪继续攀高堆积的时候，数千人力图要上路回家。倒掉的电线引发致命的危险。另有标志牌、大树枝以及其他物品失去控制地在空中飞舞，打死重伤了几十个人。在一次最剧烈和最危险的灾难事件中，数千乘客试图乘坐高架火车回家，却发现自己被高高地困在了城市上空。

400 多人死于暴风雪中，震惊了城市官员。最终他们认识到建设地铁运输系统是绝对必需的。自然母亲已经成功完成了比奇和其他地铁拥护者未能做到的事。地铁开工建设花了两年。但是比奇一直是对的。1904 年 10 月 27 日地铁开始运营。几周之内，纽约的交通问题已大大缓解，至少在可见的未来是这样。

在地铁最初建成的三年之内，地铁广泛流行，深受欢迎，多个扩建项目都在进行，比奇的愿望正在实现，地铁会遍布整个纽约和布鲁克林。接下来的 1912 年，一件令人震惊的大事发生了。工人们在百老汇地铁线上进行扩建挖掘时，他们冲破了一道钢铁和砖墙，发现了阿尔弗雷德·比奇的气动隧道。那儿有地铁车厢、轨道、液压防护罩，甚至还有人工喷泉。当然时间已经让这一切都无法使用，但是所有东西都还摆放在那儿。让人惊奇的是，工人们没有把这些具有历史意义的东西搬到地面，让后人一代代留存和观赏，他们就把这些东西放在那儿，继续前进。我们不禁想知道一个世纪以后，比奇被埋掉的成就还有什么留存下来的。德芙琳百货商店已拆掉，被另一幢建筑代替，很可能优雅的候车室也被毁掉了。美国的第一条地下铁路无论还有哪些毁损，可以确切地说，这条地铁已经永远地被埋掉了，从人们的视线中消失了。

关于比奇的其他卓越成就，大体情况也是如此。他的盲人印刷机最终成就了打字机，这一机器变革了商业和劳动力的性质。他是一个气动学发展的先锋。他创建的杂志一直是世界顶级的科学期刊。还有液压防护罩变革了挖掘隧道的方法。然而，就像他非凡卓越的地铁一样，他的名字和所有他曾做过的事大多都已经被历史遗忘了。

佩什蒂戈

森林大火（1871 年）

9

>>>

❖ 威斯康星州北部伐木工人，
1885 年插图。

几乎每个人都听说过1871年10月8—10日的芝加哥大火。尽管大火并不像传说中所说是由于奥利里夫人的一头奶牛踢翻了牛棚里的灯笼而引发的，但芝加哥大火确实是全美火灾事故中最有名的一次，熊熊火焰致使300人死亡，10万人无家可归。然而，就在芝加哥大火的当天，威斯康星州佩什蒂戈的小小伐木区及周围森林的一场火灾毁灭了整个村庄，夺走了男女老幼1200多人的生命。这是美国历史上最具毁灭性的大火。但是由于历史的注意力都给了芝加哥大火，几乎很少有人听说过这场火灾，史书也大多将它忽略了。可以说，这次火灾已经被历史遗忘了。

在威斯康星州北部最高的地区，一条94英里长的河流从此处发源，之后海拔下降1000多英尺，河流流入格林湾（密歇根湖的一个狭长港湾）。佩什蒂戈就坐落在河的两岸。像众多边疆聚居区一样，皮毛贸易商首先在此安家落户。然而，这一地区还有更丰富的资源——上好的农田，而且更重要的是还有美国数一数二的大片松树、云杉和枫树林。芝加哥拥有百万资产的企业家威廉·B.奥格登曾于1837年到1838年任芝加哥第一任市长。时至1856年，他购买了佩什蒂戈13542公顷土地和一个几次易主的锯木厂，为活跃、繁荣、热闹的伐木城的发展搭好了台子。威斯康星历史学会记录中解释说，“佩什蒂戈”这个名字来自美洲土著语，意思是“噼啪作响的海龟”，或者可能是“野鹅河”或“急流”。我们能够确切知道的是，到1870年时，这个城镇已经有了两家旅馆、一家铁匠铺兼铸造厂、机器厂、杂货和肉品店、纺织品和服装店、理发店、珠宝店、药店和一些酒吧。酒吧的主要顾客是在城镇周围森林里工作的伐木工。刚刚建好一座桥跨过那条河，把佩什蒂戈东西两边联结在了一起，镇里还建了公理会教堂、长老会教堂，还有一座基督教堂，教堂的牧师是彼得·珀宁神父，他很快就成为了城镇中非常重要的一员。新建成的校舍是佩什蒂戈的骄傲，但是城镇的经济命脉是威廉·B.奥格登所拥有的企业。

❖ 威廉·B. 奥格登（摄于 1912 年）

奥格登的佩什蒂戈公司是全国最大的锯木厂，装备有公司独立的煤气照明和供水系统。佩什蒂戈公司还有一条驳船航线，在佩什蒂戈港和芝加哥之间航行。这条航线可以把在锯木厂生产的木材运到该公司在芝加哥的木场和仓库。到 1870 年止，从周围森林到锯木厂 7 英里长的铁路线已经完工，而且奥格登已经为线路的扩展野心勃勃地制定了一系列计划。[1]

与佩什蒂戈公司紧密联合的是奥格登的佩什蒂戈木制品厂，它已经是美国浴盆、提桶、水桶、扫帚把、大桶盖、衣服夹和其他木制家居产品的最大生产商。

[1] 《回忆佩什蒂戈大火》，载《佩什蒂戈时报》（"Remembering the Peshtigo Fire," *Peshtigo Times*, October 7, 1998）。

❖ 威斯康星州佩什蒂戈鸟瞰图，于 1871 年 9 月大火前的一个月。

奥格登的财产还包括一片宿舍房，他的很多伐木工人、工厂工人还有家属住在那里，另外还有一家纺织品销售公司。

尽管佩什蒂戈已是这一地区最大的、发展最好的城镇，它周围也围绕着快速发展的乡镇。东北部 6 英里处是马里内特及其锯木厂，最大的 5 家每年生产 2.17 亿板英尺的木材。[1] 还有被称作糖枫林的广大地区（这是称呼浓密的硬木林地区

[1] 丹尼斯·格斯和威廉·卢茨，《佩什蒂戈火灾风暴：美国历史上的一个城镇、镇上人和致命大火》（Denise Gess and William Lutz, *Firestorm at Peshtigo: A Town, Its People, and the Deadliest Fire in American History.* New York: Henry Holt, 2002）。

的一个流行术语）分为下林区、中林区和上林区，这儿有几十个聚居区，居住着来自德国、瑞典、挪威和其他欧洲和斯堪的纳维亚国家的移民，他们来到美国，想在边疆地区开垦农田艰苦创业。聚居区中最大的是布鲁塞尔镇，是由比利时华隆人的移民建立的，第一批移民于1853年到达这一地区。到1871年时，布鲁塞尔已经成为了繁荣发展的乡镇，建有锯木厂、墙面板厂和繁荣的农庄。学校、教堂和商店也正在建设中，农场在扩建。布鲁塞尔像佩什蒂戈一样，被认为是发展进步的象征。

但是这一发展进步也附带有危险，那就是人们的故意放火。伐木工人砍倒成百上千的树木，同时也留下成堆的树枝、松针和锯屑。他们在一个地区干完活之后，就把巨大的下脚料堆点火烧掉，然后继续往下一个地区去砍伐树木，让这些木堆自己烧成灰。

伐木工人并不是唯一的放火者。珀宁神父在1874年发表的目击叙述中写道：

> 农民们砍掉挡路的树木当柴烧，通过这种方式扩展他们的土地来盈利。被雇用来建设铁路的几百个劳动力也在做同样的事情，他们用斧子和火来为自己开路。猎人和印第安人一直在这些森林中搜寻，尤其是在秋季，他们沿河逆流而上钓鳟鱼或者散布在森林里猎鹿。夜里他们无论在什么地方歇脚，都点燃一大堆篝火，准备晚餐，然后把自己裹在毯子里，躺在地上安然睡去，因为他们知道任何猛兽都会因为这堆火而不敢靠近……第二天早上他们也不熄灭闷烧的余火，没有任何防范措施，就离开上路了……农夫和其他人也是同样的做法。这样，尤其是在秋季，因为人为点火，森林里到处星火闪烁，而干燥的枯叶又不断续填燃料，使得火有时到处蔓延，如果再来一阵风一吹，很容易大面积燃烧，情势

会非常可怕。[1]

珀宁神父也许已经关注到这个问题，但是伐木工人、猎人、农夫和铁路工人并不在意。他们认为即使有些火没有烧尽，通常也会被常来常往的雨浇灭——多雨是糖枫林的特点。

但是1870年的秋冬季节异常干燥，1871年的春夏季更加干燥。很多住在梅诺米尼的美洲土著强烈感觉到了干旱的影响。他们从没见过这个地区如此干燥，高高的松树在风中噼啪作响，而草场上的青草也早早地变枯黄了。最应该担忧的是，到1871年夏天，沼泽地里已经没有足够的水可以让独木舟漂流去采收野稻子了。美洲原住民并不是唯一遭受影响的。到1871年夏末，佩什蒂戈和马里内特两地伐木营地的人都发现河流水位很低，原木无法漂到下游锯木厂。他们被迫把原木堆在河边，等待下雨，好让河水涨到正常水位。

到9月的第3周，由于严重缺雨，问题更加恶化。那些没有烧尽的余火向外蔓延，已引发了多次森林火灾。但这一地区的大多数居民仍然没有关注。而另一方面，珀宁神父却真切地知道，这种情形让人非常害怕。

> 9月22日，神召唤我去糖枫林行使我的神职……那儿有一些农庄彼此相邻。我在其中一个比较偏远的农庄等候时，一个12岁大的男孩主动提出要给我带路到森林里去。我带着枪，在他的陪同下，开始在周边地区寻找野鸡，这儿野鸡很多。几个小时下来，看到太阳已经沉到地平线了，我让孩子再把我带回农庄。他努力找回去的路，却怎么也找不到

[1] 彼得·珀宁，《佩什蒂戈大火：目击陈述》，载《威斯康星历史杂志》〔Peter Pernin, "The Great Peshtigo Fire: An Eyewitness Account," *Wisconsin magazine of History* 54, No.4 (1971). Courtesy of the State Historical Society of Wisconsin, www.library.wisc.edu/etext/WIReader/ WER 2002-1.html〕。

❖ 1869 年一张反映威斯康星河被原木阻塞情况的插图。

了……在不到半小时的游荡中，我觉察到我们在森林里完全迷路了……能够听到的唯一的声音就是地上一路烧来的小火苗噼里啪啦的声音，在大树的树干间来来回回，树干毫无损伤，但是枯叶被火苗吞噬了，大树顶部的枝杈在摇摆，宣布着，风起了。我们大声呼喊，但是没有任何回应。我于是几次放枪发出危险信号，最后，从远处传来一声“你好”……这时新的障碍摆在了面前。刚才提及的小火苗由于风的推动，已经聚拢，并在大片面积上蔓延。我们才发现自己已经在火圈的中心了，火圈在向外蔓延，同时在向内缩小包围圈。那些人跑来援助，但我们无法靠近他们……他们不得不用树枝拍打火焰，为我们抢出一条通路，这样可以暂时阻止火势蔓延，给我们机会迅速逃出……第二天我回到佩什蒂戈后听说，就在我迷失在森林中时，城镇也曾处在极大的危险状态中……一桶桶水间隔地放在城镇周围，以备紧急状况。[1]

珀宁神父死里逃生预示了即将发生的灾难。[2] 那天晚上发生的另一件从无先例的事情也是同样的预兆。佩什蒂戈居民朝森林方向的天空望去，他们惊奇地看到数千只被盖在白色灰烬中的鸟从树丛中飞起，很多高大的松树已经着了火，鸟儿无法辨别方向，互相撞在一起，掉了下来，重又被燃烧的火焰吞噬。佩什蒂戈居民还没来得及考虑他们刚刚所看到的一切，刺耳的哨音就从木制品厂响了起来。林地大火的火星和灰渣被吹过了佩什蒂戈河，点燃了工厂旁边的木屑和木板。几百人迅速冲到河边，组成人链，一桶桶水传回工厂，扑灭了大火，避免了工厂毁于大火。

9 月 24 日，周日，这个黎明很亮很美，由于城镇的主要工作和收入来源都幸免于难，许多佩什蒂戈市民都松了一口气，他们去了教堂。礼拜仪式还未开始，佩什蒂戈公司的火警哨声再一次响起。木屑和一堆堆木板又着了起来。人们再一次冲往河边组成人链，这一次珀宁神父也在其中。这时，这位神父已经真正为这座城镇和人们未来的命运担心。他记录说：“我已经几次看到了大火在草原上迅速蔓延，速度之快如同火车，草原大火气势之大让人害怕，木材着火人们却觉得无足轻重。在木材中火势一样可以非常迅速，而且不容易熄灭……那样的大火就

[1] 彼得·珀宁，《佩什蒂戈大火：目击陈述》。
[2] 同上。

像雪崩一样难以阻挡。”[1]

再一次，木制品厂旁边的大火被扑灭了。再一次，佩什蒂戈市民最终相信城镇不会有什么危险。因为风突然转向，这一信念更加坚定了。珀宁神父记录道：“周一，风转向南吹，清走了烟雾。说起来很奇怪，没有一个建筑物着火，城镇得救了。周一，工厂关门，人们放假休息。今天，9月27日，一切都安安静静，一如平常。”

但是这种状况没有持续多久。10月的第一个星期，森林里的火灾加剧了。白天，天空泛着奇异的黄色暗影，晚上变成了亮红色。之后风改变了方向，直接向佩什蒂戈吹来。如果让现代气象专家来描述，他们准会把这种现象归为“强劲的风暴”，更准确地说，是“强劲的火灾风暴”。10月7日，一股强大的气旋风暴从西边席卷过来，风速高达每小时100英里。由燃烧的树木和构成大部分林地土壤的腐殖土形成的天然气冲向空中。燃烧的煤渣像雪花一样开始从天空落下来。

10月8日，火灾风暴袭击佩什蒂戈。当时北威斯康星的一份期刊是这样报道的：

> 星期天晚上，教堂仪式之后，大约有半个小时的时间，死一样的沉寂笼罩着这个难逃劫难的城镇。这个地区由于数起火灾而产生的烟雾浓得让人窒息，如同一顶棺罩罩住了一切，一切都被封在这一片漆黑之中。很快，感觉到小股空气的流动，东南、南边、西南的地平线开始被隐隐照亮；可以感觉到地在颤抖，远处的巨响打破了可怕的寂静。人们开始害怕灭顶之灾要降临了，但是那时，还是没有人想到那是怎样的危险。亮光很快变成了强光，让人毛骨悚然；不断升级的一股股强风从旋风中

[1] 彼得·珀宁，《佩什蒂戈大火：目击陈述》。

❖ 当时的一幅插图，人们在佩什蒂戈大火中冲向河边，作者G. J. 蒂斯代尔。

> 心袭来，发出阵阵嚎叫，就如同地狱里所有的魔鬼都被放了出来。烟囱被吹倒，房子被掀掉了屋顶，那一时刻，在一片混乱、惊骇和疑惧之中，滚滚而来的一片片巨大的火焰把这座人们挚爱的村庄包围了起来。[1]

火焰在城镇边一出现，珀宁神父就在街道上把他的马给放了，然后开始在房子周围挖壕沟。他被一句话激励着："恐惧，每次愈来愈强时，就注定会演变成事实。"在挖的时候，他开始清楚地看到西边的天空映出了越来越浓的深红色，而且听到了从未听到过的噪音。他后来在日记中写道："这种声音像一堆混乱的汽车的噪音和火车头进站的声音或者像雷电的隆隆声，只不过不同的是，这声音不会停下，而是一次次不断地加强。"他自言自语说，只有一件事可以做：他必须到河里寻找安全。好像佩什蒂戈的每一个人都有同样的想法。

> 要想到达河边……不是那么简单……我怎么到那儿的，对我来说现在仍然是个谜。空气已不适合呼吸，满是沙子、灰尘、烟灰、煤渣、火星、烟雾，还有火。睁着眼辨路识人简直不可能，而在这大逃亡中，路上挤满了行人，车子则互相撞在一起。有些人匆匆往河边走，另一些人是从河边回来，而所有人都一样在暴风中挣扎。上千种震耳欲聋的混乱声一同响彻天空，马的嘶叫声，烟囱的倒塌声，大树被连根拔起的喀嚓声，风的呼啸声，火星像闪电一样迅速地从房屋间飞驰而过的噼啪声，所有的声音都能听到，除了人的声音。[2]

---

[1] 伊莱亚斯·科尔伯特、艾弗特·钱伯林，《芝加哥与大火》（Elias Colbert and Evertt Chamberlin, *Chicago and the Great Conflagration*. Cincinnati: C. F. Vent, 1872）。

[2] 同上。

并不是只有佩什蒂戈的居民向河边冲，从各个偏僻地区来的数百人也都往河边冲过来，他们认为这是唯一的生存机会。其中有一个人叫简·菲利普斯，她后来对这次疯狂大逃亡作了最生动的描写：

> 马鬃和尾巴吹到了右边，都烧着了。大货车都跑到路上了，哪儿都有，几乎过不去了。有些车严重毁坏，人们开始徒步往前跑……小溪，木桥在燃烧。人们把自己埋在河床的泥里。风要把我们的小推车给掀翻了。经过一辆婴儿车，翻倒在地，女人和孩子们在跑……路边有口大井，男人把女人和孩子们推了下去。队伍，奶牛，人们朝河边跑。下山。罗斯，抓住孩子们！猪群在路上！猪群在路上！马和牛挤进了河岸的树林里。桥在着火。风，人，马，尖叫……我的衬衣着火了，把它撕下来。我跳出去，转身去接罗斯和年龄小的孩子们下水。手推车……是空的。车子里什么也没了……是空的。[1]

绝对不是只有菲利普斯经历了这样的悲剧。后来一个男人也曾讲述过这样的真实故事，他带着妻子往河边的安全地带跑，这时，他被什么障碍物绊倒了，松开了妻子。他挣扎着站起来，疯狂地四处寻找，最终还是找到了她。他拉着妻子朝河边奔去，却发现他拉着的根本不是他妻子，而是一个陌生人。他再也没有见到过他的妻子。

只在几分钟之间，佩什蒂戈已被脱了缰的灾难包围着。《格林湾宣言报》出版人兼编辑弗兰克·蒂尔顿后来在报道中说：“几十人根本没能到达河边。他们被浓烟或毒气或者二者一起呛得窒息了，他们倒下了。他们烧焦的皱缩的身体躺在

[1] 爱丽丝·贝伦德，《燃烧的灌木》（Alice Behrend, *Burning Bush*. Peshtigo, Wis.: Peshtigo Times, 2002）。

街道上，第二天早上，呈现出的场景极其恐怖可怕……有些人就在离河几英尺的地方给烧死了，有些人在自己的房子里，有些人在森林里，有些人是在路上设法逃生时。”[1]

珀宁神父确实成功到达了河上的桥边，但是迎接他的是他从来都无法想象的景象和声音。

> 桥结结实实地被牛、车、妇女、孩子、男人给堵住了。他们都在互相推搡挤压，想找一个出路脱身……我于是被迫在河的左岸向上游走去，大坝往上，水渐渐地很深了。我和桥隔开了一段距离，我在片刻之间想到了桥会塌。之后我把自己尽可能地全泡在水里。我只能这么做了……河的两岸，我视线能及的地方都满是人站在那儿，一动不动如同雕像，有些人瞪着眼仰望天空，舌头都伸出来了。大部分人好像根本不知道用什么办法来得到安全，正如后来他们向我承认的那样，他们在想象世界末日来到了，他们没有别的办法，只有静静地屈从于命运的安排……我把一些人推进水里站在我的两边。其中一个又跳了回去，嘟哝着：“我给弄湿了。”但是浸在水里比熔在火里要好。我再一次抓住了他，把他拖过来和我一起尽量地浸在水里。就在同时，我听到沿着河边有落水的声音。所有人都学着我的样子下水。这个时候，热度上升加剧时，空气已不适合呼吸。再有几分钟，没有什么生物可以抵挡得住火一样的空气。[2]

他们希望佩什蒂戈的水能拯救自己，但是，很有可能河里的状况比他们所经

[1] 富兰克林·蒂尔顿，《佩什蒂戈大火速写以及目击实事》(Franklin Tilton, *Sketch of the Great Fires in Wisconsin at Peshtigo... and Thrilling and Truthful Tales by Eye Witnesses*. Green Bay, Wis.: Robinson and Kustermann, 1871)。

[2] 彼得·珀宁，《佩什蒂戈大火：目击陈述》。

历的大多数状况更具毁灭性。这条河是人性挣扎的一片汪洋，满是男人、女人和孩子，他们都在孤注一掷要保住性命。一直以来，佩什蒂戈总是满布着原木，等着漂向锯木厂。由于高热和火焰，原木被点着了，于是变成了燃烧着的导弹，冲向了被吓坏了的人群。河上的桥也成了致命的武器。数百人试图从城镇西边过桥逃离，撞上了试图从对面方向过桥的人群，桥不堪重负，垮塌了，把所有人扔进了水里。

男人、女人和孩子站在冰冷的河水里抱着原木，有时原木还在着火。他们挣扎着呼吸，他们的眼睛被浓烟呛得看不见了。为了避免在水里烧着，他们用毯子盖住头，时不时湿湿毯子，或者湿湿头。龙卷风的呼啸，大火的咆哮，夹杂着受难者的痛苦尖叫和那些失去亲友的人们的呻吟和哀叹。牛也奔进水里，慌乱地四处游，有时弄翻了原木，把抓着原木的那些可怜的人送进了水下坟墓。[1]

菲利普斯记录了自己的回忆：

所有的东西都漂着冲向我们，牛、灌满水的羊、死鱼……闪闪的火光从水上飞过。每件东西都得躲闪，否则就会在水上烧着……一只牛游过，一个女人拉着牛已被烧掉了的尾巴根。我抓住了她，把她拖到河岸的避风处。女人在生产……孩子生在水里，一眼都没见着。老人抗不住在这可怕的炉膛一样的高温中呼吸，已奄奄一息。老妇人没被烧着，但是死了，朝我们撞过来，没办法只得把她推开。[2]

---

[1] 彼得·珀宁，《佩什蒂戈大火：目击陈述》。
[2] 爱丽丝·贝伦德，《燃烧的灌木》。

让人惊奇的是，在这一恐怖事件当中，还会发生被有些幸存者描述为“奇迹般的事情”。珀宁神父描述道：“离我不远处，一只奶牛在行进过程中推翻了一个女人抓着的原木，她消失在了水中。我想她再也回不来了；但是很快看到她又出现了，一只手抓着奶牛的角，另一只手往自己头上泼水……让这个妇女灭亡的威胁却成了拯救她的工具。”

让人伤心的是，这种“奇迹般的事情”太少。珀宁神父还记录说：“我进入河里的那个时刻，另一位妇女到达了河岸，她吓坏了，几乎喘不上气来，也拉着一个孩子，胸前好像抱着另一个，孩子凌乱地包在一卷亚麻布中，很显然是匆忙抓起来的。哦，太可怕了！当打开包裹去看孩子的脸时，孩子竟然不在里面。”

珀宁神父和其他人非常幸运，在河里待了5个半小时，幸存了下来。火灾风暴减弱了，他们感觉可以安全地从水里出来了。从河里出来后，年轻人弗雷德·谢泼德看到了他后半生永远不会忘记的一幕场景：

> 我站在河岸突起的岩石上朝北仰望着街道。我看到男女老幼一大群人沿着马路朝我们走来，天空映衬出他们的轮廓。他们朝我们这儿行进着〔挤在一堆燃烧着的煤前试图让自己暖和一下〕。他们是抓着大坝上面深水里的水栅和原木度过那个夜晚的。他们就是村子里全部活下来的人。有些穿着讲究，有些一般，有些只穿着睡衣。所有人都聚成一个圈围在那堆燃烧的煤周围。他们脸上带着忧伤和痛苦。他们在互相打听：“看见我的威利，我的玛丽了吗？看见我的妻子，我的丈夫了吗？”这一场景太凄惨了，甚至连我这样8岁的孩子都再也忍受不了，躲得远远的。[1]

[1] 《回忆佩什蒂戈大火》，载《佩什蒂戈时报》，1998年10月7日。

最可怕的一个故事是关于教堂建筑工人 C.W. 陶斯利和他的家人的。他们发现被困在了自己的房子里，周围都是火墙，无法逃生。珀宁神父记录了陶斯利在看到被火焰包围之后，是如何杀了自己的妻子和一个孩子，然后又猛地抓起厨刀割了另外两个孩子的喉咙，最后了结了自己的生命的。

渐渐地，那些挺过河里几小时最终活下来的人们又听到了城镇中未能到达河边的人的其他一些故事。[1] 一个年轻的女孩讲述说："我父亲在邦迪河的泥里救起了已经成了孤儿的几个孩子。但是我们的邻居死在了地窖里。"[2] 一个年轻人说："我大哥把我们这几个孩子带到了河边，但是我母亲怀里抱着孩子落在了后面。我们在马铃薯田里找到了他们。"还有一个故事是关于威廉·柯蒂斯的。大火包围他家时，他像其他很多人一样，想在井里寻找避难所。但是由于干旱得太久，水根本不够，无法没过他。大火烧进井里时，柯蒂斯把水桶链套在自己的脖子上，上吊了。

一个极其悲惨的故事是后来弗兰克·蒂尔顿在《格林湾宣言报》上讲述的。

> 宿舍似乎被一个奇怪的幻想控制，那就是，那座房子会得救。于是很多人在那儿避难。在马路对面是消防站，消防车开走了，消防水管被拉出来横在了马路上，水喷到了宿舍房子上。聚在宿舍房里的人数有不同的估计，基本上是 30 到 75 个人不等。大火来袭时，房子的前部立刻着起了火。事实上房子完全被火舌所包围。
>
> 倒霉的室友们在外面的自然之火和里面的地狱之火之间作了选择。他们选择哪个并不重要，因为几乎没人能穿过那条街道到达河边。在建筑物的废墟中，是一堆无法辨认的……骨头和烧焦了的肉体，没有丝毫

[1] 丹尼斯·格斯和威廉·卢茨，《佩什蒂戈火灾风暴：美国历史上的一个城镇、镇上人和致命大火》。

[2] 爱丽丝·贝伦德，《燃烧的灌木》。

线索可以辨认性别和人数，这就是所有留下来的。[1]

蒂尔顿被宿舍里发生的这一切惊呆了，但是在大火最终消退后，他在佩什蒂戈的街道上走过时，那一切让他更加悲痛。

这儿躺着一群人，有父亲、母亲和孩子，他们的衣服都没了，他们的身体都皱缩成了原来身长的三分之二……坦纳先生的孩子被发现时是跪着的姿势，好像在祈祷，他的头垂在两只手上，他的身体完全被烤焦了；还有一群群人躺在村子的各处，有些尸体的四肢都烧掉了，所有人都是身上没有衣物遮掩，而且所有人都是脸朝下趴在地上，只有一个例外……我们留给读者去想象，你是否能够想象他们的悲痛？那天早上，父母辨认出了自己挚爱的孩子的尸体；丈夫认出了自己的爱妻，已经烧黑了，惨不忍睹；那些痛苦中夹杂着渺茫希望的人，他们爱着的亲友仍然下落不明。[2]

幸存者们不顾一切地搜寻着失踪的亲人，这一切让人伤心不已。珀宁神父回忆说："走在废墟间，我碰到了几个人，便跟其中几个聊了起来。其中之一是孤苦凄凉的父亲在寻找下落不明的孩子们，一直还一无所获。他带着一种无以言表的痛苦神情对我说：'我至少能找到他们的尸骨也行，可是这风把火烧过的东西都席卷一空了。'"[3]

和弗兰克·蒂尔顿一样，《马里内特和佩什蒂戈鹰报》的所有者及编辑卢

---

[1] 富兰克林·蒂尔顿，《佩什蒂戈大火速写以及目击实事》。
[2] 同上。
[3] 彼得·珀宁，《佩什蒂戈大火：目击陈述》。

THE MILWAUKEE NEWS.

The Daily Milwaukee News.

MILWAUKEE NEWS CO. MILWAUKEE, SATURDAY, OCTOBER 14, 1871. VOL. XXIV.—NO. 247.

CHICAGO!

THE DEAD AND MISSING.

Men Killed by Falling Walls.

Suffocated in Privy Vaults.

Story of the Man on Whose Lot the Fire Was Kindled.

1,000 DEAD.

3000 Homeless, Half Clad, Starving People.

The Track of the Destroying Angel.

WISCONSIN'S GREAT CALAMITY.

The Dead are Everywhere.

HOLLAND.

A Michigan City in Ashes.

SHERMAN & CO.

SATURDAY'S SALE!

Free Lunch

OLIVER TWIST

❖ 1871 年 10 月 14 日当地一份报纸头版。芝加哥大火盖过了佩什蒂戈的报道。

瑟·诺伊斯大火一消退就赶去了佩什蒂戈。[1]像蒂尔顿一样，他也是对自己看到的这一切没有任何准备。巨石裂成两半。消防站的 700 磅重的大钟最后只剩下一堆融化了的金属。让人惊讶的还有诺伊斯听到的一个个故事，其中一个特别让人匪夷所思。目击者们讲述说，在大火烧得最凶的时候，几个佩什蒂戈居民已经安全逃离了火海，却突然自己猛地燃烧了起来。

诺伊斯还听说了镇上的一些居民英勇救援家人和邻居的故事，可这些努力大多都没有什么结果。但是珀宁神父给我们讲了另外一类故事：

[1] 丹尼斯·格斯和威廉·卢茨，《佩什蒂戈火灾风暴：美国历史上的一个城镇、镇上人和致命大火》。

唉！我必须记录下一件事，这件事在那个让人悲哀的场景中永远都不应该发生！……有一个人被可悲的贪婪魔鬼控制，开始抢劫死者尸体上没有被大火烧毁的东西。于是大家成立了评判委员会，投票表决如何处罚他。大家一致宣判将他就地处以绞刑。但是上哪儿找绳子呢？大火没有留下任何东西。有人建议拿以前用来拉原木的铁链代替。于是拿来了一根铁链绕在了犯人的脖子上。在当时的状况下行刑很困难；由于准备工作在慢吞吞地进行，这个痛苦的犯人大声地恳求宽恕。周围让人悲痛的场景激起了法官们的怜悯，他们的心最终软了下来，在让他跪下来为他所犯的该遭天谴的盗窃罪恳求宽恕之后，法官们把他给放了。有可能他们只是想吓唬吓唬他而已。[1]

这次火灾被称为佩什蒂戈大火，因为在这个噩运缠身的村子和紧邻周围的农业区，各个产业和人口都集中在此，这儿也是死亡人数最多的地方。但是大火的破坏范围远不止佩什蒂戈。在最后的几处大火被扑灭之后，2400 平方英里（150 万公顷）的土地被严重破坏。众多的聚居区和偏远的农庄被毁掉，佩什蒂戈之外有数百人丢掉了性命。

关于佩什蒂戈以外的灾难最早的报道来自弗兰克·蒂尔顿：“天亮之后，一些人从糖枫林农业聚居区跌跌撞撞地涌了进来……他们讲述说几平方英里繁盛的农业聚居区已经完全成了无人区；房屋和谷仓都被横扫一空，几十上百的尸体躺在马路上和田野里……在糖枫林三个聚居区的大片面积上，只有 8 座房子还立着，

[1] 彼得·珀宁，《佩什蒂戈大火：目击陈述》。

死亡人数之多让人极度震惊。”[1]

正如1871年10月10日的《州报号外》中描述的，在偏僻的聚居区中，损失最严重的要数布鲁塞尔。这一报纸报道说：“狂怒的大火用让人恐惧的暴力，毁掉了大约180座房屋，使得一个广阔繁盛的聚居区所剩无几，只留下5座房子……周一早上，200人就以4块面包做早餐。他们心灰意冷，无家可归，在自己的田地上露营，由于遭受了巨大的损失，他们都呆呆地哑然无语。”

当偏僻区域的报道传过来时，可以听到和佩什蒂戈一样让人惊惧的故事。其中一个是卡尔·兰普一家的故事。兰普和他的妻子是德国移民，他们在下糖枫林区开辟出了农田，艰苦劳动建起了农庄。大火逼近时，兰普把他的那群马套上车，让妻子和5个孩子坐到里面，赶着车向佩什蒂戈跑去。一度他听到家人尖叫了起来，因为他们的衣服都着了火；然而兰普知道大火在后面紧追不放，他不能停车。他们到达了主干道，这时，突然一匹马倒下了。兰普离开座位试图帮着那匹马站起来，但没成功。于是他回头跟自己的妻子说话，却发现在他帮马的这小会儿时间里，他的妻子和5个孩子被大火围困，已经都被烧死了。

这些故事中，也有给人启发和灵感的。记者兼作家伊莱亚斯·科尔伯特后来描述了上林区郊外的一座房子是如何躲过地狱之火得到拯救的。科尔伯特写道：“在整个上林区郊区只剩一座房子，那就是普莱斯‘老人’的家。很多年以前，这个人在这儿定居下来，之后很快就跟一个印第安女子结了婚，生了很多孩子。他总是忙于跟印第安人做生意。印第安人把他的房子作为他们的总部。大火来袭时，20个印第安人用他们的毯子盖住了房子，不断地加水浸湿毯子，这样救下了这座房子。一个大个子在水泵边站了9个小时，他所表现出的耐力是几乎任何白人都没有的。”[2]

---

[1] 富兰克林·蒂尔顿，《佩什蒂戈大火速写以及目击实事》。
[2] 伊莱亚斯·科尔伯特和艾弗特·钱伯林，《芝加哥与大火》。

还有一个最流行的故事在整个地区流传，从佩什蒂戈传到格林湾甚至更远。这一故事后来被认为是整个灾难中最奇异的现象。最经典的陈述来自下糖枫林居民阿尔弗雷德·格里芬。格里芬讲述说："我听到龙卷风逼近的咆哮声后，就跑出了房子，看到一个巨大的黑黑的像气球一样的东西在远处树丛的上空旋转着，朝我的房子方向过来了。这个东西到了我的房子时，好像是爆炸了，发出了巨大的声音，向四面八方喷出了火，马上，我的房子就全部着了起来。"[1]

在威斯康星大火后接下来的几天，报纸头条都在极力渲染芝加哥事件的新闻。在小小的偏远的佩什蒂戈发生的一切，新闻并未给予过多的关注，而这个悲剧在程度和死亡人数上都更触目惊心得多。幸运的是，10月9日发自佩什蒂戈的一封电报上写着："我们都给烧光了，速来支援。"这封电报确实送到了威斯康星州州长卢修斯·费尔柴尔德的办公室。一个真正的女英雄出现了。电报到达时，州长正在芝加哥，正努力给那个城市施以援助。工作人员收到电报后不知该怎么办了，就把电报送到了州长家，给了费尔柴尔德夫人。

州长夫人弗朗西丝·费尔柴尔德当时只有24岁，但是读过电报后，她立即赶到州议会大厦。[2]她的女儿后来说，一到那儿，她就控制了局面，掌管了所有的人，大家都听她的。对于在伐木区所发生的这一切先期报告，费尔柴尔德非常震惊，她把火车掉转车头，把准备运往芝加哥的救援物资转而派往佩什蒂戈。然后她给美国每一个大城市发电报，恳求他们支援受灾地区。

各地反应强烈。从全国各地，甚至还从其他一些国家，救助资金和物资涌入佩什蒂戈。一座新的村子开始建设了，其中大部分是因为一个人的贡献和努力，他就是威廉·B. 奥格登。

奥格登在芝加哥大火中已经损失了100多万美元的财产，他于10月底到达

[1] 富兰克林·蒂尔顿，《佩什蒂戈大火速写以及目击实事》。
[2] 丹尼斯·格斯和威廉·卢茨，《佩什蒂戈火灾风暴：美国历史上的一个城镇、镇上人和致命大火》。

佩什蒂戈后马上宣布："我们将重建这个村庄，建工厂，建车间，这个冬天要做比以前更大的伐木业务。"[1] 奥格登说这话是认真的，他没白没黑地起草计划，雇用工人，亲自带领大家进行重建。大火毁掉了奥格登最喜欢的项目——联结佩什蒂戈和偏远地区的铁路建设。他又重新投入更多的精力恢复建设，他主动拿出7.5万美元，如果能在1871年底建成到梅诺米尼的铁路，他就把这笔钱作为奖金，发给铁路建设工人们。受到奥格登的激励，铁路于12月22日铺到了马里内特，于1871年12月27日到达了梅诺米尼。

1872年2月24日，在对奥格登成就的赞扬词中，《鹰报》大声宣告："自从大灾难以来，〔奥格登〕的行为对于佩什蒂戈和她的人民来说是真正有益的，这些比来自富有同情心和高尚心灵的公众的大量慷慨的救援物资都更有益处。"[2] 然而对于佩什蒂戈居民来说，他们对一件事很是失望。

他们满心期待奥格登会重建他的木制品厂，这是佩什蒂戈经济活动的核心。但是他越来越感兴趣的是加速发展铁路盈利和扩大他在佩什蒂戈锯木厂的经营项目，因为这利润更大，即使在大火之前也是这样。木制品厂不会再重建。佩什蒂戈已经有了很显著的复苏，但是没有木制品厂及其联盟经营项目，它再也不会重获那种不同于其他许多城镇的活力。

然而，能把佩什蒂戈区别开的总是那种不幸的区别，佩什蒂戈曾是美国最致命大火的中心，这场大火夺去的生命比之后的两次恶性火灾的总和都多。几个资料来源都估算说，佩什蒂戈及周边地区死亡人数1200人。这个数目太低了，很

[1] 丹尼斯·格斯和威廉·卢茨，《佩什蒂戈火灾风暴：美国历史上的一个城镇、镇上人和致命大火》。
[2] 同上。

FRANK LESLIE'S ILLUSTRATED NEWSPAPER

No. 839—Vol. XXXIII.] NEW YORK, OCTOBER 28, 1871. [Price, 10 Cents.

THE GREAT FIRE AT CHICAGO—SCENE IN WELLS STREET—THE TERRIFIED POPULACE IN FRONT OF THE BRIGGS HOUSE, WHICH HAS JUST CAUGHT FIRE.

❖ 芝加哥大火在 10 月底仍然是新闻头条，正如 1871 年 10 月 28 日的《弗兰克·莱斯利画报》头版所显示的一样。

有可能比整个人数的一半都低。正如珀宁神父所记录的：

> 真正死亡人数永远也无法知道，整个农庄及其建筑物都被拆除了，没有留下一点痕迹。没有人知道有多少流动工人死于佩什蒂戈公司的宿舍房；或者死在那两个教堂，当时很多人因为惊恐逃进了教堂；或者死在了周围森林深处偏僻的伐木营地里。人就那么变成了一堆堆的灰烬或煅烧过的骨头，只能通过经历了那一难以置信的高热度后仍然留存下来的一些熟悉的物品进行辨认，如腰带扣环、戒指、披肩上的别针或是其他一些物品。[1]

而能确切知道的是，大火之后很多年，在火灾风暴中死亡的人的遗物和遗骨仍然能在森林中和佩什蒂戈当地找到。[2] 而且还有另外一种伤亡。在呈交给威斯康星州立法局的报告中，佩什蒂戈救援委员会主席 A. J. 兰沃西上尉表明观点说："很多人从大火中逃生……但是由于恐惧瘫痪了，这些后果很可能是永远无法修复的。"让人悲哀的是，他的预言应验了。仅仅在马里内特，就有一座楼里住着65 个在大火中受到身体和精神伤害的孤儿。

佩什蒂戈大火不仅是灾难性的，而且无法避免。野外火灾专家斯蒂芬·J. 佩恩解释说："一次干旱，延续了太长时间；一个乡村农业，是基于燃烧和能向四处蹦出火花的铁路；一片土地，布满了伐木痕迹和残渣；一座城镇，主要是建立在森林材料之上；再加上干冷气团锋面的经过，起到了催化作用。所有这一切引发

---

[1] 彼得·珀宁，《佩什蒂戈大火：目击陈述》。

[2] 丹尼斯·格斯和威廉·卢浓，《佩什蒂戈火灾风暴：美国历史上的一个城镇、镇上人和致命大火》。

❖ 佩什蒂戈大火公墓纪念碑

了火灾的爆发，让火焰吞噬了那些木制的村庄。”[1]

这些确实都发生了。让人意想不到的是，那场“意义深远的”大火与美国最大的一个城市的火灾发生在同一时间，芝加哥火灾占据了新闻的头版头条，从而使这场美国最大的火灾在很大程度上被遗忘了。

---

[1] 斯蒂芬·J. 佩恩《佩什蒂戈大火：目击陈述》的再版前言（Stephen J. Payne's foreword to the reprint edition of Peter Perrin, *The Great Peshtigo Fire: An Eyewitness Account.* Madison: Wisconsin Historical Society Press, 1999）。

Gustav Weisskopf

古斯塔夫·怀特黑德

飞行第一人？（1901 年）

10 >>>

❖ 古斯塔夫·阿尔宾·魏斯科普夫早期照片，他在美国把自己的名字改为古斯塔夫·怀特黑德。（版权归威廉·J.奥德怀尔和航空历史研究基金会的古斯塔夫·魏斯科普夫所有）

几乎每个小学生都知道这个故事。1903 年 12 月 17 日，来自俄亥俄州的两位自行车制造商维尔伯和奥维尔·莱特进行了世界上首次成功操控、动力驱动、持久悬于空中的载人飞行，赢得了不朽的声名。然而被历史遗忘的是，这一历史性突破很可能在两年四个月零三天之前已经被一个名叫古斯塔夫·怀特黑德的德国移民实现了。有很多证据可以证明这一说法。

古斯塔夫 1874 年 1 月 1 日出生在德国洛伊特斯豪森，受洗时的名字叫古斯塔夫·阿尔宾·魏斯科普夫。那个时代，飞行先锋们沉迷于用风筝、滑翔机作实验，决心努力解开空气动力学的秘密，这些实验将最终成就载人动力飞行。古斯塔夫小时候就对鸟儿如何飞行非常痴迷，会花许多时间实验纸风筝。无忧无虑的家庭生活到 1886 年戛然而止，他成了孤儿。

他 12 岁时只身去了汉堡，在那儿，他被带到船上成为客舱服务员。1889 年他移民到巴西，之后在海上待了 4 年，这段时间给他机会研究海洋和陆地上各种鸟类的飞行。他还 4 次从海难中幸免，最后一次是在 1894 年，这次海难把他带到了佛罗里达海岸的岸边。

魏斯科普夫（此时他已经改名为怀特黑德）一路北行，只要是能做的工作他都去做，最后于 1897 年在波士顿停了下来。他在波士顿航空学会找到了一份工作。他为这个学会制造了几架滑翔机。他旅程的下一站是纽约城，在那儿他遇到了自己未来的妻子，之后他去了布法罗，两人在那儿结了婚（在结婚证书上，怀特黑德登记的职业是“热气球驾驶员”）。从布法罗，这对闲不住的夫妇又搬到了巴尔的摩。根据 1988 年 1 月版的《航空爱好者》杂志，在巴尔的摩，“毫无疑问，魏斯科普夫不仅在实验设计飞行器，还在实验发动机”。1899 年，夫妻俩再一次搬家，这次到了匹斯堡。正是在这儿，怀特黑德开始致力于实现动力飞行。

怀特黑德到达匹斯堡时，资金严重短缺。他被迫在煤矿找了份工作，但是在新结识的朋友，铁匠路易斯·达瓦瑞克的帮助下，他把每一点空余时间都倾注在

❖ 路易莎·图巴，德国—匈牙利人，居住于布法罗，1897年与古斯塔夫·怀特黑德结婚。（版权归威廉·J.奥德怀尔和航空历史研究基金会的古斯塔夫·魏斯科普夫所有）

建造蒸汽发动机驱动的双人飞行器上。

1934年7月19日，由达瓦瑞克签字的书面证词告诉我们，航空史上发生了一件引人注目的大事件。

> 大约在1899年4月或5月，我到了现场，和怀特黑德先生一起飞。他成功地飞起了那架飞机。飞机是用蒸汽发动机驱动的，大约飞行了半英里的距离，从地面飞到了20到25英尺的高度。这次飞行是在匹斯堡进行的，怀特黑德先生使用的是单翼飞机。我们没能飞得更高，没有躲开我们飞行路上的一座3层楼高的建筑物。飞机掉下来的时候，我被蒸汽严重烫伤，因为我一直在给锅炉加燃料。我被迫在医院住了几个星期，我可以清楚地回忆起这次飞行。怀特黑德先生没有被烫伤，因为他一直

坐在前面驾驶着飞机。[1]

和达瓦瑞克一起证明的还有匹斯堡消防员马丁·德文斯，他被叫到了坠机事故的现场，他的证言是起过誓的。德文斯证实说："我相信我是在那个飞行器撞上了一座砖制建筑物之后马上就赶到了现场，那个建筑物是奥尼尔地产新建的一幢公寓楼。我记得有人受伤了，被送到了医院。我能从给我的照片上辨认出发明者古斯塔夫·怀特黑德。"[2]

如果达瓦瑞克说的是真的，那么这次1899年的飞行完全可以被认为是具有历史意义的。但是我们无法正式宣布这是第一次载人动力飞行，因为没有证据显示怀特黑德作了任何记录，也没有测量数据——速度、高度、飞行的确切距离，也无法评定它为可操控飞行，因为他最终撞机了。达瓦瑞克的证词是能找到的关于这次飞行的唯一目击证明。但是，这次飞行仍然可以说是一次史无前例的成功，是怀特黑德1900年搬到康涅狄格州布里奇波特之后取得更重大成就的前奏。

尽管怀特黑德1899年飞行的证据也许很有限，但是他的声名愈来愈响，这如果不是因为飞行的新闻，那一定就是因为他是飞机和引擎的制造者。他的声名已先于他到达了布里奇波特。他到达之后不久，一个陌生人找到他，给他300美元用来建一个小型工作坊，他可以在那儿继续进行他的航空实验，尤其是可以开发引擎。工作坊一建起来，怀特黑德就着手修理和改装那台在1899年飞行中损坏了的蒸汽发动机。

时至1901年春，怀特黑德已经不仅是在修理和开发引擎了，他在一个名叫安东·普鲁克纳的年轻机械师的帮助下，开始制造新型的飞行器，他把这一飞行

---

[1] G. K. 维森伯恩，《怀特黑德飞上天了吗？》，载《航空爱好者》（G. K. Weissenborn, "Did Whitehead Fly?" *Air Enthusiast*, January 1988）。

[2] 同上。

❖ 怀特黑德的助手安东·普鲁克纳。（版权归威廉·J.奥德怀尔和航空历史研究基金会的古斯塔夫·魏斯科普夫所有）

器命名为“21号飞机”。

到了6月份，“21号飞机”不仅已经完工，还引来了布里奇波特内外的注意。1901年6月8日，对于所有关注航空发展的人来说，《科学美国人》的一篇文章确定无疑引发了他们的兴趣。这篇文章报道说：

> 一架新颖的飞行器已由康涅狄格州布里奇波特的古斯塔夫·怀特黑德先生完成，准备进行试航。之前已经进行了几次实验，但还未进行自由飞行。这架飞机是依据鸟或蝙蝠的原理制造的，机长16英尺，最大宽度2.5英尺，高3英尺。机身由木制骨架牢牢撑起轮廓，钢丝撑拉，上面覆有帆布，密实地铺展在框架上。4个轮子，每个直径1英尺，飞机在地面上时起支撑作用。前部的轮子与一个10马力的发动机相连接，用以在地

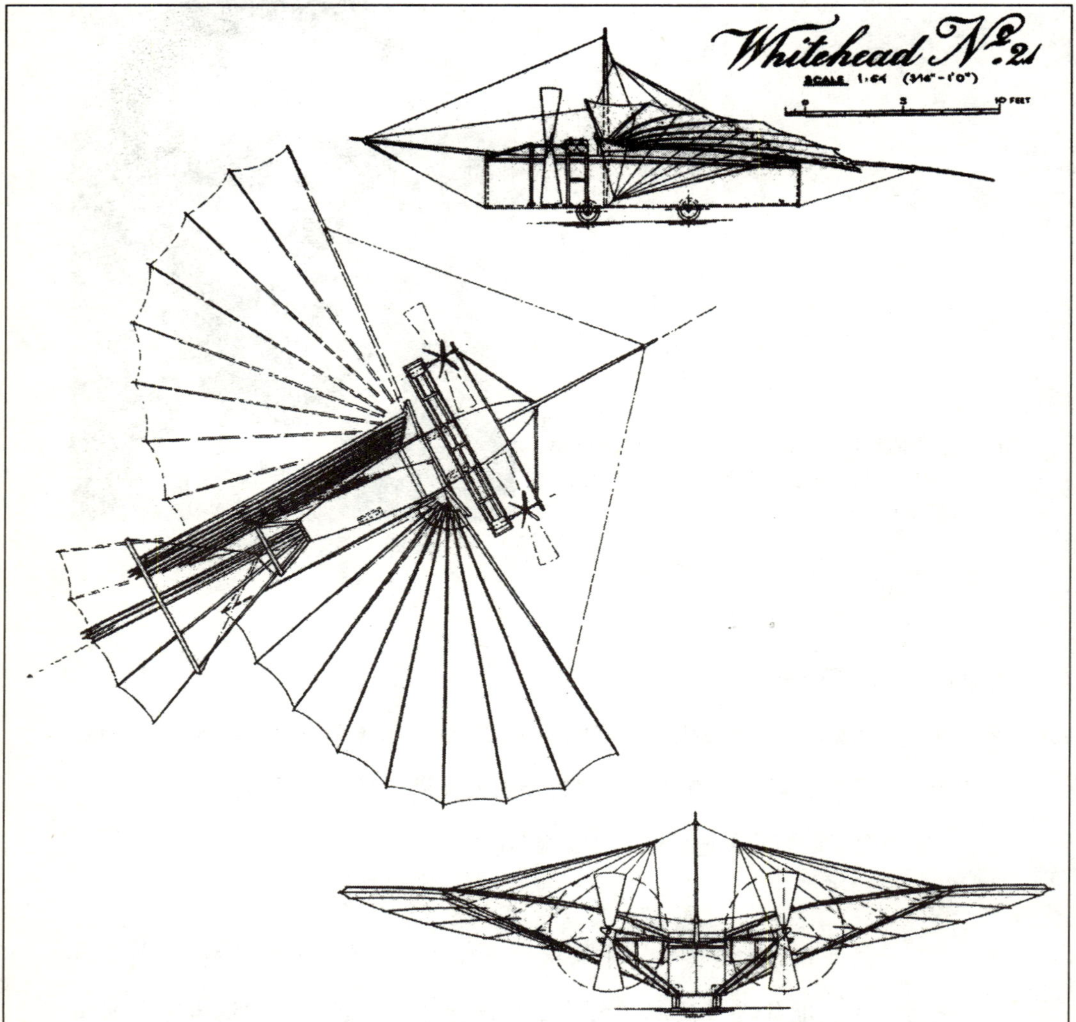

❖ 1901 年怀特黑德的“21 号飞机”三维视图画面。(版权归威廉·J. 奥德怀尔和航空历史研究基金会的古斯塔夫·魏斯科普夫所有)

> 面上加速。后轮安装得像小脚轮，可以由驾驶员操控。在机身两边是很大的滑翔翼，上面覆盖有丝绸，下面是帆布，这一设计让飞机看上去像飞翔的鸟。机翼骨架是竹竿做的，由多条钢丝拉着，钢丝可以折卷起来。10英尺长的舵像鸟的尾巴，也可以折起来，可以上下运动，以此在水平路线上操纵飞机。桅杆和斜桁是用来协调各部件之间关系的。[1]

1901年6、7、8这三个月，怀特黑德在几个邻家男孩的帮助下把“21号飞机”拖到康涅狄格州费尔菲尔德附近的一片田野上。飞机的轮子、引擎、机翼和螺旋桨在那儿进行了测试。8月14日，他准备对飞机作最重要的测试。那一天所发生的一切都由《布里奇波特先驱报》记者理查德·豪厄尔进行了现场观察。他用一篇篇幅很长、非常翔实的文章记录了所有事件，发表在4天后的《先驱报》上。

根据豪厄尔的报道，怀特黑德在天亮前就开始了他具有重大意义的一天。他在“21号飞机”上放了两个沙袋作为压舱物，每个沙袋重110磅。然后，他开启操纵杆，这样飞机可以在动力自动关闭之前在空中作一次无人驾驶运行，然后再滑翔着陆。如果这次最终测试成功的话，怀特黑德准备自己试飞。豪厄尔报道了这次让人瞩目的事件：

> 动力关闭后，这架空中飞船轻轻地停在了地面上，机体没有丝毫开线或断裂……一大清早，牛奶工人在路上停了下来，看看这里在干什么。白色机翼拍打起来检查是否一切正常时，牛奶工人的马几乎要跑掉了。
>
> 表在滴答滴答，气氛随之越来越紧张。没有人比怀特黑德更紧张……他让他的两个助手到飞机后面抓住绳子，不要让飞机移动。之后

[1] 《科学美国人》（*Scientific American*, June 8, 1901）。

他在这只大鸟中就位。

他打开了地面螺旋桨的风门，以非常快的速度在草地上疾驰。“我要打开机翼啦！”他大声喊道，“现在抓紧它！”两个助理使劲抓着，但是这架飞机就像一只风筝一样嗖地冲向了天空。这是让人无比激动的时刻。

“我们拉不住它了！”其中一个拉绳子的人尖叫着。“那么放开吧！”怀特黑德大声喊着回答道。他们放开了手。这架飞机便像一只从笼子里放出来的鸟儿一样，飞奔上了天。怀特黑德很激动，他的手从飞机的一侧向另一侧来回挥舞。记者和两位助手静静地站了一会儿，惊讶地看着飞机。然后他们尾随着飞机冲下了斜坡。现在飞机在地面以上50英尺的高度飞行，发出了很大的噪音，很像升降机下到井里时“轧，轧，轧”的声音。

怀特黑德现在能镇静一些了，似乎是在享受创新的快乐。他被飞机带着向一个高高的土丘上的栗树丛飞去。他现在是在空中40英尺高的地方，如果树丛不是在一片很高的山脊上的话，40英尺的高度应该是足够躲开那片树丛的。他看到了前方的危险，在离树丛200码之内尝试着进行了几次操作，想把飞机转向旁边，但是飞机始终保持在航线上，朝着树丛就去了。撞上树就意味着飞机坠毁，而这个勇敢的驾驶员很可能摔死或者摔断骨头。

这时，怀特黑德显示了他是如何使用常识原则的，他已经留意鸟儿使用数千次了……他就是简单地把重量作了变动，使得一边的重量大于另一边。这就让飞机倾向了一边，一扭鼻子，在离树丛50码的地方，飞开了，像海中的游艇一样划了一个漂亮的弧线，避开了障碍。这种操控飞机的方式给了怀特黑德以信心，因为现在可以看到他在欣赏他周围的景色，他往回望着，挥着手大声喊着：“我终于成功啦。”

他在空中驰骋飞行了整整半英里，前方田野马上就到头了，驾驶员关掉了动力，开始下降。他看上去很担心关掉动力后飞机可能会向前倾或向后倾，但是这只大鸟没有任何倾斜的迹象。飞机在螺旋桨关掉之后两分钟之内从50英尺高度落到了地面上，轻轻地，4只轮着地落了下来，至少怀特黑德根本没有震感。[1]

两天之后，这篇文章在《布里奇波特先驱报》上发表了，另外还有两条新闻分别出现在了《纽约先驱报》和《波士顿记录报》上，都是简讯，内容也几乎完全相同。这些文章说："怀特黑德先生上周二晚上与两名助手一起把他的飞机带到了费尔菲尔德附近的一片狭长的田野里。这位发明家第一次在他的飞机里飞行了半英里。一切进行得非常完美，驾驶员操作没有任何困难。怀特黑德先生的飞机装备有两个引擎，一个安装在轮子上，进行地面驱动，另一个驱动机翼或螺旋桨。"[2]

据现在所知，古斯塔夫·怀特黑德1899年的飞行没有任何报纸进行过报道。但是这一次有三家报纸作了报道，其中包括一家全国最有威望的报纸《纽约先驱报》。与1899年的飞行不同，怀特黑德自己的反应也直接在《布里奇波特先驱报》的文章中作了记录。

飞行的感觉太有趣了。飞机离开地面开始飞行，那种感觉太奇怪了，我从没有过那样的感觉。我只听到发动机的隆隆声和巨大的机翼拍打的声音。在飞行的最初2分钟内我什么也没看到，因为我所经历的那种感觉太让人兴奋了。飞机升到大约40或50英尺的高度时，我开始想到底

[1] 《布里奇波特先驱报》（*Bridgeport Herald*, August 18, 1901）。
[2] 《纽约先驱报》（*New York Herald*, August 19, 1901）；《波士顿记录报》（*Boston Transcript*, August 19, 1901）。

> 能飞多高。但是就在那时，我观察到它正在随意地遨游，不再升高。我感觉更放松了，因为我仍然不确定，接下来等着我的会是什么。我现在开始感觉我很安全，所有必须要做的事情就是保持理智，不要让这架飞机出任何差错。在那10分钟里，我坐在这个我自己创造出来的东西里，飞到了我的同伴仰望的天空中，那种自由的心情我从来都没有过。这是很甜蜜的经历，让我感觉到我走在了伙伴们前面很远，因为我能像鸟儿一样飞，而他们必须用两条腿走。[1]

在详细讲述了怀特黑德是如何努力躲开那树丛之后，豪厄尔引用了怀特黑德的话：

> 在狭长田野的前面不远处是一片树林。在离树林100码，我关掉了动力，然后开始有点紧张飞机会怎样降落到地面，因为很多飞行器都显示了或者头着地或者尾着地的趋势，这样着陆就意味着操作员要摔断骨头。我的飞机开始平稳着陆，我降落在地上几乎没有震荡。飞机没有任何损伤。这是我一生中最快乐的时刻，因为我可以证明多年来我一直在忙着制造的那架飞机可以做成我想做的事了。在空中飞行的感觉太棒了，什么也无法与之相比。[2]

如果《布里奇波特先驱报》、《纽约先驱报》和《波士顿记录报》的报道是可信的，那么在之后长达100多年的时间里，世界应该为古斯塔夫·怀特黑德庆贺，而不是莱特兄弟。然而怀疑主义者一直都在质疑这些报道，尤其是质疑《布里奇

---

[1] 《布里奇波特先驱报》。

[2] 同上。

❖ 古斯塔夫·怀特黑德1901年与“21号飞机”以及他的四缸汽油发动机合影，四缸汽油发动机为“21号飞机”螺旋桨提供动力。（版权归威廉·J.奥德怀尔和航空历史研究基金会的古斯塔夫·魏斯科普夫所有）

波特先驱报》的记述，而另外两篇较短的文章都是以此为基础的。大量的质疑都是关于理查德·豪厄尔的描述：怀特黑德1901年8月14日在试飞“21号飞机”之前，是如何把沙袋放置在飞机中进行短暂的无人驾驶试飞的。那些怀疑文章真实性的人说，这样一次无人驾驶飞行，无论时间有多短，在一架那么原始的飞机身上是根本不可能实现的。

然而，为什么像《布里奇波特先驱报》这样一家让人敬重的报纸会报道这样一次具有重大意义的成功飞行，如果这真的没有发生的话？那些拒绝相信这篇文章的人指出，尽管欺诈新闻在新闻行业已经消失很长时间了，但是这种欺诈行为还是很普遍。评论家们说，豪厄尔为了追求轰动新闻，很容易就能杜撰出这个故事来。

但是豪厄尔关于1901年8月14日事件的描述并不是唯一的目击证明。根据另外几个人的描述，除了豪厄尔翔实描述的那次，怀特黑德在那一天还进行了其他三次飞行，而且这些人都发誓说他们至少目睹了一次飞行。其中一个是怀特黑德的总助理安东·普鲁克纳，他发誓说："在1901年8月14日飞行的那个时间，我确实亲眼看到了。我在现场。飞行距离大约是半英里，大约在空中50英尺高的地方。飞机向一边绕了一点，轻松着陆，飞机、引擎和里面的古斯塔夫·怀特黑德都没有任何损伤。"

朱利叶斯·哈沃斯是帮助怀特黑德从工作坊到实验地点拖飞机的一个男孩。在一份日期为1934年8月21日的书面证词中，哈沃斯起誓说："1901年8月14日，我在现场，目睹了怀特黑德先生成功试飞他的飞机的场景，飞机是由发动机驱动，飞离地面达200英尺高……飞行距离大约一英里半，我个人觉得大约持续了4分钟。"根据《航空爱好者》1988年1月版，普鲁克纳和哈沃斯证词之间的分歧源自他们描述的是1901年8月14日怀特黑德进行的四次飞行中的两次不同的飞行。

和朱利叶斯·哈沃斯一样，亚历山大·格卢克在怀特黑德取得成就的那个时候也是个还在上学的男孩。在日期为1934年7月19日的证词中，格卢克起誓说："大约是1901年或1902年……怀特黑德先生成功试飞他的飞机时，我在现场。飞机飞行了一段距离，在此过程中，由发动机驱动……怀特黑德先生使用的飞机是单人飞机，机翼可以折叠。我记得是从居住地的后院推出来的，当时怀特黑德一家就住在那里，是康涅狄格州布里奇波特市松树街241号，就在我当时住的房子对面。"[1]

---

[1] G. K. 维森伯恩，《怀特黑德飞上天了吗？》，载《航空爱好者》。

证实怀特黑德飞行真实性的最有意思的一份叙述来自一位受人尊敬的布里奇波特市民、海军退伍军人弗兰克·莱恩。1968 年当莱恩被问及是否愿意接受采访时，他已经 92 岁了，他回答记者说："我不理解你为什么要采访我。我觉得你是在浪费宝贵的时间。看，我本人从来都不认识怀特黑德先生，也不知道任何关于他的飞机的事情。我做过的所有事情就是看他飞行。"莱恩告诉记者，他最肯定的事情是他看到怀特黑德成功飞上天空的日期，1901 年 8 月 14 日。那是他在美西战争服役期满退役的周年纪念日。[1]

在所有这些起誓证实怀特黑德 1901 年飞行真实性的人中，最受人尊敬的权威是《科学美国人》航空学编辑斯丹利·耶尔·比奇。在这份杂志 1906 年不同的四期中，比奇提到了怀特黑德的"1901 年有动力飞行"。在其中一篇文章中，比奇这样评述："怀特黑德 1901 年和莱特兄弟 1903 年已经作了短距离发动机动力飞机的飞行。"[2] 即使不看其他人，像比奇这样一个如此受人尊重的人的陈述看来是可以确切证实怀特黑德 1901 年成就的重要性了。

据怀特黑德的邻居和他的几位助手说，怀特黑德在 1901 年飞行之后花了一年的时间制造了一架新型飞机，他给这架飞机起名为"22 号飞机"。这架飞机与之前那架非常相似，但有一个显著的区别——它是用煤油作燃料驱动发动机，而不是用蒸汽发动机。根据怀特黑德的几位邻居和助手的说法，1902 年 1 月 17 日，怀特黑德再次飞上了天空。虽然那天没有目击者描述所发生的一切，能够肯定的是，那一天，非常受人敬重的杂志《美国发明家》的编辑收到了新闻，怀特黑德又一次飞向了空中。这个编辑于是给这位飞行员写信询问此事，以证实所发生的事情。"新飞机在 1902 年 1 月 17 日试飞了两次。"怀特黑德写

[1] 弗兰克·德勒尔，《古斯塔夫·怀特黑德与第一次飞行的争论》，载《飞行史》（Frank Delear, "Gustave Whitehead and the First Flight Controversy," *Aviation History*, March 1996）。

[2] 同上。

❖ 怀特黑德的一个助手正在运输他的一架滑翔机。滑翔机的机翼被设计成可折叠型，便于运输。图片日期不详。（版权归威廉·J. 奥德怀尔和航空历史研究基金会的古斯塔夫·魏斯科普夫所有）

信答复：

原本打算只作短距离飞行，可是飞机发挥颇好，第一次试飞就在长岛海湾水面上飞行了将近2英里，降落在了水上，飞机和驾驶员都没有任何意外……第二次试飞仍从同一地点起飞，飞机和我一起航行跨过了长岛海湾。在高度200英尺的横风状态下，飞机状态仍保持稳定，在那儿我突然有了一个想法——试着转圈飞行。我一转舵，使一个螺旋桨比另一个快，飞机来了一个转弯，随着风以惊人的速度朝北飞起来，但是我平稳地转着弯，最终我看到了远处的起始地点。我继续转弯，但是再一次接近地面时，我把螺旋桨放慢了速度，龙骨平稳地沉到了水里。然后飞机轻松地在水面上像船一样漂浮……

第一次飞行的长度约为2英里，第二次大约是7英里。最后一次试飞是盘旋飞行，因为飞机在此之前从未进行过试飞，并且重于空气，当我驾着飞机成功回到起点时，我认为这次飞行大获成功。就我所知，这是这一类型中的第一架飞机。这种事情以前从未报道过。

我还没有“22号飞机”的照片，但是寄给你一些“21号飞机”的照片，因为这两架飞机除了我提及的细节之外，完全一样。“21号飞机”已经进行了四次飞行，最长的一次是一英里半，于1901年8月14日进行。两架飞机的机翼一端到另一端都是36英尺，机身全长32英尺。地面速度是50英里每小时，在空中飞行速度为70英里/小时。我相信，如果想的话，它可以飞到100英里/小时。目前所携带的燃料大大超出必需量。

我相信……飞机的未来在于没有气囊的设备。我已经开始了这种飞机的制造，并将坚持下去，直到成功完成或者在实验中死亡。今年春天我的飞机一制造完成，我就会告诉你。要描述飞行的感觉几乎是不可能的，因为，事实上，这比做其他任何事情都让人感到害怕。

相信这些会让你的读者感兴趣。

你一如既往最忠实的，

古斯塔夫·怀特黑德

收到怀特黑德的信之后，《美国发明家》的编辑意识到了怀特黑德所申明的事情的重要性，立即写了回信，请怀特黑德确认他所写的事情。对此怀特黑德回复说：

亲爱的先生

〔1月〕26日的信收到了。是的，这是一架标准尺寸飞机，是我自己飞了7英里，然后回到了出发地点。在我上一封信中所描述的两次飞行中，都是我自己驾驶的那架飞机。这，当然，总的来说对世界是新生事物，但是我不太愿意被广而告之，除非由像你们这样有水准的报纸来做这件事。这样的报道可能会对在同一行业工作的人有所帮助，我很快应该会再次试飞。今年春天我想找人拍一些“22号飞机”在空中的照片，并且想让你们来拍飞机飞行的照片。如果你能亲自来〔拍照片〕的话，那更好。以前尝试过拍些照片，但第一次试飞时，天气很差……照片洗出来的效果很不好。飞行时，由于速度很快，我没时间自己来拍照片……

你忠实的，

古斯塔夫·怀特黑德

怀特黑德的两封信被发表在了《美国发明家》上，这在几个方面都意义重大。他所说的，驾驶一架有动力飞机“比做其他任何事情都让人感到害怕”，给我们提供了他极其罕见的个人感受，而这个人几乎从来都不把自己的感受付诸笔端。“我……将坚持下去，直到成功完成或者在实验中死亡。”他的这一宣告也是这样的情感。

更重要的是怀特黑德说，他成功试飞“21 号飞机”和“22 号飞机”的成就“总的来说对世界是新生事物”。他真的相信他已经取得了如此巨大的殊荣，成为第一个成功载人有动力飞行的吗？他的声明“我不太愿意被广而告之”可以帮助解释为什么他不去更多地宣传，好让那些成就得到认可和赞扬吗？

看来《美国发明家》的编辑很乐意相信这些话。在发表怀特黑德的信时，他用专栏的结尾回应了怀特黑德关于未来飞行照片的许诺：“报纸的读者们还会记得关于怀特黑德先生去年夏天〔1901 年 8 月〕那些成绩的几篇报道。很可能大多数人把这些当作了假新闻。但是似乎长期寻找的大自然曾给人类最棘手难题的答案渐渐浮出水面。专栏的编辑和读者充满兴趣地等待着已经许诺了的天空中飞行的飞机的照片。”[1]

不幸的是，不会再有任何照片了，也再不会有怀特黑德的任何飞行了。在怀特黑德的一生中，他都在为生计而挣扎。1902 年 1 月事件之后的多年间，他的生活甚至比以前更加艰难了。他被迫在布里奇波特的一家工厂里找了一份工作，被钢铁碎片伤了一只眼睛，导致了失明，之后又再一次遭受了身体上的打击，他被厂里的一件设备砸中了胸部，导致了一系列心绞痛发作。[2] 根据《航空历史》杂志 1996 年 3 月的一篇文章，在所有这些痛苦中，怀特黑德仍在进行着发明。怀特黑德还参加了由一家铁路公司提供奖金的竞赛，他发明了一种刹车安全装置，

---

[1] 梅甘·亚当，《古斯塔夫·怀特黑德的飞行器》（Megan Adam, “*Gustave Whitehead's Flying machine*,” www.deepsky.com/~firstflight/ Pages /article4.html）。

[2] 弗兰克·德勒尔，《古斯塔夫·怀特黑德与他第一次飞行的争论》。

但是没能赢得奖金。根据《航空历史》，他还发明了一种“自动”放水泥的机器，用来帮助建设布里奇波特附近的一条路。但是正如《航空历史》所说：“他没有从这些发明中获得任何利益，还不如发明飞机和发动机的好处呢。”

1927 年 10 月 10 日，古斯塔夫·怀特黑德死于心脏病突发，只给家人留下了一个他自己建造的家，还有一小块地和 8 美元。这个很有可能获得了历史上最伟大成就的人却被埋葬在了贫民区的坟墓中，享年仅仅 53 岁。

20 世纪 30 年代，30 多个人在书面证词上签字起誓说，他们目睹了怀特黑德在 1903 年莱特兄弟在雏鹰镇取得成绩之前就进行了数次飞行。1964 年 10 月，安东·普鲁克纳这个与怀特黑德最亲近的人，起誓证明 1903 年之前，奥维尔和维尔伯·莱特事实上曾经去怀特黑德在布里奇波特的工作坊拜访过他，并且是“带着很多信息离开的”，这些信息都是关于载人有动力飞行的秘密。《科学美国人》的斯丹利·比奇几乎是在更正事实一样地申明，怀特黑德在莱特兄弟两年之前就进行了飞行，而且《美国发明家》上发表的两封信也是很好的例证。怀特黑德的诚实从未被那些认识他的人质疑过。他自己对 1901 年和 1902 年的飞行都作了细致的描述。那么为什么古斯塔夫·怀特黑德没有因为他在历史上那些意义重大的第一次而得到认可和赞扬呢?

其中一个原因毫无疑问是怀特黑德在沉醉于建造飞机和发动机，并对他的发明创新进行试验，却根本没有注意对商业活动和技术事宜进行记录。另外一个导致这种结果的原因是他极度贫困。他总是被迫要在工厂里和其他单位工作，这让他几乎没有时间坚持记录，即使他很想这么做，况且他很可能没有钱为他的发明申请专利，即使他渴望这么做。

除了缺乏组织、时间和资金之外，怀特黑德也缺乏自我推介，这一点，据他的助手们说，主要是因为他从来不相信他已经达到了他自己所认为的最重要的航空目标。正如德国古斯塔夫·魏斯科普夫博物馆馆员所清楚指出的，怀特黑德坚信只有驾驶员能够飞很长距离，到达一个具体的目的地，载人有动力飞行才有意义。博物馆表明："在很大程度上，是怀特黑德对自己取得的成绩不满意，使得他被遗忘。"作为对这一观点的证明，博物馆主动提供了有文件证明的怀特黑德对安东·普鲁克纳的陈述，当时他说："我所有的飞行都不是很好，因为都没能持续很长时间。我就是没法飞到什么地方。飞行只有在我们能在一定的时间内飞到某个指定地点才会变得意义重大。"

当然也有其他原因。在整个20世纪50年代中期，康涅狄格州的几家报纸都声明，正是因为第一次世界大战所引发的强烈反德情绪，怀特黑德，这个德国移民才没能得到他所应得的赞扬、喝彩。也许最重要的是因为怀特黑德超前于他的那个时代，才备受折磨，这是毫无疑问的。公众当中的大多数人长期以来都认为"如果人类想要飞起来，上帝会给他翅膀的"，他们极端怀疑任何载人有动力飞行的发明。这是莱特兄弟发现的一个事实。他们的飞机专利直到1906年才颁发给他们，那是递交三年多之后了，而且他们征服天空的声明直到在雏鹰镇飞行和在美国与欧洲的许多次飞行以后才真正被接受。

所有这些都是古斯塔夫·怀特黑德的成就被历史遗忘合情合理的原因。也许最重要、最值得注意的一个原因就是这完全是一个阴谋，而在当今怀特黑德成就的支持者中，几乎没有人会这样认为。如果真是这样的话，这是一个涉及美国一个最有威望的机构的阴谋。在现代，最积极的怀特黑德的支持者是威廉·奥德怀尔少校。奥德怀尔是第二次世界大战空军飞行指导员，后来是空运司令部的一名飞机渡运驾驶员。从1963年开始的30多年里，奥德怀尔在新英格兰航空博物馆档案管理员哈维·利平科特和西科斯基公司的飞机工程师和康涅狄格州航空历史学会副总裁哈罗德·多兰的帮助下，进行了认真细致的调查，力图寻找发现关于怀特黑德飞行的丝丝缕缕的证据。经过一番努力并花费了他所说的"一小笔财产"之后，奥德怀尔得出了结论，历史被"篡改"了。说到那些几乎当即就否定了怀特黑德声明的历史学家时，奥德怀尔说：“〔他们的〕观点没有经过大量研究调查、正式问询和深入探索就形成了，这太奇怪了。”

在威廉·奥德怀尔的心中，他坚信古斯塔夫·怀特黑德没有被公正地给予奖赏，是因为他发现的史密森学会和莱特兄弟之间不同寻常的一份合同。合同是莱特兄弟申请第一架飞机专利这一挑战性难题的结果。首先是奥维尔·莱特，后来是他和他哥哥的继承人反对史密森学会正式宣布塞缪尔·兰利1896年的飞机是第一架能够载人飞行的飞机。合同就是由这件事引发。事实上，莱特兄弟的继承人对这一声明很是苦恼，直到1948年，这一家人才允许史密森学会展出那架飞机，不过正如奥德怀尔所发现的那样，只是在史密森学会秘书签署了一个协议之后。协议上写道：

> 史密森学会或其继任者以及任何由史密森学会或其继任者为美利坚合众国管理的机构，都绝不能发表或允许展示与早于1903年莱特飞机日期的飞机模型或设计有关的或涉及此类飞机的声明或标签，绝不能允许宣布这类飞机能够在自身动力驱动下载人进行可控飞行的实际结果。

威廉·奥德怀尔和支持怀特黑德的同伴们并不是唯一对史密森学会与莱特兄弟之间的协议感到痛苦的人。《航空爱好者》杂志1988年1月版的一篇文章也把这份协议看作是司法正义的一次失败，文章证实说：

> 魏斯科普夫被逐出了航空历史的殿堂，这是一次极不光彩的判决。这一判决不是由历史而是由合同强加的。许多有利于他的证据强烈证明，毫无任何疑问，第一次完全可控的有动力飞行，而不是弹跳试验那种简单的飞行，是在1901年8月14日在康涅狄格州布里奇波特附近进行的。

❖ 古斯塔夫·怀特黑德与助手在“21号飞机”下，腿上坐着的是女儿罗丝。(版权归威廉·J. 奥德怀尔和航空历史研究基金会的古斯塔夫·魏斯科普夫所有)

为了要令人信服地反证这一明确肯定的判断，史密森学会必须要做更多的工作，而并不是仅仅宣布他在骗人，并执意对证实魏斯科普夫成就的所有书面证词、书信、采访录音磁带和报纸剪报视而不见。虽然莱特兄弟最终成功地牢牢地把他们的名字嵌在了所有历史书里，但是，毕竟我们应该记得，由胜利者书写的历史并不都是真的。[1]

史密森学会与怀特黑德传奇的联系并不止这一纸协议。在1906年1月27日的《科学美国人》中，斯丹利·比奇描述了在纽约第六十九团军械库举行的美国航空俱乐部第一次年度展览。在他的文章中，他报道说："由怀特黑德1901年建造的像大鸟一样的飞机，有一张模糊的照片，这就是在飞行过程中由发动机驱动的飞机的唯一照片。"大约7年之后，由威廉·奥德怀尔召集的调查委员会中的一名成员发现了一本名为《飞翔之梦》的书，书中显示了同一张照片。这只能被看作极大的讽刺，因为书的作者是托马斯·D. 克劳奇，史密森学会早期飞行器部的管理人，而照片就是由史密森学会提供的。[2]

尽管奥德怀尔努力通过计算机技术把照片放大，但他不得不承认，无法确切辨认那一定是在清楚地显示飞行中的怀特黑德。但事实是，《科学美国人》的航空编辑这样的权威确信，这就是怀特黑德的飞行照片。这又给了奥德怀尔和他的委员会重要的证据，证明怀特黑德是飞行第一人。

毫无疑问，尽管怀特黑德在历史上晦暗无名，但他是最重要的一位航空先锋。就像奥德怀尔在他的书《合同决定的历史：有动力航空的开端》中所写的，怀特黑德是第一个给飞行器披上丝绸翅膀的，也是第一个建设混凝土跑道的，而

[1] G. K. 维森伯恩，《怀特黑德飞上天了吗？》。

[2] 托马斯·D. 克劳奇，《飞翔之梦：美国人和飞机，1875—1905》（Thomas D. Crouch, *A Dream of Wings: Americans and the Airplane, 1875—1905*. New York: Norton, 1976）。

且，根据奥德怀尔和其他很多人的观点，怀特黑德首次引入了橡胶轮胎，把它用于起飞和着陆。这些成就几乎都是在 1903 年 12 月 17 日之前取得的。但是，他是早于莱特兄弟飞向天空的吗？也许某一天有人会提供一张照片，毫不含糊地揭示怀特黑德 1901 年或 1902 年的一次飞行。也许会发现其他各种证据，比现存的大量有说服力的证据更清楚可信。如果不是这样，那么，这将是一个永远没有满意答案的问题。正如当今航空记者弗兰克·德勒尔曾写的："在此期间，古斯塔夫·怀特黑德长期饱受折磨的魂灵将仍然站在翼间，等待着召唤，登上舞台。"[1]

---

[1] 弗兰克·德勒，《古斯塔夫·怀特黑德与他第一次飞行的争论》。

A700

猛虎行动

登陆日演习（1944 年）

11 >>>

❖ 1944 年 4 月 25 日美国军队在英格兰某海滩进行登陆演习，为 6 月 6 日的诺曼底登陆做准备。

我们大多数人都知道1944年6月6日的重大意义。这是第二次世界大战中的一个日子，那一天，盟军跨过英吉利海峡，强攻了法国诺曼底海岸，这是史上最大的一次两栖攻势。对于这次登陆的描述我们曾学过，曾读过，也曾看过电影电视。但是很少有人知道，有一支舰队在进行诺曼底犹他海滩进攻演习时作出了巨大牺牲，这次演习的死亡人数比真正进攻犹他海滩时的死亡人数还要大。

诺曼底进攻计划在摩洛哥卡萨布兰卡会议时已经开始启动，会议期间，美国总统富兰克林·D. 罗斯福和英国首相温斯顿·丘吉尔于1943年1月14日至24日与他们的最高军事顾问进行了会晤商讨。计划代号定为“霸王行动”，这一计划的设计师们非常清楚，他们是在发动一场从未有过的最大规模的军事进攻行动。这一行动将涉及盟军300万人，其中美军150万人。这么庞大的军事力量的运输任务将由一支由1200多艘战舰组成的舰队保护4126艘登陆艇和1600艘商船以及其他船只来承担。有多达11590架飞机和3500架滑翔机也将提供援助。

可以说，这是一次意义深远的行动。不过有很多盟军军官对他们的军队能否为此做好准备完全没有信心。就像最高统帅德怀特·D. 艾森豪威尔的副官哈利·C. 布彻在他的回忆录中写的那样：

> 我担心的是美国这些年轻的军官们缺乏坚韧强硬、机敏警觉的个性……他们似乎把战争看作是他们可以在其中享受快乐时光的一次大规模军事演习。很多人嫩得好像是刚刚抽穗的玉米。他们在战斗中如何行动……？很多军官也是我的一个烦恼。他们身体发福，脸色灰暗，年龄大了。他们大多数人还带着上次战争获得的彩虹缎带，并且仍然在为之战斗……在海军里，我们的船员也很嫩，但是他们看来知道怎么用他们家的

小船，然而……我记得，就在大白天，海面平静如水，我们的舰船静静地停泊着，这艘船的船尾几乎让一艘登陆艇给搬了家……那是装备了高射炮的一艘舰艇。就只差几英寸我们就给撞上了，这还是在大白天。[1]

对于盟军是否准备就绪，并不是只有布彻一人担心。于是盟军决定在真正进攻之前几个月间，进行一系列模拟攻势，就是完全模仿计划而进行的真正登陆行动。众多的进攻演习在英格兰南部的各个地方展开，其中有几次在伍拉科姆进行。

在这些演习中，登陆艇会想方设法将“进攻”部队送上与诺曼底相似的海岸，而炮兵和地面部队会设法把他们击退。模拟进攻在 1944 年 1 月到 2 月分三个阶段进行：第一阶段演习代号为“野鸭行动”，第二阶段是“海狸行动”，将在 3 月底进行，之后最大规模也是最有争议的一次演习将在 4 月进行，代号为“猛虎行动”。

军方认为有必要进行模拟进攻，原因不仅是担心部队准备问题和实际攻势的规模以及重要性，还因为实际登陆将不同于他们所尝试的任何登陆。这次登陆不仅会规模大，复杂多变，而且还会涉及一种全新的军事战术。第二次世界大战早期的进攻采用的战术都是先派步兵和工兵进入，建立滩头阵地，清除地雷以及其他人为障碍，为成功进攻开路。一旦滩头阵地建立起来，装甲装备便会开入。犹他海滩和奥马哈海滩将由美国军队实行进攻，其打法是明显不同的。最初的进攻由工兵和爆破部队进行，然后一种比较新型的军事武器——被称为战车登陆舰艇（登陆艇、坦克）的两栖坦克将开入。战车登陆舰艇会运载部队、作战坦克和其他所有的装甲装备。战车登陆舰艇在敦刻尔克英国惨败之后发展起来，并大大显

[1] 哈利·C. 布彻，《跟随艾森豪威尔的三年：哈利·C. 布彻私人日记》（Harry C. Butcher, *My Three Years with Eisenhower: The Personal Diary of Harry C. Butcher.* New York: Simon and Schuster, 1946）。

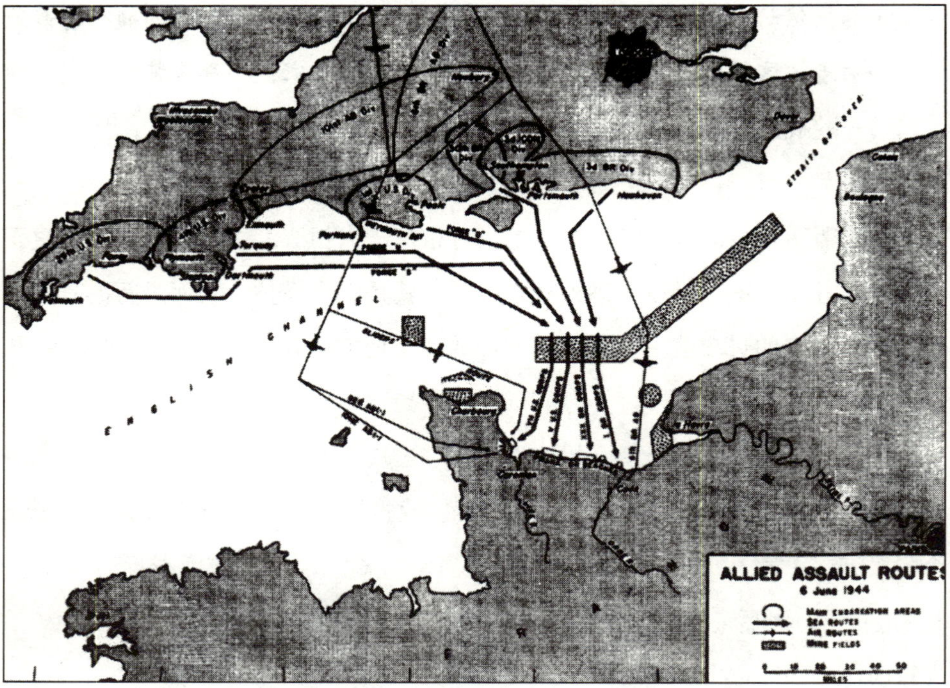

❖ 一张美军地图，显示的为登陆日绘制的复杂的进攻计划示意图。

示了它的必要性，并在第二次世界大战中得到不断改进，在对阿尔及利亚和日本占领的各太平洋岛屿的进攻中也证明这种战舰是制胜的法宝。

“猛虎行动”地点的选择是经过了仔细斟酌的，标准就是这个地方要酷似犹他海滩。位于普利茅斯东面莱姆湾，毗邻德文郡斯拉普顿村的那片海滩非常合适。当地人称之为斯拉普顿海滩，这片海滩和实际进攻的地点犹他海滩很像，主要特点都是宽阔的砾石海滩，后面是一片开阔地带，紧接着是一湾湖水。斯拉普顿海滩周围地域和犹他海滩周围地带也很相像，都是灌木篱墙和窄巷子。

1943 年 11 月，斯拉普顿村民以及邻近的托克罗斯、斯特里特、东阿灵顿、

❖ 1944 年 1 月的“野鸭行动”中，美国军舰战车登陆舰艇 325 号战舰（USS LST—325）在英格兰斯拉普顿海滩执行任务。

布莱考顿、舍菲德、斯托克纳姆、布莱克浦海滩和奇林顿的居民都收到了令人震惊的消息。经 1939 年赔偿（国防）法案授权，英国政府命令这一地区的 3000 人、750 个家庭、180 个农庄以及众多的村内商铺在 6 周之内全部疏散撤离。[1] 所有房内物品、动物、农场机械以及其他农业用具，还有能够立即收获的农作物都必须迁走。英国政府因此承诺赔付与疏散有关的一切费用，保证将尽一切可能安顿疏散居民，支付食宿费用，并将支付猛虎行动给村民造成的财产损失。

[1] 肯·斯莫尔，《被忘却的死者》（Ken Small, *The Forgotten Dead*. London: Bloomsbury, 1988）。

这一地区的居民大为震惊。政府和军队官员一再地解释之后，大多人逐渐理解这是为即将到来的至关重要的进攻进行演习。但是为什么选中斯拉普顿和周围的村子？为什么要在当地生产的食物需求量增加之时选中这一农产品富饶的地区？但是没有争辩的余地。政府已经态度明确，居民别无选择。这一地带要为“猛虎行动”留出来。

这是疏散几周之前张贴的告示：

告示

在此提醒公众自11月16日起，紧急征用开始生效，赔偿自该日起计算。11月21日之前，除有特殊原因，公众不必担心其财产安全。但是自21日起，海军部可在任何时间，在无须任何先行通知的情况下即刻对公众财产执行拥有权。因此，在此强调，任何人都必须在12月20日之前离开这一地区。

12月21日将停止对该地区供电。不再继续目前的食品供应方案，而是由完全紧急状态的方案取代。本周警察局将关闭。[1]

为“猛虎行动”而进行的诸多演习于1944年4月22日正式开始。第一次登陆进攻定在了27日早上。英国作家肯·斯莫尔花了20多年的时间力图揭开“猛虎行动”和其他演习的秘密。根据他的研究，第一次演习最引人注目的特点就是在整个行动当中，贯穿始终的都是同一类型的悲剧性的愚蠢错误。据斯莫尔说，因为担心部队和军官们的作战准备问题，并且为了模拟实战条件，艾森豪威尔下达命令，在“进攻”部队上空和前方的火力使用实弹实炮。舰船用实炮轰炸海

[1] 简·普特，《疏散南哈姆斯》（“The Evacuation of the South Hams by Jane Putt,” www.bbc.co.uk/ww2peopleswar/stories/25/a8633225.shtml）。

❖ 斯拉普顿开阔的海滩近照

滩，让部队登陆。但是在传达舰船之间交流用的无线频率号的时候，出现了致命的错误。而这一情形在部队按规定时间到达并对斯拉普顿海滩进行了整整一个小时的火力攻击之时，变得更加糟糕。结果是几十名士兵在轰炸和登陆同时进行时死亡。之后因为无线频率错误导致的缺乏沟通，使得更多的人死亡。在模拟战斗中，一些人朝另外一些人开火，却没有意识到他们手里拿的都是真枪实弹。很多年以来，美国国防部一直否认这种“友好开火”事件曾经发生过。然而，这些只是他们即将经历的更大灾难的一个前奏。

悲剧的舞台是在 1944 年 4 月的最后一个星期搭建起来的。一支由 8 艘巨型战车登陆舰艇组成的舰队载着第四步兵师和第一两栖作战师部队中的几千人朝斯拉普顿海滩驶去。每艘战车登陆舰艇从船头到船尾都塞满了数吨重的装备，包括坦克、水陆两用车、卡车和其他在实际进攻时要使用的军用车辆。舰船向莱姆湾和斯拉普顿海滩艰难地行进着。这 8 艘船（按顺序编号为 515，496，511，58，499，289，507，531）成一条纵队向前开进，每艘船与前后船只相隔四五百码。战车登陆舰艇上的指挥官收到的一项命令是："到演习现场的路上以及在演习现场有可能遭遇敌机、潜艇和快艇（即 E 船，是航速很快的水面舰船，携带两到四枚鱼雷，'E' 在英国和美国水兵用语中代表敌人）攻击。"尽管这种进攻的可能性微乎其微，但是还是有几次整体警惕性训练在 4 月 26 日和 4 月 27 日进行。不过，虽然部队和水兵都被命令匍匐到指定位置，但是他们没有收到弃船或进攻当中担当何种任务的指令。

保护这支舰队的任务是皇家海军来承担的。2 艘英国驱逐舰、3 艘鱼雷舰和 2 艘炮艇被委派去莱姆湾入口巡逻，另外还有几艘鱼雷舰被派去监视瑟堡地区，德军的快艇基地就在那儿。这支护航舰队自己的旗舰是英国皇家海军舰艇杜鹃花号，是 205 英尺长的皇家海军护卫艇，艇上装备有一门 4 英寸口径的火炮和几门高射炮。第二艘英国舰船是一战时期的驱逐舰英国皇家海军舰艇弯刀号，这艘舰艇被委派从侧翼保护 8 艘战车登陆舰艇。

28 日午夜刚过，正当这支舰队进入莱姆湾时，在此地区巡逻的一艘英国皇家海军驱逐舰翁斯洛号发现敌军的一艘快艇冲过了海湾。这艘德军船只航行得太快，根本无法追赶，但是翁斯洛号向普利茅斯的英国司令部报告了这一发现。几分钟之后，翁斯洛号的雷达监测到在莱姆湾入口 10 英里以外有 3 队敌军快艇。这一消息也立刻被传回司令部，司令部又把消息通过无线电转给了杜鹃花号和 8 艘战车登陆舰艇。

杜鹃花号收到了信息，但是战车登陆舰艇没听到任何消息。在传递无线频率上又一次出现了错误，每艘战车登陆舰艇上的无线电报员都调错了波长。正

❖ 1944年4月27日傍晚，美军战车登陆舰艇507号满荷负载，在英格兰布里克瑟姆港留影。不到12小时之后，这艘舰艇在英格兰斯拉普顿海滩附近海面被德国快艇的鱼雷击中在英吉利海峡沉没。

是因为同一原因，战车登陆舰艇也没有收到另一条消息：弯刀号发生机械故障，进入普利茅斯港检修。只有一艘驱逐舰，而且是一艘航速慢的驱逐舰在执行护航任务。

28日凌晨1点30分，这支舰队仍在莱姆湾内。战车登陆舰艇上，准备工作正在进行，以便部队和数百辆战车能在到达斯拉普顿海滩时高效登陆。突然，9艘敌军快艇从黑暗中出现了，他们正在瑟堡外进行常规巡逻，指挥官们惊讶地发

❖ 一艘德军快艇正在装载鱼雷，时间为 1944 年左右。

现了一长队盟军的舰船。[1]

快艇被德国人称作施内尔船（字面上的意思就是“快船”），是特种战争船只。因为1919年《凡尔赛条约》限制德国建造军事舰船尺寸大小的船，所以快艇只有38码长，由戴姆勒—奔驰发动机提供总共6150马力的动力驱动。这使得快艇速度相当快，是实施突袭战术的理想船只。除了鱼雷，大多数快艇还装备有2门或3门20毫米口径的火炮。有些快艇还装备有37毫米或40毫米口径的大炮。

偶遇战车登陆舰艇的快艇在27日晚上10点左右离开了瑟堡，并未被英国驱逐舰和负责监视这一地区的小型舰船察觉。后来，一位快艇指挥官，德军上尉冈特·拉贝描述了大约3个半小时之后在莱姆湾发生的事情。他回忆说：“我们横穿护航路线，没有舰船的任何踪迹，然后在内湾往东巡航。28日凌晨快到2点30分的时候，我们看到在东南方向有一长队舰船模糊的影子，当时我们并没有立即辨识出那是战车登陆舰艇……我们起初认为是油轮或者驱逐舰。”[2]

当德国人进入战车登陆舰艇的射程之内时，每艘快艇都把速度降到了10节，然后发射了两枚鱼雷。排在舰队第二位的美国军舰战车登陆舰艇496号上的士官曼尼·鲁本当时正在船桥上，他回忆说，有人在喊：“我看到船头激起海浪。”之后，他回忆说：

> 我们都看到了。一艘速度很快的小船，低矮细长，看得不是很清楚，离我们的左舷船头大约1000码，在丝一般的水里顺溜地滑行。尽管我们的跟踪仪已经清楚地勾勒出了船的轮廓，但是我们用标准40毫米口径的

---

[1] 拉尔夫·C. 格林、奥利弗·E. 艾伦，《德文郡事件》，载《美国遗产》（Ralph C. Green and Oliver E. Allen, “What Happened Off Devon,” *American Heritage*, February/March 1985）。

[2] 同上。

排炮多个回合地向它开火，却没有任何结果。船长快速地转舵加转舵，努力把船尾指向了开火的地方，几秒钟之后探照灯打了出去。我们的瞭望员报告说，一枚鱼雷从我们的船头经过。甲板上半履带装甲车里的一名兴奋的士兵用他车上的50毫米口径的机关枪朝他想象中的一艘敌军快艇的左舷船尾开了火。天太黑，辨识不清。他一连串的子弹击中了我们后面的战车登陆舰艇511号，我后来得知，他的这一连串射击使很多人严重受伤。我们也开了几个洞，是低矮的快艇用20毫米和40毫米口径的火炮向上朝我们射击打出来的。其中一枚炮弹击中了船上的厨房，还有一枚打破了我的头，把我打昏了过去。[1]

快艇上的加农炮确实造成了损失，在快艇上的拉贝很惊讶，他发射的两枚鱼雷竟然没击中要害。他第一次开始怀疑，盟军船只可能是吃水浅的战车登陆舰艇，所以鱼雷从船底下擦过去了。他把准星抬高，又朝舰队中的最后那艘舰艇发射了两枚鱼雷。“凌晨2点30分，”他后来报告说，“我们看到我们已经击中那个目标。火焰从船头向船尾迅速蔓延，一股浓烟从船上升起。”[2]

拉贝击中的那艘船是美国军舰战车登陆舰艇507号，这一结果是船上的年轻医生尤金·埃克斯塔姆永远难忘的。

一级战备状态无礼地把我们唤醒……我记得听到了枪炮的声音，还在说，他们最好看好了往哪儿打，以免有人受伤……我傻乎乎地想往顶上走，去看看发生了什么，突然“轰！”的一声，声音很恐怖，还伴随着金属破碎的声音，然后就是满处的尘土。灯灭了。我被猛地推向了空

[1] 拉尔夫·C. 格林、奥利弗·E. 艾伦，《德文郡事件》，载《美国遗产》。
[2] 同上。

中，然后双膝着地，掉在了钢制甲板上，之后我马上就感到了那种剧烈的疼痛。现在我知道了被鱼雷击中的感觉是什么样子。但是我还是很幸运的。鱼雷击中了船中部右舷的辅助发动机房，毁掉了所有的水电供给。我到船尾的甲板下去检查，确认没有人需要医疗护理。在可出入区域的所有人都到了船的顶部甲板。

液舱甲板就完全是另一种情形。我打开舱门时，发现自己正在朝一个狂怒的地狱里看，那一团火一下子就把我推了回来。根本不可能进得去。在里面的美国部队那很多人的哭喊和尖叫声，我现在仍然挥之不去。海军条例要求关闭并紧锁舱门，以保持舰船的完整。我这么做了。这是我曾经作过的最艰难的决定。很多年以来这个决定总让我做噩梦，现在仍然是这样……但是我知道，根本没有任何人能够救得了那些在下面液舱甲板的人，我知道吸入浓烟可以很快了断他们的痛苦，于是我关上了舱门……

我们被迫离开那艘舰艇……汽油桶和火药爆炸了，冲天的火焰照亮了方圆几码的范围，这就是永远刻在我记忆中的情景。[1]

战车登陆舰艇507号上19岁的机械师助手安杰洛·克拉潘扎诺也有他自己生动的回忆。克拉潘扎诺听到船上机枪开火的声音时，便走近一名军官问他出什么事了。军官回答说："我猜他们是想让这次行动尽可能真实。"克拉潘扎诺后来回忆说：

---

[1] 美国历史中心，《口述历史——1944年4月28日猛虎行动》，改编自《猛虎行动的悲剧》，载《海军医刊》〔Naval Historical Center, Oral Histories-Exercise Tiger, 28 April 1944, Recollections by Lt. Eugene E. Eckstam, MC, USNR (Ret.), Adapted from "The Tragedy of Exercise Tiger," *Navy Medicine* 85, No.3 (May-June 1994): 5-7〕。

> 这名军官的话音未落，就传来了震耳欲聋的轰鸣声，然后一切都变黑了。我感觉在上下颠簸，我的头撞到了什么东西。我一定是有几秒钟失去了知觉。但是我感觉腿周围都是冷水，我爬上了梯子。在辅助发动机房里的6个兄弟就在我的前方，永远也不会知道是什么击中了他们……
>
> 我上到顶层甲板时，简直不敢相信我所看到的一切：船从中间裂开了，正在燃烧。火焰从船头一路烧回了驾驶室……船周围的水也在燃烧，因为油罐破裂了，油流到了水里……我们有15只军鸭（两栖车辆），每只军鸭上面都有多桶汽油，所有这些汽油都流到了水里，简直就像地狱的大火。[1]

在战车登陆舰艇507号前面4艘船位置的美国军舰战车登陆舰艇511号上的医务官克利福德·格雷夫斯在一旁惊恐地看着507号战舰突然喷射出冲天的火焰。他后来记述说："突然，又是一次爆炸。那是一声闷响，就好像是一个巨大沉重的东西掉到了盖着厚厚地毯的地板上。后面的战车登陆舰艇（531号）立刻爆出耀眼的火焰。看上去船体已经和爆炸的那部分裂开了。"[2]

另一艘战车登陆舰艇上的水兵托马斯·霍尔库姆恐惧地盯着531号战舰。他看到"卡车、人和吉普车都飞上了天"[3]。

在被鱼雷击中不到10分钟之后，531号战舰沉到了水底。

在炸毁507号和531号战舰的一阵阵爆炸声中，几乎所有的救生艇都被彻底毁掉了。这两艘船上逃过爆炸的人面临的选择只有一个，那就是被迫跳进莱姆湾

---

[1] 苏珊·英格利希、阿伦·埃尔森，《他们的一英里：对话二战老兵》(Susan English and Aaron Elson, *A Mile in Their Shoes: Conversations with Veterans of World War II.* Maywood, NJ: Chi Chi Press, 1998)。

[2] 克利福德·M. 格雷夫斯，《前线医生：第三辅助医疗队历史》(Clifford M.Graves, *Front Line Surgeons: A History of the Third Auxiliary Surgery Group.* San Diego: Frye and Smith, 1950)。

[3] 拉尔夫·C. 格林、奥利弗·E. 艾伦，《德文郡事件》。

的海水里。“我们不得不跳进水里。”克拉潘扎诺回忆说。

> 在舰艇的前端有很多人，液舱甲板就在他们下面燃烧……很多人不想马上跳进水里。我也不想。甲板太热了，（我们的）鞋子开始冒烟了，因为液舱甲板在凶猛地烧着，这些都是钢板。这就像是一个煤气喷气炉，所有的热都往顶层甲板走……[1]
>
> 我跑到栏杆前往下看，我看到那些伙伴们都已经在水里了。当时我说：“我该怎么办？我要跳了，我会砸着谁的。”这就是一瞬间的事，然后我说：“我跳到水里时我要下去多深才能上来？我会很快就上来了吗？”
>
> 因为在发动机房你必须要读一堆的仪表……我知道海水的温度是华氏43度，但是我不知道那是什么感觉。因此我撞进海水里时，简直要窒息了，我才知道那是多么冷的水。

507号和531号战舰上的数百名战士和水兵由于在冰冷的水中体温过低而死亡。还有另外一个严重的问题，战车登陆舰艇上的士兵在开赴莱姆湾时，没有进行过任何弃船训练，对如何正确戴上充气式安全带，也没有人给他们任何指导。士兵们发现已经背上背包和步枪后，把安全带戴在腰部更简单，而不是像他们本来应该做的那样戴在腋下。这样做的可怕结果是他们的重心太高，几十个人因此脸朝下在冰冷的水里淹死了。507号战舰上的戴尔·罗德曼大声激动地说着：“我所有过的最可怕的记忆就是驾着救生艇离开要沉的舰艇时，我看到一具具尸体从

---

[1] 苏珊·英格利希、阿伦·埃尔森，《他们的一英里：对话二战老兵》。

船边漂过。”[1] 在海湾中，并不是只有 507 号和 531 号战舰这么不幸。鱼雷划过所激起的波浪奔涌经过美国军舰战车登陆舰艇 289 号的两边，船长哈利·梅特勒上尉拼命把船左右急转。眼看着就要成功地躲过了，又发现另一枚鱼雷朝 289 号战舰的船尾冲过来。梅特勒立即下令右满舵，但是已为时过晚。正如守在 289 号战舰甲板上的士官马丁·麦克马洪后来报告说，鱼雷击中了他的船，“简直就像地震”。麦克马洪向后看去，他看到整个船的后部“都给撞得粉碎，弯卷到了驾驶台的顶部”。驾驶台上的所有人都被弹出去摔到了甲板上。他们中很多人受伤严重。梅特勒伤势不重，这简直是个奇迹。他发现船的前端没有受到损伤，于是他有了主意，事实证明这是很聪明的一个计划。他立即下令舰艇上的那两艘小型登陆艇下水，用拖绳把他们的船挂上。尽管用了几个小时，最终 289 号战舰还是给拖回了岸边。[2]

格雷夫斯后来记述说，511 号战舰更幸运。

> 舰队现在被拆散了……每艘舰自成一体。我们朝 20 英里以外最近的陆地驶去……我后来发现我们船上的船长没有航海图，根本不知道英国人在这儿设的布雷区。即使他能够请求到援助，也已经来不及了。那艘按计划来执行保护任务的护卫艇，我们从来都没见到。
>
> 我们坐在那儿等待那些我们知道准会来的鱼雷。我们该做的都已经做了，其他的再也没什么可以做的了，剩下的只有等待。但是鱼雷一直都没来。我们能想出的唯一的原因就是他们的鱼雷用光了。除了这个原因还有什么能挡得住他们呢？大约早上 6 点钟，在灰蒙蒙的薄雾中，我

[1] 保罗·斯托克斯，《登陆日演习中身亡的 749 名老兵光荣榜》，载《每日电讯报》〔Paul Stokes, “Veterans Honour 749 Who Died in D-Day Rehearsal,” *Daily Telegraph* (London), April 29, 1994〕。

[2] 拉尔夫·C. 格林、奥利弗·E. 艾伦，《德文郡事件》。

❖ 美军战车登陆舰艇 289 号被德军鱼雷击中后，在港口的残骸。

> 们已经能够辨出陆地了。一个小时之后，我们在一个叫韦默思的小港抛了锚。那天早上，我们看到陆地后，比哥伦布发现新大陆还要高兴。[1]

关于委派去保护舰队的护卫艇，格雷夫斯说对了。在整个灾难过程中，从水面上开始开火，一直到被鱼雷击中以致沉船，这些战车登陆舰艇没有得到杜鹃花号的丝毫支援。值得注意的是，这艘护卫艇的船长后来报告说，他没有看到任何敌军的快艇，也没有收到任何来自战车登陆舰艇的求助信号（如果考虑一下悲剧的波长错误，至少这是可以理解的）。格雷夫斯认为他的船以及同船的人员得救是因为敌军快艇用光了鱼雷，他的猜测也是对的。事实就是德军整个袭击的作战原则就是尽可能迅速地打了就跑。

在这些快艇快速驶回瑟堡后，几艘快艇的指挥官还是不太确定被鱼雷击中的盟军舰艇到底是什么型号的，但是他们一定清楚他们已经进行了一次重要的攻击。不过可能他们不知道他们的这次攻击是整个战争中最成功的一次快艇奇袭。他们留在身后的这次大屠杀恐怖之至，令人毛骨悚然。几百名战士和水兵在爆炸中身亡，几百人淹死了，还有几十人惊恐万分，仍在水里等待营救。

尽管杜鹃花号仍然不见踪影，它的姊妹船翁斯洛号确实赶到现场，努力进行了营救。“我们在天刚破晓时到达了那一区域，场面令人震惊，”一位在英国舰船上的准尉军官后来这样记录说，“几百具尸体……在海里。很多尸体的头和四肢都已经给炸飞了，但是还有一些人活着。我们把能发现的活着的人拉到船上来，施行急救和复苏治疗……小型美国登陆艇把活动坡道放下，实际上是把尸体铲上来，运到岸边，然后卸在海滩……我们拉上船的所有人当中，只有9个人生还。”[2]

其实救援工作在两艘英国舰船到达之前就已经开始了。507号战舰上的戴

---

[1] 肯·斯莫尔，《被忘却的死者》(Ken Small, *The Forgotten Dead*. London: Bloomsbury, 1988)。

[2] 拉尔夫·C. 格林、奥利弗·E. 艾伦，《德文郡事件》。

尔·罗德曼设法爬上了一艘在他的战舰毁灭之后仍然幸免的救生艇上。

> 我们从我们要沉没的战车登陆舰艇那儿划船离开，并开始从水里捞人。我非常吃惊地看到几十个已经死亡的士兵带着行囊和安全带漂在水上。背包和在腰间的安全带使得他们头重脚轻，他们仰面躺着，头在水里。他们戴着充了气的安全带从船上跳下来时，被水的冲击力撞晕了，在恢复知觉之前他们就被淹死了。我们这些在救生艇上的人寻着黑暗中发出的求救声，尽可能去找那些生还者的确切位置。大约早上6点30分，英国皇家海军驱逐舰翁斯洛号把我们救起时，一共有五六十个生还者。我安全登上船，往海面上望去，看到几百具尸体仍然漂在那儿。[1]

一旦确定敌军快艇已经离开现场，舰队总司令下令所有幸存的战车登陆舰艇立即驶向斯拉普顿海滩。但是515号战舰船长约翰·多伊尔没有听从命令。他怎么能把其他船上的人留在大海里等死？他不顾违背直接命令的后果，征得了515战舰上所有人的一致同意，开始搜寻幸存者。只是让人痛心的是，只有少数几个人得到了营救，在他们当中有一个人名叫拉尔夫·巴托洛迈，他是被击中的507号战舰上的一名海军炮手。

他描述了在水中一段时间之后他的经历：

> 我发现了一些残片，几个人在紧紧地抓着，于是我游了过去。这是一段时间以来我第一次看到有人活着，很受鼓舞。我们抓着一小块残片，很不稳，有一个人想坐到上面去。每次他试着这么做的时候，这块残片

[1] 肯·斯莫尔，《被忘却的死者》。

就翻了，把我们都推到了水里。看上去有点像一个游戏。没有人生气，因为我们太累了。就是在那儿我开始一遍一遍地念主祷文。我开始变得瞌睡了，在冷水里这是一个很不好的征兆，祷告带来了些许希望。我开始在梦幻与现实之间转换着，那些梦幻的部分变得越来越长，这时我隐隐听到了船发动机的声音，还有人的喊声。也许哪一天我会听到更受人欢迎的声音，但是那天晚上听起来像是对祈祷的一个回答。船开近时，我看清了，是515号战舰返回来接我们了。我把所有剩下的劲都使出来，朝战舰游了过去。那是我曾游过的最长的10码。[1]

巴托洛迈和其他几个人能够生还，应该感谢多伊尔，是他遵从了自己的良知，违反了命令才挽救了他们的生命。对于多伊尔来说，他不仅躲过了惩罚，还因为他的行为最终受到了公开表扬。

根据美国国防部的消息，749名现役军人在“猛虎行动”中身亡。最终，又有其他报道大大地提高了死亡数字。无论确切数目是多少，这是二次大战中由于集训发生的最大一次灾难，但这只是“猛虎行动”这个故事的开始。几十年来，这个发生在莱姆湾的故事被完全隐瞒起来，从未告知公众发生了什么。那些身亡士兵的亲属试图去探究他们爱着的人到底出了什么事，可是他们碰到的是一堵沉默的墙。艾森豪威尔，这个全面负责这次训练行动的人，在他最畅销的回忆录中对这件事只字未提。

秘密的面纱早在1944年4月28日的上午就开始蒙上了，那时，战车登陆舰队中大多数幸免于难的舰艇都已靠岸。第四步兵师的下士尤金·卡尼回忆说：“我们靠近陆地时，看到了一条很长的斜坡路伸进水里。救护车保险杠互相碰着，一

[1] 肯·斯莫尔，《被忘却的死者》。

辆挨一辆排成了一队，这是让人心生怜悯的景象。在死亡者和伤员被带走之前，我们被从船上卸下来，装进了卡车。有人来告知我们要闭嘴。我们被带到了一个兵营。在那里，我们被隔离了。”[1]

“猛虎行动”中受伤的幸存者被带到附近医院后，这一秘密也一直在保守着。美国陆军医疗队的拉尔夫·格林上尉在多赛特郡谢伯恩城第228驻地医院的实验室任职。4月28日早上，他正在进行常规性工作，这时来了一个通知，医院所有人员在医院娱乐室集合，医院指挥官詹姆斯·肯德尔上校要对大家讲话。

肯德尔要说的紧张态势让大家感到非常吃惊和意外，他通告大家说：

> 我们终于卷入了战争。不到一个小时之内我们将接受几百名因浸泡外加爆炸伤而引发休克的紧急病例。盟军远征部队最高司令部要求我们像兽医那样收治这些士兵：大家不得问任何问题，也不得留任何历史记录。无须讨论，按照标准程序走。任何谈论这些伤病员的人员，无论情节轻重，都交由军事法庭审判处置。任何人在新命令下达之前不得离开这一地区。[2]

这是一个让人震惊的通告，如果格林和他医院的同事对事态的严重性还有任何疑问，只需看看医院窗户外面，医院整个院子都被反情报部队包围，每个人都扛着上了刺刀的步枪。

大约半个小时之后，许多救护车和卡车开始停到医院前。格林回忆说：“车上挤满了年轻的陆军和海军士兵，他们湿漉漉的，浑身瑟瑟发抖，皮肤青紫，裹

[1] 拉尔夫·C. 格林、奥利弗·E. 艾伦，《德文郡事件》。
[2] 同上。

着毯子，缠着绷带。”[1] 在接下来的几个小时里，送来了几百人，其中很多人伤得很严重，医生、护士和后勤兵给他们进行了治疗，其间没说一个字，和他们没有任何交流。很多伤员的治疗很快就有了效果，还有很多需要长时间住院治疗。另外一些人则死掉了。

几天之后，这段让人匪夷所思的故事片段就像它神秘的开始一样，又突然中止了。所有剩下来的病人突然从医院给带走了。格林和他医院里的同事都不清楚他们从哪儿来，又被带去了哪里。保密的命令一直没有被解除。

同样的故事情节在遍布英格兰西南角的所有医院和救护站都上演过。受伤的士兵突然到来，医院人员禁止同他们交谈，武装部队包围医院，几天之内在医院的伤病员突然被带走。

对于“猛虎行动”幸存者的秘密，军方太需要保密了，他们极力地去粉饰遮掩，以至于几十年以来他们都未在公开场合谈论过此事。莱姆湾事件 30 多年以后，克拉潘扎诺在他接受的一次采访中郑重地说，在灾难之后的这么多年里，他从未跟任何人谈起过这事，甚至连他的精神病医生他都没说过。

1974 年，随着《信息自由法案》的通过，第二次世界大战的很多秘密开始公之于众。到那时为止，“猛虎行动”的故事已经被隐藏得太久了，而且隐藏得太彻底，尽管有了《信息自由法案》，大致上来说，还是没有这方面的相关报道。然而，格林永远都不会忘记他在第 228 驻地医院“让人好奇的那一天”。20 世纪 80 年代早期，他在为他写的一本关于第二次世界大战中疟疾和肝炎影响的书收集材料时，无意中发现了机会，它可以解开那个让他困惑了 40 多年的谜团了。

他偶然撞上了一些以前没有公开的关于“猛虎行动”的叙述，他于是决定先把要写的书放一放，他碰到的这些文件中提到了一些名字，都是这段故事中的幸

---

[1] 拉尔夫·C. 格林、奥利弗·E. 艾伦，《德文郡事件》。

存者，他要设法与他们取得联系。他发现，那些回应他的人，包括尤金·卡尼在内，最后都因为能说出这些故事而感到释怀。

当谜团解开以后，这些最初的报道激起了英国和美国媒体的反应，这也许是我们能预料到的。在报纸的报道和华盛顿特区一家电视台的三部分报道中典型的陈述莫过于这样的声音："这是一个被隐藏了40年的灾难……是美国陆军官方隐藏了所有这一切。""大规模的隐藏事实是不争的事实。同样非常清楚的是，这一切都是由德怀特·D. 艾森豪威尔将军授权进行的。""奥马·N. 布拉德利将军和艾森豪威尔将军看着这一'残忍的混乱局面'，非常恐惧，于是决定要让他们自己酿成的错误与那些人一起埋葬。""是政府向死者的亲属告知了错误的信息，他们甚至说了谎。""这是一段历史真情，政府为之保持沉默……几十年来他们一直缄口不言……是第二次世界大战的一点肮脏的秘密。"[1]

言辞激烈，但是这真的就是一次隐瞒吗？或者有没有合情合理的原因可以解释为什么"猛虎行动"被秘密掩盖？20世纪80年代，关于这一不幸演习行动的更多信息公之于众之时，一切变得更加清晰，灾难之后立即严密压制信息很可能还有一个重要原因。记录显示在那8艘战车登陆舰艇上的人员中有10位军官，他们都是所谓的为诺曼底进攻而被秘密除名的人员。这就意味着他们知道诸如进攻日期和地点之类的细节信息。如果在敌军快艇进攻之后，这些人被俘招供了他们知道的信息，那就会危及进攻。

在"猛虎行动"大灾难之后的日子里，潜水员被派到莱姆湾底以及留在湾底的那些被击沉的战车登陆舰艇的残骸中、坦克中以及其他军用车辆中核实尸体。潜水员把身份识别牌从他们发现的每个尸体上都取走了。值得注意的是，把这些身份识别牌对照登船人员花名册进行核实后发现，这些被秘密除名的军官都已经

[1] 查尔斯·H. 麦克唐纳，《斯拉普顿海滩：无法遮掩的事实》，载《军刊》〔Charles H. MacDonald, "Slapton Sands: The Cover-up That Never Was," *Army* 38, No.6（June 1988）〕。

身亡，并把登陆计划的秘密一起带走了。

可能还有其他原因说明为什么要在大灾难之后立即封锁信息。对于把斯拉普顿海滩演习与计划方案中的犹他海滩进攻联系在一起的任何线索，军方很可能是要坚决保密。但是一个大大的问号还未解决。第二次世界大战已经结束40年了，为什么这么长的时间里却一直要隐瞒事实？而且，1954年美国为感谢斯拉普顿海滩以及邻近村子的人民舍弃家园而设立方尖碑的时候，为什么绝口不提那失掉的几百个生命？

还有一个谜团更让人觉得恐怖。那些在登陆日演习中牺牲生命的人的尸体到底怎么处理的？根据斯拉普顿海滩居民肯·斯莫尔说，他在20世纪70年代进行过广泛调查，寻找埋葬的记录，他所知道的唯一一件事就是有些遗骸被埋在了英格兰剑桥附近一个叫麦德林山的地方。据斯莫尔说，除了这一点，“对于尸体的处理几乎没有任何记录”[1]。

通过尤金·卡尼这些幸存者的叙述，我们确切知道，在悲剧发生之后，几十具尸体当即就被埋在了临时墓地。还有一个看来很可信的叙述，一位妇女发誓说，她在斯拉普顿海滩附近的草场看到过一片没有标志的墓地，一群身着美国军服的士兵就埋葬在那里。据这名妇女说，她经常去那个地点，尸体从来没有被挖出过。然而美国国防部对这名妇女的证言提出了质疑。据五角大楼的官员说，大约有450人的尸体一直未发现，仍然留在莱姆湾的海底。国防部同意了曾有300多具尸体被埋在一个集体墓地的观点，但是到1956年为止，所有的尸体都已被秘密转移到了各个国家公墓。[2] 还是那个问题：如果所说的这一切都是真的，那为什么还需要保密？

千真万确的是，这次被称作“猛虎行动”的演习从一开始就是一个大灾难。

---

[1] 肯·斯莫尔，《被忘却的死者》。

[2] 拉尔夫·C. 格林、奥利弗·E. 艾伦，《德文郡事件》。

❖ 在德文郡斯拉普顿海滩停放着一辆谢尔曼坦克，这是为了纪念在猛虎行动中身亡的盟军士兵。这辆坦克是 1984 年从海里打捞上来的。

❖ 1944年6月1日，登陆日进攻五天前，炮兵部队的装备在英格兰布里克瑟姆被运上战车登陆舰艇。

即使是在演习结束以后，悲剧仍然在继续。“猛虎行动”最后一个受害者，海军少将唐·P. 穆恩的命运给我们提供了证据。穆恩是负责海军部队进攻演习的军官，他当着自己下属各级军官的面被他的上司严厉地训斥了一顿，并被降职，之后再也没有恢复原职。几个月之后他自杀了。这是在第二次世界大战中美国唯一一位自杀的高级将领。

“猛虎行动”的真实历史被刻意隐瞒了那么久，今天几乎已经都被遗忘了，但那是一个需要我们记住的故事，正是由于那许多悲剧性的错误才换来了登陆日具有转折意义的胜利。无线通讯频率被统一了标准，以避免演习中这类悲剧性错误再次上演。详细讲解正确使用安全带的方法，这一命令在各种海军船只上进行了传达。在海中营救幸存者更加有效的新程序创立了起来。所有这一切的价值在诺曼底进攻当中都得到了证明。最重要的是，必须要从历史遗失的书页中重新拾回那些奉献牺牲的故事——多少人为了自己的国家、为了盟军能够取得最大的胜利而献出了自己的生命。

译名对照表

A

Abbas II，Shah　阿巴斯二世，沙哈
Ackerman，Kenneth　阿克曼，肯尼思
Adam，Megan　亚当，梅甘
Adams，Abigail　亚当斯，阿比盖尔
Adams，John，　亚当斯，约翰
Adams，Samuel　亚当斯，塞缪尔
Albemarle　阿尔伯马尔
Ali，Yusef　阿里，约瑟夫
Allen，Oliver E.　艾伦，奥利弗·E.
American Bottom　美洲冲积平原
Amundsen，Roald　阿蒙森，罗尔德
Andalusia　安达卢斯
Andersonville　安德森维尔
Argus　阿耳戈斯
Aristotle　亚里士多德
Arnold，Benedict　阿诺德，贝内迪克特
Aulof　乌洛夫
Austin，Horatio　奥斯汀，贺瑞斯
Azalea（HMS）　杜鹃花号
Aztecs　阿兹特克

B

Bailey，James Montgomery　拜勒，詹姆斯·蒙哥马利
Baldaya，Afonso Gonçalves　巴尔达亚，阿方索·贡萨尔维斯
Baldwin，J. D.　鲍德温，J.D.
Balinger　巴林杰
Barrow，John　巴罗，约翰
Bartholomay，Ralph　巴托洛迈，拉尔夫
Barton，Frank　巴顿，弗兰克
Beach，Alfred Ely　比奇，阿尔弗雷德·埃利
Beach，Stanley Yale　比奇，斯丹利·耶尔
Behrend，Alice　贝伦特，爱丽丝
Bernard，Francis，　伯纳德，弗朗西斯
Berry，Chester　贝里，切斯特
Berry，James H.　贝里，詹姆斯·H.
Berry，J.G.　贝里，J. G.
Berton，Pierre　伯顿，皮埃尔
Boone，Daniel　布恩，丹尼尔
Booth，John Wilkes　布思，约翰·威尔克斯
Bosworth，Clifford E.　博斯沃斯，克利福德·E.
Brackenridge，Henry Marie　布瑞肯里奇，亨利·马利
Bradford，William　布拉德福德，威廉
Bradley，Omar N.　布拉德利，奥马·N.

Brady，Mathew　布雷迪，马修
Brandywine　布兰迪万
Breed' s Hill　布里斯山
Brennan，Joseph　布雷南，约瑟夫
Bridgeport　布里奇波特
Brikley，Alan　布林克利，艾伦
Brumel，Marc Isambard　布鲁梅尔，马克·伊桑巴德
Bryant，William Cullen　布莱恩特，威廉·卡伦
Buffalo　布法罗
Bunker Hill　邦克山
Burckhardt，Titus　布克哈特，提图斯
Burgoyne，John　伯格因，约翰
Burke，Edmund　伯克，埃德蒙
Burns，Ric　伯恩斯，瑞克
Butcher，Harry C.　布彻，哈利·C.
Butler，William　巴特勒，威廉

C

Cahaba　卡霍巴
Cahokia　卡霍基亚
Canary Islands　加那利群岛
Cape Bojador　博哈多尔角
Carew，Jan　卡瑞，詹
Carney，Eugene　卡尼，尤金
Cary，John H.　凯里，约翰·H.
Casablanca　卡萨布兰卡
Case，James R.　凯斯，詹姆斯·R.
Catton，Bruce　卡顿，布鲁斯
Caxton，William　卡克斯顿，威廉
Chamberlin，Evertt　钱伯林，艾弗特
Chappell，Sally A. Kitt　夏贝尔，萨莉·A.凯特
Chehel Sotoun　切尔索坦
Cheselden，William　切塞尔顿，威廉
Churchill，Winston　丘吉尔，温斯顿
Clay，Oliver　克雷，奥利弗
Clemens，Samuel　克莱门斯，塞缪尔
Clinton，Henry　克林顿，亨利
Colaço，Jorge　库拉库，乔治
Colbert，Elias　科尔伯特，伊莱亚斯
Columbus，Christopher　哥伦布，克里斯托弗
Cooper，W.D.　库柏，W. D.
Córdoba　科尔多瓦
Cornwallis Charles　康沃利斯，查尔斯
Covode，John　考沃德，约翰
Crapanzano，Angelo　克拉潘扎诺，安杰洛
Crouch，Thomas D.　克劳奇，托马斯·D.

D

Dabney，Virginius　达布尼，弗吉尼厄斯
Dalan，Rinita A.　达兰，芮妮塔·A.
Dana，Edward　戴纳，爱德华
Danbury　丹伯里
Dartmouth　达特茅斯
Darvarich，Louis　达瓦瑞克，路易斯
Davis，Benjamin　戴维斯，本杰明
Dawes，William　达维斯，威廉
De Haven，Edwin　德·海文，埃德温
Delear，Frank，　德勒尔，弗兰克
Denny，Sidney G.　丹尼，西德尼·G.
Devance，Martin　德文斯，马丁
Dickinson，John　迪金森，约翰
Dixon，Joseph　迪克森，约瑟夫
Dolan，Harold　多兰，哈罗德
Donnelly，Ignatius　唐纳利，伊格内修斯
Doyle，John　多伊尔，约翰
Dunbar，David S.　邓巴，戴维·S.

E

Eanes，Gil　艾纳斯，吉尔
Eckstam，Eugene　埃克斯塔姆，尤金
Eisenhower，Dwight D.　艾森豪威尔，德怀特·D.
Elder，William　埃尔德，威廉
Elliott，J. Walter　埃利奥特，J. 沃尔特
Ellis，Edward Bobb　埃利斯，爱德华·罗布
Elson，Aaron　埃尔森，阿伦
Emerson，Thomas E.　埃莫森，托马斯·E.
English，Susan　英格利希，苏珊
Erebus（HMS）　俄瑞波斯号
Essex（gunboat）　埃塞克斯号

F

Fairchild，Frances　费尔柴尔德，弗朗西斯
Fairchild，Lucius　费尔柴尔德，卢修斯
Farragut，David　法拉格特，戴维
Ferling，John　费林，约翰
Flughistorische Forschungsgemeinschaft　航空历史研究基金会
Foster，J.W.　福斯特，J.W.
Fowler，Melvin，L.　福勒，梅尔文·L.
Franklin，Benjamin　富兰克林，本杰明
Franklin，Jane　富兰克林，简
Franklin，John　富兰克林，约翰
Fraülein Flairscher（oil boat）　弗莱舍小姐号
Friske，John　福瑞斯克，约翰
Frothingham，Richard　弗罗辛厄姆，理查德

G

Gage，Thomas　盖奇，托马斯
Gambrel，William　甘布里尔，威廉
Gaona，Antonio　高纳，安东尼奥
Gess，Denise　格斯，丹尼斯
Gibbony，Stuart G.　吉布尼，斯图尔特·G.
Gibraltar　直布罗陀
Gluck，Alexander　格卢克，亚历山大
Godfrey，William　戈弗雷，威廉
Gordon，William　戈登，威廉
Grant，Ulyssess S.　格兰特，尤利塞斯·S.
Graves，Clifford M.　格雷夫斯，克利福德·M.
Greely，Adolphus　格里利，阿道弗斯
Green Bay　格林湾
Greene，Nathaniel　葛林，纳萨尼尔
Greene，Ralph C.　格林，拉尔夫·C.
Griffin，Alfred　格里芬，阿尔弗雷德
Grinnell，Henry　格林纳尔，亨利
Guinea　几内亚

H

Hakam I，al-　哈卡姆一世
Hall，Charles Francis　霍尔，查尔斯·弗朗西斯
Hall，Robert　霍尔，罗伯特
Hancock，John　汉考克，约翰
Hanno　哈农
Harrison，Benjamin　哈里森，本杰明
Hart，Benjamin　哈特，本杰明
Hartsten，Henry J.　哈特斯汀，亨利·J.
Harworth，Junius　哈沃斯，朱利叶斯
Hasan，Abu al-　哈桑，阿布
Hasht Behesht palace　哈什特·贝黑希特宫
Hayes，Isaac　海斯，艾萨克
Heath，William　希斯，威廉
Helena　海伦娜
Helps，Arthur　赫尔普斯，阿瑟

Hendrik, Hans Christian　亨德里克，汉斯·克里斯廷
Henrique, Infante Dom　恩里克，唐（王子）
Henry, Patrick　亨利，帕特里克
Herodotus　希罗多德
Hoffman, John T.　霍夫曼，约翰·T.
Hoffman, William　霍夫曼，威廉
Holcomber, Thomas　霍尔库姆，托马斯
HMS　英国皇家海军舰艇
Horner, Ira B.　霍纳，艾拉·B.
Howell, Richard　豪厄尔，理查德
Howe, William　豪威，威廉
Hudson, Christopher　哈德森，克里斯托弗
Huntington, Anna Hyatt　亨廷顿，安娜·海厄特
Hutchinson, Thomas　哈钦森，托马斯

I

Ibn Khaldoon　伊本·卡尔顿
Illiniwek　伊利诺维克
Inglefield, Edward　英格尔菲尔德，爱德华
Iseminger, William R.　艾萨明杰，威廉·R.

J

Jackson, Andrew　杰克逊，安德鲁
Jackson, Kenneth T.　杰克逊，肯尼思·T.
Jay, John　杰伊，约翰
Jeans, Peter D.　吉恩斯，彼得·D.
Jefferson, Thomas　杰斐逊，托马斯
Jenny Lind（steamboat）　詹妮·林德号
Jones, Arthur　琼斯，阿瑟
Johnson, Willis Fletcher　约翰逊，威利斯·弗莱彻
Johnson, Benjamin　约翰逊，本杰明
Johnston, Joseph　约翰斯顿，约瑟夫
Johnston, Benjamin　约翰斯顿，本杰明
Jouett, Jack, Jr.　（小）朱威特，杰克
Jouett, James Edward　朱威特，詹姆斯·爱德华
Jouett, Mattew Harris　朱威特，马修·哈里斯

K

Kane, Elisha Kent　凯恩，伊莱沙·肯特
Kane, John Kintzing　凯恩，约翰·肯岑
Kendall, James　肯德尔，詹姆斯
Khaldoon, Ibn　卡尔顿，伊本
Kroeber, Alfred L.　克罗伯，阿尔弗雷德·L.

L

Lafayette, Marquis de　拉法叶，马奎斯·德
Lampe, Karl　兰普，卡尔
Langley, Samuel　兰利，塞缪尔
Langworthy, A.J.　兰沃西，A. J.
Laurie, Walter Sloan　劳瑞，沃尔特·斯隆
Layne, Frank　莱恩，弗兰克
Lee, Richard Henry　李，理查德·亨利
Lee, Robert E.　李，罗伯特·E.
Leslie, Frank　莱斯利，弗兰克
Lewis, R. Barry　路易斯，R. 柏瑞
Lexington　莱克星顿
Lind, James　林德，詹姆斯
Lippencott, Harvey　利平科特，哈维
Lloyd, James　劳埃德，詹姆斯
Longfellow, Henry Wadsworth　朗费罗，亨利·沃兹沃思
Lowney, Chris　劳尼，克里斯
Ludington, Henry　路丁顿，亨利

Ludington，Sybil　路丁顿，西比尔
Lutz，William　卢茨，威廉
Lyme Bay　莱姆湾

M

MacDonald，Charles H.　麦克唐纳，查尔斯·H.
MacMahon，Martin　麦克马洪，马丁
Makkari，Ahmad ibn Muhammad al-　马卡利，艾哈迈德·伊宾·穆罕默德
Malone，George　马隆，乔治
Mann，Charles C.　曼恩，查尔斯·C.
Marinette　马里内特
Martinez，Fernando Valderrama　马丁内斯，费尔南多·瓦尔德拉马
Mason，J. Cass　梅森，J. 卡斯
Maury，Matthew Fontaine　莫里，马修·方丹
Mawsili，Ishaq al-　莫斯利，伊沙克
McBarron，Hugh Charles，Jr.　（小）麦克巴伦，休·查尔斯
McClure，Robert　麦克卢尔，罗伯特
Mcleod　麦克里奥德
Meinig，D. W.　迈尼西，D.W.
Mettler，Harry　梅特勒，哈利
Michael，William　迈克尔，威廉
Miller，Merle　米勒，莫尔
Millsap，James/Jesse　米尔萨普，詹姆斯/杰西
Milner，George R.　米尔纳，乔治·R.
Mink，Claudia G.　敏克，克劳迪亚·G.
Molineux，William　莫利尼克斯，威廉
Monks Mound　蒙克斯土丘
Monticello　蒙蒂塞洛
Montresor，John　蒙垂萨，约翰
Moon，Don P.　穆恩，唐·P.
Morton，William　莫顿，威廉
Munn，Orson D.　芒恩，奥森·D.

N

Nasr Mansur，Abu al-　纳什·曼瑟，阿布
Nast，Thomas　纳斯特，托马斯
Necho II　尼科二世
Nelson，Thomas，Jr.（小）尼尔森，托马斯
Noyes，Luther　诺伊斯，卢瑟

O

O' Dea，Thomas　奥戴，托马斯
Odoric　奥多瑞克
O' Dwyer，William J.　奥德怀尔，威廉·J.
Ogden，William Butler　奥格登，威廉·巴特勒
Old South Church　旧南教堂
Omaha Beach　奥马哈海滩
Ommanney，Erasmus　奥曼尼，依拉兹玛斯
Onslow（HMS）　翁斯洛号
Ortelius，Abraham　奥特柳斯，亚伯拉罕
Otis，James　奥蒂斯，詹姆斯

P

Patrick，Louis S.　帕特里克，路易斯·S.
Pauketat，Timonthy　伯克泰特，蒂莫西
Pauline Carroll（steamboat）　保利娜·卡罗尔号
Payne，Stephen J.　佩恩，斯蒂芬·J.
Peary，Robert　皮尔里，罗伯特
Peery，Andrew T.　皮里，安德鲁·T.
Penny，William　彭尼，威廉
Pernin，Peter　珀宁，彼得

Peshtigo 佩什蒂戈
Pessanha，Lanzarote 派沙赫，兰扎罗特
Pessoa，Fernando 佩索亚，费尔南多
Petersen，Carl 彼得森，卡尔
Phillipa 菲利帕
Phillips，Jane 菲利普斯，简
Phillips，William 菲利普斯，威廉
Pillsbrown，T. 皮尔斯布朗，T.
Pitt，William 皮特，威廉
Pordenone 波多诺内
Potter，Jerry O. 波特，杰里·O.
Potter，Russell 波特，罗素
Prescott，Samuel 普利斯科特，塞缪尔
Prosser，Tory Ichabod 普罗瑟，托利·伊卡博德
Pruckner，Anton 普鲁克纳，安东
Putnam，Israel 普特南，伊斯雷尔

Q

Quiney，Josiah，Jr. （小）昆西，乔西亚

R

Rabe，Cünther 拉贝，冈特
Rae，John 雷，约翰
Rahman II，Abd ar- 拉赫曼二世，阿布德
Rammell，Thomas 拉梅尔，托马斯
Randall，Henry S. 兰德尔，亨利·S.
Randolph，Peyton 兰多夫，佩顿
Rashid，Harun al- 拉希德，哈伦
Rasky，Frank 拉斯基，弗兰克
Read，Jan 瑞德，詹
Reuben，Manny 鲁本，曼尼
Revere，Paul 瑞威尔，保罗
Ribera，Julian 里博拉，朱利安
Ridgefield 里奇菲尔德
Rio de Ouro 金子河
Robard，Sallie 罗巴德，萨利
Rodman，Dale 罗德曼，戴尔
Rogers，William Barton 罗杰斯，威廉·巴顿
Romney（HMS） 罗姆尼号
Roosevelt，Franklin D. 罗斯福，富兰克林·D.
Ross，John 罗斯，约翰

S

Saratoga 萨拉托加
Salecker，Gene Eric 塞莱科，吉恩·埃里克
Sawin，Mark Horst 萨文，马克·霍斯特
Shepherd，Fred 谢泼德，弗雷德
Schmutz，George S. 施穆茨，乔治·S.
Schusky，Ernest Lester 舒斯基，厄内斯特·莱斯特
Scimitiar（HMS） 弯刀号
Scott，Winfield 斯科特，温菲尔德
Selim，George Dimitri 塞利姆，乔治·迪米特里
Silliman，Gold Selleck 斯勒曼，古尔德·塞莱科
Slapton Sands 斯拉普顿海滩
Small，Ken 斯莫尔，肯
Smith，Bruce 史密斯，布鲁斯
Smithsonian（Institution） 史密森尼
Soto，Hernando de 索托，埃尔南多·德
Speed，Frederic 斯皮德，弗雷德里克
Spikes，DeWitt Clinton 斯派克斯，德威特·克林顿
Stevens，Edward 史蒂文斯，爱德华
Stokes，Paul 斯托克斯，保罗

Stuart，Gilbert　斯图尔特，吉尔伯特
Suffolk　萨福克

T

Talebzadeh，G.　塔里布扎德，G.
Tammany Hall　坦慕尼协会（纽约民主政治机构）
Tarleton，Banastre　塔尔顿，伯纳斯特
Taylor，Zachary　泰勒，扎卡里
Thnochtitlan　特诺奇蒂特兰
Thomas，Hugh　托马斯，休
Terrasse，Henry　特雷沙，亨利
Terror（HMS）恐怖号
Ticonderoga，Fort　提康德罗加堡
Tilton，Frank　蒂尔顿，弗兰克
Tisdale，G.J.　蒂斯代尔，G. J.
Townshend，Lloyd　汤森德，劳埃德
Towsley，C.W.　陶斯利，C. W.
Truman，Harry S.　特鲁曼，哈利·S.
Tryon，William　特莱恩，威廉
Tuba，Louisa　图巴，路易莎
Tudor，William　图德，威廉
Twain，Marks　吐温，马克
Tweed，William Marcy　特威德，威廉·马西
Tyler（gunboat）泰勒号

U

Utah Beach　犹他海滩

V

Valcour Island　凡克岛
Van Dusen，Albert　范·杜森，阿尔伯特
Van Sertima，Ivan　范·塞蒂玛，伊万
Vega，Garcilaso de la　维加，加尔西拉索·德·拉
Visigoths　西哥特人
von Humboldt Alexander　冯·洪堡，亚历山大

W

Walker，James Blain　沃克，詹姆斯·布莱恩
Walker，John　沃克，约翰
Warren，Joseph　沃伦，约瑟夫
Washington，George　华盛顿，乔治
Weissenborn，G.K.　维森伯恩，G. K.
Weisskoph，Gustave Albin　魏斯科普夫，古斯塔夫·阿尔宾
Wellington Sound　威灵顿海峡
Weeks，Helen C.　维克斯，海伦·C.
Whitehead，Gustave　怀特黑德，古斯塔夫
Whitman，Walt　惠特曼，沃尔特
Wirz，Henry　沃茨，亨利
Woods，William I.　伍兹，威廉·I.
Wooster，David　伍斯特，戴维
Wright，Wilbur/Orville　莱特，维尔伯 / 奥维尔

Y

Young，Biloine Whiting　杨，比劳艾尼·怀廷

Z

Ziryab　齐里亚布
Zurara，Gomes Eanes de　佐拉拉，戈梅斯·艾纳斯·德